｜高校社科研究文库｜

高等职业教育
实践教学体系构建研究

张　晋｜著

光明日报出版社

图书在版编目（CIP）数据

高等职业教育实践教学体系构建研究 / 张晋著. --

北京：光明日报出版社，2019. 2

ISBN 978 - 7 - 5194 - 4942 - 1

Ⅰ. ①高… Ⅱ. ①张… Ⅲ. ①高等职业教育—教育实

践—教学研究 Ⅳ. ①G718. 5

中国版本图书馆 CIP 数据核字（2019）第 034443 号

高等职业教育实践教学体系构建研究

GAODENG ZHIYE JIAOYU SHIJIAN JIAOXUE TIXI GOUJIAN YANJIU

著　者：张　晋

责任编辑：杨　茹　　　　　　责任校对：赵鸣鸣

封面设计：中联学林　　　　　　责任印制：曹　净

出版发行：光明日报出版社

地　　址：北京市西城区永安路 106 号，100050

电　　话：010 - 63139890（咨询），010 - 63131930（邮购）

传　　真：010 - 63131930

网　　址：http：//book. gmw. cn

E - mail：yangru@ gmw. cn

法律顾问：北京德恒律师事务所龚柳方律师

印　　刷：三河市华东印刷有限公司

装　　订：三河市华东印刷有限公司

本书如有破损、缺页、装订错误，请与本社联系调换，电话：010 - 63131930

开　　本：170mm×240mm

字　　数：253 千字　　　　　　印　　张：15. 5

版　　次：2020 年 6 月第 1 版　　印　　次：2020 年 6 月第 1 次印刷

书　　号：ISBN 978 - 7 - 5194 - 4942 - 1

定　　价：68. 00 元

序

高职教育承担着高技能人才培养的主要任务，而实践教学既是职业教育人才培养的重要途径，也是职业教育彰显办学特色和提高教学质量的关键环节。正如黄炎培先生曾说，"办职业教育，万不可专靠想，专靠说，专靠写，必须切切实实去做"。如何在新形势下发展职业教育实践教学，提升职业教育教学质量，促进学习个体完整性发展，协助学生完成从学校到工作的顺利过渡，满足社会及企业用人需求，既是今后职业教育教学改革的重点，同时也是学术研究领域的重要课题。

当前，一方面，社会对高技能型人才存在着大量的需求，而另一方面，我国高职院校毕业生就业难。这种迹象表明我国高职人才培养规格和质量与社会对高技能型人才需求之间还存在一定偏差。而实践教学是高技能型人才培养的重要途径。正是基于这种考虑，关注高等职业教育实践教学体系的构建及构建高职教育的实践教学体系，则应成为重要的研究课题。在全面把握和深入剖析已有研究现状的基础上，本研究着力解决和探讨了如下问题。

首先，分析高职教育实践教学的内涵和特点，探讨实践教学体系的构建原则和要素。研究指出，就高职教育而言，实践教学是指根据不同专业的培养目标，按照工学结合的人才培养模式，以完成一定的工作任务，借助特定的项目训练为主要形式，以鼓励学生主动参与、主动探索、主动思考为基本特征，以掌握相应岗位技能，养成一定的职业态度并以提高职业素养和职业能力为目的的教学。高职教育实践教学具有情境性、全程性、完整性、开放性和工学结合等特征。

其次，梳理实践教学思想的历史与趋势，分析我国高职教育实践教学体系发展的阶段及其特点。研究指出，可以把实践教学思想划分为萌芽期、形成期、低迷期和发展期四个阶段，特别是着重阐述以杜威为代表的实用主义思想和陶行知提出的"生活即教育"、"社会即学校"、"教学做合一"和"在做中学"为核心观点的"生活教育"理论。以认识论、主体论、价值论等为维度，追溯20世纪以来教学思想的演变轨迹，阐明实践教学思想的发展。就高职实践教学体系的发展而言，可以划分为生成期、发展期和整合期三个阶段，而这三个阶段分别对应着硬件主导型、课程主导型和系统整合型三种类型。

再次，运用哲学、知识观、学习论和教学论等理论视角，阐述高职教育实践教学的理论基础。研究指出，哲学观（特别是技术哲学对技术的认识和研究）有助于准确把握技术的本质内涵，为职业教育发展模式以及职业教育课程教学的改革等提供理论支持；当代知识观是推动包括高职实践教学在内的职业教育改革的重要理论依据，它从反映对象化的客观世界转向关注人存在于其中的世界，强调人与世界之间的互动；心理学理论的发展揭示了人类学习发生机制，扩展了人类学习的功能，有利于人们更好地理解学习，有利于人们以学习论为基础和核心来探讨知识学习和行为塑造的理论机制；当代教学理论关于学生个体主体地位的确立、从知识本位向能力本位的转型以及从客观主义到建构主义的认识论转变，都为高职教育实践教学的改革和研究提供了重要依据。

最后，依照观念先行、过程统领、制度保障的思维逻辑，构建驱动、主导和支持三个子系统的高职教育实践教学体系。研究指出，驱动系统决定着高职教育实践教学体系的发展方向，着重于理念的变革，实现教师观从知识掌控者向交往促进者转变，课程观从预设性思想向生成性思想转变，学习本质观从获得表征向参与实践的实践知识观转变；主导系统是整个实践教学体系的核心，主要由实践导向课程体系、整体性的教学目标、工作导向的教学组织、行动导向的教学方法和工学结合的教学环境组成；支持系统旨在为高职教育实践教学体系的顺利运行提供保障。

目　录
CONTENTS

第一章

导　论

古人论道：《白虎通》记载"古之人民皆食禽兽肉，至于神农，人民众多，禽兽不足。于是神农因天之时，分地之利，制耒耜教民农作。"《孟子·滕文公上》记载："后稷教民稼穑，树艺五谷，五谷熟而民人育。"《吴越春秋》记载："尧聘弃……拜弃为农师，封之台，号为后稷。"《路史》（后纪卷五）有："嫘祖始教民育蚕，治丝茧以供衣服。"反映了我国农耕文明中言传身教的实践教学事实。

实践教学是高职院校提高学生培养质量的有效手段，在高职教学体系中占重要的地位。但长久以来人们对实践教学的理论研究和实践探索相对比较薄弱，学生实践能力不高已成为制约高职持续发展的瓶颈所在。也因此，实践教学的研究成为职业教育研究的重要课题。本书要阐述的"高等职业教育实践教学体系构建研究"就是在这一背景下提出来的。

第一节　研究缘起

一、理论忧思

与国外发达国家相比，我国高职教育起步较晚，关于高职教育课程教学体系的研究也相应地非常薄弱。如果从 20 世纪 90 年代初借鉴国外先进理论始算，也不过十几年，因此，无论是职业教育理论研究还是职业教育实践，都不尽如人意。国内目前关于实践教学的高质量学术著作凤毛麟角，相当一部分研究只是停留于对实践教学地位与作用的分析，或是针对具体的专业展开相关论述，或是实习、实训的经验介绍，对于实践教学本质内涵的思考还不充分，研究视角也多限于局部的修补，或者简单借鉴、生搬硬套、移植国外的成果，缺乏对实践教学体系整体的架构和思辨，且专门针对高职教育实践教学的高水平学术著作极少。理论研究成果的缺乏在某种程度上制约着实践教学的发展。因此，实践教学的发展呼唤系统的理论成果作为学术支撑，需要构建体系完整、结构合理的实践教学体系，需要众多的职教同仁投入到实实在在的教学研究中去。

二、现实困惑

人类的脚步已迈入 21 世纪，21 世纪的特征更加突显更加依赖知识经济和知识人才，各国间综合国力的竞争在很大程度上表现为高层次人才的竞争。同时，作为社会经济发展助推器的职业教育已成为社会发展重要的战略资源，社会现实雄辩地证明：职业教育是经济发展强有力的秘密武器。伴随着社会和经济发展水平的提高，实践教学的地位和作用已日益突显，并业已成为高职教育内涵发展的关键所在。

经过近 20 年的发展，我国高等职业教育取得了长足的跨越式进展，从无到有，从小到大，从分散到整合，从边缘走向中心，已占据我国高等教育的"半壁江山"。职业教育作为我国高等教育大众化的重要生力军，正以其独特的生命力向世人昭示：高职教育为我国经济建设和社会发展培养了大批高技能人才，为提高我国整体竞争力做出了突出的贡献。这是高职教育蓬勃发展的一面。但不可否认，在高职教育发展进程中，仍存在着许多待以调和的矛盾。据劳动和社会保障部的相关调查分析表明，中国中、高技能人才数量短缺，结构不合理，难以适应企业结构调整和经济社会发展的需要。截至 2013 年年底，全国技能劳动者 1.5 亿，仅占城镇就业人员的 39%，占就业人员总量不到 19%；高技能人才 3762.4 万人，仅占技能劳动者总数的 25.2%，占就业人员总量不到 5%。截止到 2017 年年底，技术工人有 1.65 亿，其中高技能人才 4700 多万。技术工人占就业人员的比重大约为 20%，高技能人才只占 6%，特别在制造、加工、建筑、能源、环保等产业和信息通信、航空航天等高新技术产业领域，高技能人才严重短缺，已成为制约经济社会持续发展和阻碍产业升级的"瓶颈"。另外，我国高职就业率仍不高，用人单位对高职学生仍不满意。从上述两组数据来看，我国高职人才培养规格和质量与社会经济发展对高技能人才需求之间还存在偏差。

当然，造成教育与社会需求错位的原因是多方面的。从政府层面来看，总体投入不足，导致办学经费紧张，可提供就业岗位的数量不足；从社会整体意识来看，人们传统的"学而优则仕"的思想仍然根深蒂固，高技能人才成长的社会氛围尚未真正形成；从企业来看，一些企业社会责任意识不清，在培养高技能人才方面没能发挥主体作用，忽视在职员工的培训。这些都是制约高技能人才培养的潜在因素。尽管对此可以从政治、经济和社会的角度找到诸多的解释，但有一点毋庸置疑：这种"有人无岗、有岗无人"的现状说明，在我国现有教育体制下，高等职业教育的人才培养质量同社会经济发展对高技能人才需求之间的匹配程度还存在较大距离。如果不能有效地解决学校与用人单位之间的"鸿沟"，必然会阻碍我国高职教育的可持续发展。如此，高职教育在新时期要真正实现内涵发展的关键，除了在良好的体制运行发展框架外，还必须切实地在教学层面进行改革。而实践教学是培养技能型人才比较重要的教学途径。因此，以实践教学作为研究视角可能是解决上述矛盾的突破口。

第二节 国内外研究述评

对国内外研究现状的关注有助于我们有针对性地切入问题，使研究具有针对性和现实的意义。只要仔细审视当下的教学，就会发现，无论国内还是国外，都有一些学者从不同层面、不同视角对实践教学问题进行了论述。

可以说，实践教学既是一个恒久的问题，又是一个弥新的问题。说它恒久，是因为实践教学与理论教学是相伴而生的，如何处理好两者的关系一直是教育领域关注和研究的重点。说它是新问题，是因为虽然目前"实践教学"已成为我国教育研究领域运用较为频繁的一个术语，但它绝不为职业教育所独有，事实上，普通高等教育领域早已涉及实践教学的研究，而高等职业教育实践教学在某种程度上也借用了这一提法。值得注意的是，职业教育领域的实践教学，应与普通高等教育的实践教学有所区别，需要结合职业教育人才培养模式特点把握实践教学的内涵，正确看待和处理实践教学与理论教学的关系，对高职实践教学进行深入分析，而不能局限于一般的研究型、工程型学校的实践教学。这样看来，虽然它不是一个新问题，但仍蕴藏着无限的研究空间，它需要我们转换思考问题的角度，重新赋予其新的内涵。

一、国内研究现状

近年来，随着我国职业教育教学改革的不断深入，"实践教学"一词频繁出现在教育术语中，日益成为我国学术研究领域，尤其是职业教育教学领域研究的重点问题。但专门探讨高等职业教育实践教学研究的著作，目前只有俞仲文等在 2004 年出版的《高等职业技术教育实践教学研究》一书，作者试图从高职实践教学的基本概念、要素、定位与发展方向出发，对高职实践教学体系、校内外教学基地建设、师资队伍建设、教学教材建设及教学基地评估等多方面进行阐述，尤其是借助系统论视角从目标体系、内容体系、管理体系及支撑保障等层面来探讨高职实践教学体系，对高职院校实践教学体系的构建具有较强的理论指导意义和行动指导价值，但是缺乏理论上的深度研究。

虽然系统研究高职实践教学的专著并不多见，但这并不能说明人们不重视实践教学问题的探讨，实际上，还有一些相关探讨散见在论文中。现对已有的相关研究成果概述、分析如下。

从实践教学的定义角度看，有学者是这样描述的："实践教学是指在实验室或生产现场，根据实验、设计和生产任务要求，在教师指导下，通过学做结合，以学生自我学习和操作为主，从而获得感性知识和技能，提高综合实践能力的一种教学形式。"① 针对这样的定义也有学者指出："目前实践教学的概念认识模糊，对其功能和定位有其不合理性。仅仅把实践教学停留在实验、实习、实训等环节，对实践教学的理解过于片面、狭窄，如将实践教学的目的和功能仅仅或基本定位于学生的技能操作训练上。在这样的一种情境下，学生虽然也参加了实践教学活动，但实质上处于被动地接受的状态，他们学习的主动性、积极性受到一定的限制。在这种模式下，虽然也强调实践能力的培养，但这种实践能力是被当作技能并以'知识'的形式加以传授，从而导致学生缺乏创造性应用能力的培养。"②

在试图把握实践教学内涵的同时，也对实践教学与理论教学的关系问题进行了探讨，如朱方来指出："高职教育实践教学的内容与理论教学内容相互联系，但它并非完全依附于理论教学内容，具有相对的独立性，这是由高等职业

---

① 汤百智，杜皓. 论高职实践教学过程的优化 [J]. 职业技术教育，2006（1）.
② 杨定安. 高校实践教学改革的探索与思考 [J]. 黑龙江教育，2006（1）.

教育本身的特点决定的。"① 确立独立的实践教学体系有助于我们正确认识实践教学的作用，把握其本质特征，进而构建真正意义上的实践教学体系。

关于教学组织，有学者提出了"教学组织的教学处置"，认为它涵盖两个维度：一是涉及"内容—方法"的教学步骤维度，即狭义的方法；二是涉及"内容—过程"教学阶段维度，即广义的方法论。还认为它建立在专业能力与方法能力基础之上，着力培养学生在职业世界和生活世界中的社会能力，并具有行动导向和设计导向等特征。② 这种观点表明对职业教育教学有了较深刻的认识。虽然如此，但在实践教学组织方面，多数学者仍遵循从理论到实践再到理论的逻辑，如有学者指出："校内的实习、实训基地为实施'理论—实践—理论'认知过程提供必要的场所。"③ 很显然，这种观点把理论教学视为整个教学体系的核心，实践教学只不过是充当学习理论知识的手段而已。当然也有学者提出了不同看法，认为："与基于科学结构的理论导向的学科体系的框架即由理论学科构成的、以架构逻辑为中心的学科体系的框架相比照，职业教育的教学框架是一个由实践情境构成的、以过程逻辑为中心的框架，强调的是整体的教学行动与典型的职业行动的整合。"④ 这实际上渗透了职业教育教学组织应从传统"学科体系"向"行动体系"转变的思想，这种教学组织思想契合了本书实践教学组织的思维逻辑。

从实践教学的目标和功能看，有学者认为："我们对实践教学的理解过于片面、狭窄，如将实践教学的目的和功能仅仅或基本定位于学生的技能操作训练上，与此同时，实践教学在实际开展过程中存在一个突出的倾向：线性化，即根据某一项具体技能开展一项具体的实践教学，每一次实践教学都集中对应于某一实际操作的提高，实践教学与技能训练之间呈映射关系，而这种所谓的对应实质上没能从整体上把握实践教学的真谛。"⑤ 也有学者提出了不同的看法，认为："长期以来，我们对实践教学的内涵理解偏重于'硬实践'，即动手能力、操作能力的培养。今天，实践教学的内涵包括'硬实践'，还包括'软实践'，即理论知识的运用、心智技能的形成及实践经验的积累等实践教学活动。相对

---

① 朱方来，谭属春. 高等职业教育实践教学内容体系的构建 [J]. 高教探索，2005（5）.
② 姜大源. 职业教育教学组织的处置说 [J]. 中国职业技术教育，2006（10）.
③ 陈文杰，张兆隆. 复合化实践教学体系探讨 [J]. 中国职业技术教育，2005（28）.
④ 袁江. 关于行动导向的教学观 [J]. 中国职业技术教育，2005（10）.
⑤ 蒋喜锋，刘小强. 必须全面理解高职实践教学的功能与意义 [J]. 职业技术教育，2006（1）.

硬实践而言，这种软实践更为侧重学生'思维'的训练、侧重学生分析问题、解决问题等综合应用能力的培养。"① 可见，对实践教学功能的理解已经突破了单纯的技能训练层面，逐渐走向综合职业能力的发展目标。

总之，国内教育研究者们大多是在实习、实训、实验这一层面来理解和使用"实践教学"，当然这种理解并无不妥，实习、实训、实验的确是高职实践教学的重要内容之一，但它只是对实践教学的一种狭义理解，不能完全涵盖高职实践教学的内涵及特征。此外，笔者通过收集、整理相关资料发现，对高职实践教学的探讨最初多偏重于如何加大"硬件"设施建设，从强化动手操作能力的培养角度来探讨实践教学问题，而后来的研究则聚焦于对局部问题的关注，如职业教育课程问题，徐国庆在其《实践导向职业教育课程研究：技术学范式》一书中，首先对当前我国职业教育课程学问化倾向进行了剖析，进而从技术学视角探讨理论与实践整合的有效途径，在此基础上，分别从实践导向职业教育课程目标、课程内容组织、课程实施及课程评价等方面做了详细阐述。书中尽管没有直言实践教学，但其建构的实践导向职业教育课程却隐含着实践教学思想，特别是在对理论与实践、理论知识与实践知识关系的处理上做出了根本性的变革，确立了实践知识的核心地位，从根本上摆脱了传统学科体系的束缚。这些无疑为构建实践教学体系提供了适切的课程框架。随着对职业教育教学认识的不断深化，诸多学者尝试着从系统论视角对实践教学进行研究，如有学者从建构主义的实践教学理论出发，试图建立相对独立的实践教学体系，提出构建"职业能力目标体系、实践课程结构与内容体系、教学运行与保障体系、实践教学评价体系"②。虽然已初步建立起实践教学体系的框架，但还有诸多细节问题需要进一步探讨。如在知识经济时代，如何科学、准确界定实践教学的内涵？实践教学与理论教学的关系如何？通过何种途径实现二者的融合？高职实践教学与普通高等教育的实践教学存在着哪些异同点？如何针对人才培养目标与规格构建实践教学体系？

二、国外研究现状

在国外，实践教学是一直备受学者们关注的重要课题，也是推动职业教育

---

① 蔡则祥，刘海燕. 实践教学理论研究的几个角度［J］. 中国大学教学，2007（3）.

② 吴建设，丁继安，石伟平. 基于建构主义理论的高职实践教学体系的整体构建［J］. 中国高教研究，2004（11）.

发展的重要思想动力。其实，实践教学在西方教育发展中有着久远的历史，杜威的"做中学"思想在确立实践教学探究方面无疑是一个极具影响力的"声音"，可以视为近代实践教学思想的肇始。杜威的"做中学"不是在机械的技能操作意义上的学习，也不是单纯的动手，而是强调动脑，强调反省思维的学习情境脉络，强调主体与外部相互作用基础上的反思。作为杜威的学生，克伯屈创造性地发展了杜威的教育思想。他认为，从书本的系统课程中学到的东西有缺少这些活生生联系的危险，因而在出现需要使用的场合时，学来的内容就有被闲置的危险。所以说，"教育属于生活，教育为了生活，而且教育要依靠并借助于生活"。① 而后，由对传统教育中教学内容空虚、无效的重复练习、机械的教学及课程与儿童日常生活经验缺乏联系等教育现实的不满引发的进步教育运动，主张培养具有实际才干和活动能力的人，这显然是强调"实践"重要性的早期探索。上述观点都不同程度地反映出实践教学的隐喻，至少在知与行、直接经验与间接经验、自主与他主等导向上有了较明晰的认识，从而对实践教学思想的形成起到很大的推动作用。

同时，伴随世界各国职业教育的快速发展，职业教育业已成为一个国家经济腾飞的秘密武器，许多国家都积极践行实践教学思想，并且产生了诸多颇有影响力的职教模式，这些模式对世界职教界产生了深远的影响，如德国双元制；美国 20 世纪 70 年代的生涯教育运动，90 年代的从学校到工作过渡，直至当前的从学校到生涯理念的职教发展走向；澳大利亚能力本位思想，均映射出实践教学思想的光辉，不仅表明人们对教学理解和思维方式的不断深化，而且这种理念本身也为实践教学的发展注入了思想源泉。

总的来看，近几年来，国外先进的教学理念和实践模式，对指导我国职业教育教学具有重要的参考价值，尤其是德国的职教思想及模式得到了普遍的关注和认可。其中最具代表性的实践教学思想如下。

1. 模拟公司

起源于 20 世纪 50 年代的模拟公司，最初的建立正是为了营造有利于师生互动的平台，创造模拟仿真的情境，使学生主动地参与到学习情境中来，并能够针对实际问题有效地给予解决。这种思想在 20 世纪 80 年代得到迅速发展，并为后来的行动导向教学积淀了一定的思想养分，在某种程度上引发了行动导

---

① ［美］克伯屈. 教学方法原理——教育漫谈［M］. 王建新，等译. 北京：人民教育出版社，1991：241 – 245.

向教学的来临。

2. 项目教学

项目教学是行动导向教学的一种主要形式。项目教学的最基本的特点是"三个中心"：以学生的兴趣为中心，即学生中心；解决实际问题，即现实中心；有确定的目标，即产品中心。

在德国，1975 年，弗莱克斯最早尝试将包括项目教学在内的行为教学的特征罗列出来。他认为，项目教学最重要的特征包括：与环境相关、以问题为导向、学习和行动相结合、跨学科性、知识学习社会交往能力培养和产品制作的整合、突出学习者的自主性。1984 年，古德约翰森又将包括项目教学在内的有关行为教学的特征归纳如下：与情境相关；以参与者的兴趣为导向、具有社会意义、目标引导的项目计划，注重学生的全面发展；社会化学习、跨学科性。之后，计算机迷们又在上述特征的基础上加以补充，并整理出以下特征：以主题为核心；与生活实践相关；跨学科性；主要是小组的学习活动；以学生为中心；以结果和过程为导向；结束时要拿出可以看得见、可以用得着的产品；是开放的教学活动。①

3. 行动导向教学

20 世纪 70 年代，伴随着项目教学法首先在德国职业教育领域，特别是在教育企业里的出现，行动导向教学在德国职业教育界逐渐传播开来，并对普通学校的教育教学产生了很大影响。行动导向的教育思想，主要源于现实及未来社会人们对职业人才新要求的思考及对教育和学习概念的重新认识。20 世纪 80 年代以来，行动导向教学作为一种新的教学范式，在德国职业教育领域及至整个教育界炙手可热，被认为既超越了传统的课程结构模式，又为现代职业教育教学过程的发展奠定了基础。可以说，行动导向的教学组织在德国职业教育教学范式的变革中具有承前启后、继往开来的重要作用。②

这种教学观在国内外一直受到推崇，并日益得到职业教育教学领域的关注。杨克和迈耶（Junk/Meyer，1991）从七个方面概括了学校教育中行动导向学习

---

① ［德］鲁道夫·普法伊费尔（Rudolf Pfeifer），傅小芳. 项目教学的理论与实践［M］，南京：江苏教育出版社，2007：34.

② 姜大源. 当代德国职业教育主流教学思想研究：理论、实践与创新［M］. 北京：清华大学出版社，2007：54.

的典型特征。①

第一，行动导向教学是全面的，主要体现在如下方面。

（1）教学要借助并促进学生包括大脑、四肢及其他感官的发展（全面发展）。

（2）根据实现预定行动目标的需要而不是学科体系来选择教学的内容，当然在需要时并不排除学科课程结构化的学习过程；只要有助于实现教学目标，并不限定学习活动的形式。

（3）选择整体性的教学方法，包括小组和结对作业、项目教学、讲述、舞台表演、造型、角色扮演、演练、试验、社会调查等。

第二，行动导向的教学是学生主动的学习活动。

第三，行动导向的学习核心是完成一个可以使用，或者可进一步加工或学习的行动结果。

第四，行动导向的学习应尽可能地以学生的兴趣作为组织教学的起始点，并且创造机会让学生接触新的题目和问题，以不断地发展学习的兴趣。

第五，行动导向的学习要求学生从一开始就参与教学过程设计、实施和评价。

第六，行动导向的学习有助于促进学校的开放。

第七，行动导向的学习试图保持动脑和动手活动之间的平衡。行动导向的教学在理论上是从这样的假设出发的：动手和动脑活动之间不是以直线性上升的形式发展，而是在两种成分之间动态地交互影响而伴随着整个学习过程的。

4. 引导探究教学

这种教学模式强调在特定的教学情境中，通过教师的激励和引导，学生自觉参与教学全过程，即探求知识，又获得情感体验。这种教学模式把教师定位为学生的引导者和促进者，强调学生对知识自主建构的过程，关注学习过程和情感体验，是不同于传统授受方式的新型教学思想。引导探究教学法可以概括为六步教学法，即收集信息、计划、决策、实施、检验和评价，它的最大的优越性主要体现在两大方面："一是学生自主学习方面，二是学习组织方面。"②

---

① 姜大源. 当代德国职业教育主流教学思想研究总论 ［M］. 北京：清华大学出版社，2007：55.

② 马庆发. 当代职业教育新论 ［M］. 上海：上海教育出版社，2002：80.

　　此外，案例教学、角色扮演等教学与传统教学相比，无论在教学目的、授课方式，还是师生角色、教学评价等方面都有很大不同，都体现了实践教学思想。

　　在实践教学模式方面，通过对占有资料的分析整理，认为国外职业教育实践教学在运作过程中表现为如下特点。

　　首先，企业主导整个实践教学过程。从教学内容来看，理论内容是服务于实践内容的。如德国的高等专科学校，其理论课的内容大多联系企业案例，强调实践性和实用性。而且实训课内容也是以解决企业问题为导向的学习方式，而不是强调教学中对学科知识的理论探讨和分析。并且企业的主导还体现在实践教学经费的来源、考核实践教学成果等方面。再如澳大利亚的TAFE也是根据企业、行业的需求来设置专业的，并且企业也参与教育质量的评价。

　　其次，以综合职业能力作为实践教学的培养目标和评价标准。如加拿大的能力本位的实践教学模式，模式中的能力指一种综合职业能力，它包括知识、态度、经验、反馈。

　　再次，在实践教学中强调多样化学习和情境学习环境的设置。如美国的社区学院会组织学生小组完成一项典型的案例，在这个过程中不仅可以让学生学会自行解决问题的能力，而且可以发展小组成员的组织与协调能力。

　　最后，以资格证书制度推动职业教育实践教学的发展。如英国的以资格证书为中心的训练模式。这种模式为具有不同层次和发展要求的学习者提供了可能。当然这种模式的考核是以个体在模拟的情境中实际工作的效果来进行评定的。再如，澳大利亚的TAFE也是以国家资格证书为基础，并以此来确保和规范职业技能认证体系和就业市场。

　　综合国内外的研究，对实践教学的探讨，比较常见的有两个方式，一是围绕实验、实习、实训等教学环节展开，试图强化技能训练。从教学环节角度来理解，实践教学有它的合理性，而且也是不容否认的。但这种理解容易将实践教学停留在单纯的技能训练上，缺乏多视角考察。二是着眼于对实践教学体系的研究，试图借助系统论构建一个较完整的教学体系。但从现有研究来看，实践教学体系的建构基础是作为技术实践课的支撑，至于普通文化课和专业基础课仍归于理论教学体系范畴，这就把理论教学与实践教学截然分开了。尽管我们试图通过实践教学来充斥、弥补原有理论教学的不足，但很多时候我们往往在张扬某一种教学取向的同时，容易全盘否定另一方，即走入"以点盖全"的极端倾向，这是对实践教学的误读。为此，本书更倾向于把实践教学视为一种教学思想，将其融入更广泛的教学领域中。

总之，从国内外已有研究成果及其职业教育实践来看，一方面国外已有的研究成果和丰富的实践经验可以为本书提供深入研究的基础，然而，由于中西方发展背景的差异，又不能将西方的研究成果做简单的移植，要在借鉴西方实践教学思想、寻求其思想根源及形成条件的基础上，立足于中国的实践教学研究。另一方面，从职业教育实践教学研究现状来看，在以往的研究过程中人们常常倾向于就事论事，对实践教学问题的研究也仅仅局限于如何培养职业技能等形式的探索，或沉迷于对教学理论进行演绎和逻辑建构，缺乏从理论形态到实践形态转化分析研究。

如此．长久以来，尽管不乏先进教学理论的引入和借鉴，对现有的教学方法也做过尝试性的改变，教学内容更做过相应的调整，但实践教学在提升学生实践能力方面作用甚微。问题究竟出在哪里？这里认为，实践教学体系是一项系统工程，它绝非意味着教学方法或教学内容的局部性调整或修补，而是涵盖教学理念、教学内容、课程体系、管理制度等多方面的整体性改革，更确切地说，它是一种思想上的革命，意味着我们除了获得充分的理论研究支撑之外，更迫切地需要进行思维方式的变革。因此，作为职业院校教学主体的实践教学尚存在着理论、实践、观念、制度、方法等许多问题，迫切需要从理论角度寻找支撑和实践层面的深入探索。

第三节 研究思路与方法

一、研究方法

文献法：主要用于搜集实践哲学、知识论、心理学、教育学等领域的相关研究成果，结合职业教育实践教学相关问题，运用理论的多维视角来剖析职业教育教学，特别是实践教学中存在的问题。

调查法：主要用于对我国职业教育实践教学现状的把握。虽然参阅相关研究者的文献可以对实践教学的现状有大致的了解，但要准确把握现状，就有必要获得第一手可靠资料。为此，本书结合所研究问题的重点，设计并发放职业院校教师问卷 358 份，收回 336 份，有效率 93.8%，同时结合深入访谈，比较真实地再现了高职实践教学状况，为进一步提出解决策略奠定了现实基础。

比较法：主要用来分析普通高等教育和高等职业教育两种不同的教育类型在教学体系结构的本质差异，进而提出实践教学体系构建的原则与方法。

二、研究思路

实践教学既是一个与理论教学相伴而生的古老话题，又是一个充满神秘色彩的命题。从国内外现有的研究成果看，有关实践教学的理论研究并不少，尤其是德国先进职业教育教学思想的引入，为我国职业教育改革注入了一定的"理论养分"。然而，这种舶来品在某种程度上却使我国职业教育教学研究一度陷入两难境地，套用一句时髦的话：浸泡在理论的海洋，却忍受着知识的饥渴。我们在享受丰厚理论给养的同时，也应当反思：缘何在众多教学理论充斥的今天，我国职业教育教学尤其是实践教学的改革却陷入"贫困的富有"之境？虽然对职业教育教学的探讨比比皆是，然而，遗憾的是这些研究并没有对职业教育教学产生根本性影响，从多数研究者的文献中可以感受到他们对实践教学的重视和渴望，可问题看起来并非如想像的那样简单。正如我国学者（石中英，2001）所言，"到目前为止，人们还没有对实践教学的意义进行理论上的充分说明，尽管人们普遍地相信实践教学的重要性和必要性"①。在我国高职院校，很多情况下实践教学是作为理论教学的补充，为理论教学服务的角色存在的，这种理论假设将最终导致基于传统学科体系基础上的实践教学的研究，此时的实践教学仅仅意味着增加实习、实训、实验课的学时，以强化对理论知识的理解。可见，对实践教学的偏颇认识在某种程度上影响和制约了其应有作用的发挥，为此，我们不得不重新思考实践教学的定位、功能及研究角度等诸多问题。

教育理论研究是跨学科的，为此，多学科研究视野是本书研究思路的一个重点，通过对哲学、教育学、心理学、知识论、学习论等多维角度的探讨，试图运用这些学科的研究成果和思维方式来展开研究，从相关研究中获得实践教学的理论支撑。如技术哲学中对技术的定义有助于我们关注职业教育教学内容中的技术知识；知识论中有关知识的分类和性质的研究，如实践知识、默会知识论等对于构建实践导向的课程内容体系无疑有诸多启示；心理学对什么是有意义的学习、学习的顿悟说及情境学习理论等研究，从学习发生的机制角度为实践教学体系的建构提供了重要理论基础；教育论中的主体教学、活动教学及合作教学理论进一步明确了从以教师为中心到以学生为中心的教学重心的转变，

---

① 石中英．知识转型与教育改革［M］．北京：教育科学出版社，2001：241．

奠定了实践教学体系设计的学生中心导向观。

在获得充分理论支撑的基础上，本书利用系统整合观，凭借教学设计理念，对实践教学体系分别从观念、运作到制度等不同层面进行探讨，试图呈现一个整体的、互促的教学体系。

三、研究框架

本书将分为六部分来阐述。

第一部分为导论，主要对国内外实践教学研究状况进行回顾与反思，在此基础上确定本书的研究视角和研究重点。

第二部分以系统观为视角，对高职实践教学的内涵进行界定，并总结出实践教学的基本特征，对高职实践教学体系的要素、结构和功能进行分析。

第三部分阐述了实践教学发展渊源、教学思想发展轨迹及我国实践教学体系范式的演进历程。

第四部分分别从哲学观、知识观、学习论、教学论等角度试图回答"学什么""怎么学""为什么学"等问题，为实践教学体系的构建提供重要的理论依据。

第五部分是本书研究的重点，即如何构建实践教学体系。按照系统论观点，遵循观念先行、过程统领、制度保障的思维逻辑，实践教学体系可分为驱动、主导和支持三个子系统，其中驱动系统决定着实践教学体系的发展方向，着重于理念的变革。实践教学体系的主导系统，主要由实践导向课程、教学目标、教学组织、教学方法及教学环境等组成。支持系统主要选取"观念"和"制度"两个维度进行分析，观念层面主要解决对实践教学地位和作用的认识问题，制度层面主要从内部制度和外部制度两方面考虑。

第六部分，调查研究发现，广大高职院校及其教师普遍重视教师企业实践工作，教师企业实践政策执行已经取得一定成效，然而，相关政策执行情况总体不甚乐观，在剖析若干制约教师企业实践政策执行问题的基础上，提出有效达成教师企业实践政策预期目标的具体对策。

第二章

有关概念的界定与辨析

　　古人论道：《国语·齐语》中《管仲对桓公以霸术》一章，管仲对曰："参其国而伍其鄙，定民之居，成民之事。""四民者，勿使杂处，杂处则其言咙，其事易""昔圣王之处士也，使就闲燕；处工，就官府；处商，就市井；处农，就田野"，"制国以为二十一乡：工商之乡六；士乡十五，公帅五乡焉，国子帅五乡焉，高子帅五乡焉。参国起案，以为三官，臣立三宰，工立三族，市立三乡，泽立三虞，山立三衡。"在这里管仲明确提出了"四民分业"定居，并设置专门机构对其管理，有学者认为这是有证可考的我国古代最早的社会职业教育思想。

　　在研究与建构实践教学体系前，首先需要明确实践教学体系的意义、内涵、构成及基本特征。对上述问题的回答既是明确问题的关键所在，又是为后继的研究建构概念平台。

第一节　体系与教学体系的内涵

一、体系的内涵

（一）"体系"与"系统"

　　系统是系统科学中的一个核心概念。在多数情况下，人们习惯用系统的观点分析、解决问题，即把系统作为研究的方法论，而把体系作为研究的对象，因此，本书也遵循把系统观点作为研究的方法论意义，把体系作为研究框架的依据。但不管怎样，都会涉及体系与系统的关系问题。首先在概念层面，对系统的研究已有一些相关的表述。"系统"一词，来源于古希腊语，是由部分组成整体的意思。如《辞海》的解释：体系是"由若干有关事物互相联系、互相制约而构成的一个整体"①。又如，《现代汉语词典的解释》"体系"乃"若干有关事物或某些意识互相联系而构成的一个整体"②。系统论的创始人贝塔朗菲认为："系统是处于一定相互联系中的与环境发生关系的各组成成分的总体。"③美国著名学者阿柯夫（Ackoff, R. L.）认为，系统是由两个或两个以上有自身独立特征而又相互联系的任何种类的要素所构成的集合。④

我国著名科学家钱学森认为，系统是由相互作用和相互依赖的若干组成部分合成的具有特定功能的有机整体，而且这个系统本身又是它所从属的一个更大系统的组成部分。⑤尽管从不同角度可以对系统做出不同的解释和给出不同的定义，但一般认为系统是由两个以上相互联系、相互作用要素组合在一起，并与外部环境发生某种联系的有机整体。简言之，"处于一定相互联系中，与环境发生关系的各个组成部分的整体即系统"。一般而言，从系统形成的原因方面，可分为人工系统与天然系统；从系统的表现形态和性状方面，可分为动态系统与静态系统；从系统与外部环境发生关系方面，可分为开放系统与封闭系统。就教育系统而言，它属于人工系统、动态系统和开放系统。说得确切一些，系统是由具有相互联系、相互制约的若干组成部分结合在一起并具有特定功能的有机整体。如上所述，体系与系统二者观点具有相似性，概念的描述也具有一定的联系，甚至二者在某种意义上可以替代，但笔者认为，二者还是略有不同的。其区别就在于：系统是对客观实在的定义或者描述，因而可以说系统本身是客观的再现；而体系虽也是对客观事物或者现象的描述，但是作为一种结构，它在更大程度上表现为一种人为进行组合的结构，因此，它具有主观性。

（二）系统的要素、结构和功能

虽然人们从各种角度对系统定义的表述内容不同，但透过诸多的定义描述，

① 辞海编辑委员会. 辞海［Z］. 上海：上海辞书出版社，2000：274.
② 中国社会科学院语言研究所词典编辑室. 现代汉语词典［Z］. 北京：商务印书馆，1999：1241.
③ 王雨田. 控制论、信息论、系统科学与哲学［M］. 北京：中国人民大学出版社，1986：402.
④ 霍绍周. 系统论［M］. 北京：科学技术文献出版社，1988：24.
⑤ 王雨田. 控制论、信息论、系统科学与哲学［M］. 北京：中国人民大学出版社，1986：401.

可以寻求出关于系统定义共有的概念，即系统、要素、结构、功能四个概念。一般系统论是研究系统中整体和部分、结构和功能、系统和环境等的相互联系、相互作用问题。其中，要素是构成系统的最基本单位；结构是系统内部要素内在的联系与组织方式，是从内部反映系统的整体性的；功能是系统在一定环境中所能发挥的作用，它是系统与外部环境相互联系、相互作用所反映出的能量。那么，一个系统的要素、结构、功能之间到底是什么关系呢？其一，系统是由要素构成的，要素不能脱离整体而存在。要素之间相互作用进而影响整体。系统内部诸要素只有在整体中才能体现存在的价值，而且在整体中其所处位置不同，价值也将有别。其二，系统是要素按照一定的方式结合而成的，也就是系统具有一定的结构，这种结构表现为系统内部诸要素之间的联系。其三，系统功能是系统内部各种活动关系的总体，即各要素在相互作用中产生的效能总体。系统表现出的整体功能不是各要素功能的算术相加，即不是 $1+1=2$ 的简单关系，而是 $1+1>2$ 或 $1+1<2$ 的关系。我们需整合教育各要素，以形成最优结构，争取教育整体的最佳功能。其四，系统的结构与功能是对立统一的。一方面，系统结构是系统功能的内在基础，系统功能是系统结构的外在表现。不同的结构决定了不同的功能。也就是说，系统内部各要素的组合方式不同，所表现出的功能也各异。另一方面，两者还表现为在一定条件下的相互转换。当结构发生变化并达到一定程度时，就会产生新功能。新功能同时也会反作用于结构，二者相互影响、相互制约。

那么如何实现和发挥系统功能的最优化呢，这得从系统功能说起。对系统功能的理解可以从内部和外部两方面着手：其一，系统功能是系统内部各种活动关系的总体，即各要素在相互作用中产生的效能总体；其二，系统功能也是系统与外部环境相互联系和作用过程的秩序和能力，体现了系统与外部环境之间物质、能量和信息的输入与输出的交换关系，包括改变被作用对象或环境的秩序。可见，系统整体功能发挥程度既受到系统结构（内部）的制约，也受到环境变化（外部）的制约。在外部环境一定的条件下，系统整体功能受系统结构的影响，而系统结构则以一定要素为基础，因此，从这种意义来看，系统整体功能的产生归根到底来源于系统内部各要素之间的相互作用，即要素之间的排列组合关系。

二、教学体系的内涵

教学体系是系统论的观点应用于教育领域的思想表现，因此，教学体系同样遵循着系统论观点。

（一）教学体系的要素分析

教学体系是由若干组成教学活动的要素通过相互影响、相互作用而构成的一个整体。对于教学体系的构成要素，有经典的三要素说，即"教师、学生和教材（有时也叫课程教材、教学内容等）"。另一种三要素说是指"人员、信息、物质"①。还有四要素说，"教师、学生、教学内容和教学手段构成了教学过程不可缺少的基本因素"②。还有由教师、学生、教材、工具、方法组成的五要素说。一种六要素说则是指教师、学生、教学内容、教学工具、时间、空间。③ 李秉德先生提出的七要素说具有特别的意义，给人以许多启示，他所提出的七要素是：学生、教学目的、教学内容、教学方法、教学环境、教学反馈和教师。④ 也有学者指出，教学系统要素可以采用实体和非实体来划分。前者可以划分为教师、学生和教学媒介（教材、教具和其他设施）；后者可以划分为教学目标、教学内容、教学方法、教学评价、学生学习能力、学生的思想道德情感意志的发展状况、教师教学水平、学校的校风等。⑤ 可见，从不同视角对要素的考察就会有不同的侧重点和分析结论，这里就会涉及一个问题，即我们根据什么来确定要素，如何在把握要素的基础上，更好地对要素进行比较分析，进而择取最适合系统的要素来促进教学系统的优化。因此，有必要探讨教学要素的划分指标。教学要素的划分有如下指标：

（1）教学要素是教学系统的无穷多个元素的抽象概括，是教学系统的组成部分，它不是独立于教学系统之外的什么东西；

（2）教学要素是从教学实体中抽象出来的最小成分，它必须满足对教学系统整体的全面刻画，不能过于简单；

（3）教学要素必须反映系统的本质特征，划分出的要素必须对教学系统整体功能产生关键性影响；

（4）教学要素的划分是教学系统研究的一个阶段，必须使教学要素的研究

---

① 顾明远．教育大辞典：第一卷［M］．上海：上海教育出版社，1990：184.
② 南京师范大学教育系编．教育学［M］．北京：人民教育出版社，1984：376.
③ 郝徇，龙太国．试析教学主体、客体及主客体关系［J］．教育研究，1997（12）.
④ 李秉德．对于教学论问题的回顾与前瞻［J］．华东师范大学学报：教育科学版，1989（3）.
⑤ 李定仁，范兆雄．教学要素与教学系统最优化［J］．教育科学，2003（6）.

服务于教学系统功能的整体优化。①

教学要素的划分依据说明，并不是所有与教学系统相关的要素都可以归为系统要素，这种要素一定要反映系统的本质特征，且能对整个系统的功能产生关键性影响。因此，对教学要素的分析在于更准确、全面地认识和把握教学这一事物，通过要素的分析更好地优化教学结构，从而有效地发挥教学系统的整体功能。

此外，也有学者认为无论是三要素还是五要素，比较容易产生的一个问题便是把构成教学活动的多侧面、多层次的要素放在一起，陷入了对三要素说、四要素说还是五要素说、六要素说不必要的争论中。基此于提出了教学要素的层次说，对教学要素做出了基本的与非基本的划分；又将教学要素划分为平凡的与特质的；在各特质性要素中又划分为教学硬要素与教学软要素；在各教学软要素之中我们又做了主观性软要素和客观性软要素的划分。如图 2-1 所示：

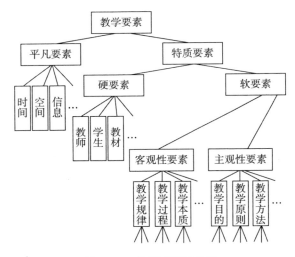

图 2 - 1　教学要素结构②

因此，由教学要素的分类到层级的建构，表明人们对教学要素认识的不断深入。不同的分析层次意味着不同的立足点，所得分析结果的意义也就不同。从实体层次分析，获得的是对作为教学活动各种作用承载者的基本要素性状的认识，并可为理解其间的相互关系及由此形成的教学整体（系统）奠定基础。③

---

①　李定仁，范兆雄．教学要素与教学系统最优化［J］．教育科学，2003（6）．

②　张楚廷．教学要素层次论［J］．教育研究，2000（6）．

③　南京师范大学教育系．教育学［M］．北京：人民教育出版社，1984：376.

从过程层次分析，得到的是对教学过程各个环节或成分及其间关系的抽象，可以为教学过程阶段、模式、理论等提供前提性认识。① 从教学活动总体的层次分析，可以取得对包括教学环境在内的所有教学活动所涉及要素及其相互关系的整体性把握，从而有利于进一步的教学论分析乃至教学论理论体系的展开。② 显然，各个层次的考察都是有益的，总体的把握更是必不可少。需要更进一步的是，尽可能合乎逻辑地、有层次地予以全方位的考察。③

以前人们对教学要素的研究处于直觉研究阶段，没有考虑教学系统的层次问题，由于没有具体确定要素在整个教学系统中的地位和层次，对教学要素的探讨基本处于一种局部的、片面的认识阶段，缺乏整体性考虑。如是，除对教学要素层次的探讨外，注重和确定各要素在教学系统中的地位、作用及性质成为研究的焦点所在。如有学者指出，教师是责任性、中介性的主体要素，学生是目的性、发展性的主体要素，教学内容是历史性、生成性的客体要素，教学手段是中介性、适应性的客体要素。师、生、内容和手段是任何教学活动及其过程所必需的承载全部教学性质的基本要素，各自具有相互联系和不可替代的本体论地位和作用。④

对教学要素功能和地位的确立，有利于澄清不必要的误读，实现应然和实然的统一，成为教学系统向更高级形态进化的完善性条件。

（二）构建教学体系的原则

按照系统论观点，我们在建构教学体系时遵循以下原则。

1. 整体性原则

系统论的核心思想是整体观念，任何系统都是一个有机的整体，不存在独立于相互关系的孤立元，更不是各个部分的机械组合或简单相加，它要完成的是整体大于各部分之和的命题，系统的整体功能是各要素在孤立状态下所没有的新质，也即呈现出各个组成要素所没有的新特性。因此，对系统的理解就要从整体上去探寻，把所研究和处理的对象当作一个系统，分析构成教学系统的要素及这些要素的相互关系，研究系统、要素、环境三者的相互关系和变动的

① 沃·维·克拉耶夫斯基. 教学过程的理论基础［M］. 南昌：江西教育出版社，1996：36.
② 李秉德. 教学论［M］. 北京：人民教育出版社，1991：12—14.
③ 张广君. 本体论视野中的教学要素：新的综合［J］. 宁夏大学学报：人文社会科学版，2002（5）.
④ 张广君. 本体论视野中的教学要素：新的综合［J］. 宁夏大学学报：人文社会科学版，2002（5）.

19

规律性，并优化系统的整体功能。

2. 关联性原则

系统的关联性是指系统的要素之间、要素与系统整体之间、系统与环境之间的有机关联性。这意味着这种关联性不仅表现为系统内部各要素之间相互影响、相互作用、相互制约，还体现为系统整体与外界环境的有机关联性，以确保系统具有开放性的特征。同时，这种关联性也表明处于系统整体中的部分（要素）不论是否能独立存在，其只有在整体中才能体现存在的价值；而且在整体中其所处位置不同，价值也将有别。这里就会衍生一个协同倍增效应，即系统内部各子系统或各成分之间同向合作、相互配合，克服或明显减少在非协同状态下出现的一系列负面效果，从而减少或避免内耗，调动各方面的积极性，提高相关要素和相关系统在协同工作中的工作效能，产生互补效应而使系统功能放大，产生整体大于部分之和的效应，实现协同学意义上所谓 2＋2＞4 的效果，也就是"系统的整体性功能是由各子系统功能耦合而成的全新的整体效应，这种耦合能使系统整体功能生成倍增，因此远远超出各子系统功能之和"。①

因此，必须充分认识和利用系统的这一特征，在解决教学系统问题时，决不能把系统条块分割而逐个突破处理。由于系统中因素间往往不是"非彼即此"的二元对立，而是"亦此亦彼"的多元相融，"牵一发而动全身"所蕴含的就是系统的相关性。深刻理解这一点有助于解决系统要素间的协同关系，把关注点放在要素属性之间的匹配性或互补性上，在要素相互作用的过程中，通过对要素有利成分的管理，减少或限制不利成分的负面影响，进而把要素间有利属性协同起来，发挥系统功能的最大化。

3. 层次性原则

层次性又叫层级性或等级性。一个系统可以划分为不同的层次、层面，系统是一个多层次的有机结构。构成系统的要素本身也是一个系统。无论是大系统，还是小系统，其向下延伸，都具有自己的子系统；而子系统又有其构成要素。要素和系统是相对的，上一层次的要素也可能是下一层次的系统。例如，从社会环境的角度看，一个人是社会这个大系统中的一个要素，而从生命的角度看，一个人又是一个完整的系统。这就是系统的层次性。

有学者将教学过程划分为四个层次。从学生进小学到大学毕业或受完一定阶段的教育为止，是一个总的教学过程（第一教学过程）；一门课程从开始到结

---

① 潘开灵，白列湖，程奇．管理协同倍增效应的系统思考［J］．系统科学学报，2007（1）．

束的教学是一个教学过程（第二教学过程）；一门课中的一章或一个单元的教学是一个教学过程（第三教学过程）；一点知识或一课书的教学是一个教学过程（第四教学过程）。在教学过程每一层次中都包含着相同的要素，这些要素的整合就构成了完整的、统一的教学过程。①系统内部诸要素之间、系统与要素之间，如果具有分明的层次性或等级性，那么系统的功效就高；反之，如果系统的层次混乱，功效就会降低。因为层次的混乱，实是结构的不合理，就必然导致系统功能的减弱或抵消。

因此，在对教学系统的认识方面，要注意整体与层次、层次之间的相互关系。在具体操作时，可按照构成系统各要素的差异和结合方式上的不同，将它们区分开来，依不同的层次进行设计，从而使系统组织在地位与作用、结构与功能上表现出等级秩序性。

4. 有序性原则

系统的有序性，是系统内部的诸要素同外部环境的有机联系与层次结构的反映，稳定的联系构成一定的层次结构，形成系统的有序性。在某种意义上，有序性是系统层次性走向稳定、保持动态平衡的必然结果。系统有序性既包括横向序，即系统的要素之间＼系统与环境之间，以及各系统之间的联系，也表现为纵向序的发展，即层级关系等级分明的序，由系统、子系统直至要素等构成的一个纵向序列群。此外，还呈现出过程、动态有序性。它表明系统信息量的增加，组织化程度的提高，由较低级的结构（无序）走向较高级的结构（有序）的动态发展过程。当然这种发展绝不是固定不变的恒量，它会随着系统内外物质、信息、资源、能量的不断交换、转换而发生动荡，因此，正是在这种不平衡—平衡—不平衡的结构状态不断地调整适应的过程中实现系统发展的。美国系统论专家拉兹洛认为："系统论的观点是一种正在形成的关于组织化的复杂事物的当代观点，它比关于组织化的简单事物的牛顿观点高了一个等级，又比关于神安排的或凭想象设想出来的关于复杂事物的古典世界观高出了两个等级。"②教育系统必须充分认识系统的有序性特点，把握系统的自组织性，建立开放、有序的动态平衡系统。高职教育与其他类型的教育相比，受社会和技术的发展影响可能会更大，因此，要紧跟时代的步伐，调整与区域经济、社会发

---

① 吴立岗，夏惠贤. 教学的原理、模式和活动［M］. 南宁：广西教育出版社，1998：101.

② E·拉兹洛. 用系统论的观点看世界［M］. 闵家胤，译. 北京：中国社会科学出版社，1985：13.

展不协调的结构，适时建立与经济发展相协调的教学体系。

5. 不确定性原则

由于受系统外界环境及内部诸要素的影响，系统常常处在不断发展变化之中，表现为时间的函数，这就是系统的不确定性，也可称为动态性或非线性。

长期以来，人类极力推崇知识的确定性，认为人们对世界能够形成正确的认识，知识来源于不可感觉的、独立于时空之外的理想世界，从这种意义来说，知识是确定的、绝对真理的和永恒的。如果没有确定性就没有科学，就没有确定的知识，更谈不上确定性的教学内容。在教学的各个要素中，不仅教学内容具有确定性，实际上教学的对象、本质、过程、原则、方法、模式、评价等都具有确定性。正是由于教学中这些确定性要素的存在，我们的教学活动才有规律可循，成为可以传授和学习的东西。① 然而，外界环境包括社会经济的发展及要素结构的调整常常会带来整个系统的动荡。教学系统中各要素如教师、学生、教学环境及教学方法和手段等都会随着其中要素的变化而变化，教师教学水平的提高、学生知识结构的不断丰富，都会影响教学方法与手段的改变，使系统经过各种动态因素的影响产生系统动态发展，促使系统由稳态向动态、由平衡向不平衡发展，从而在更高的发展水平上实现新的稳定和平衡。作为服务于社会经济发展的职业教育系统而言，教学系统的动态和不确定性表现得尤为明显。因此，要求职业教育紧跟社会经济发展的步伐，根据产业结构变化调整专业结构，适时更新教学内容，注重教学环境与企业生产情境的吻合，面向并适应社会发展和企业的实际需要，突破僵化的、无活力的平衡态，构建与外界进行信息、能量、物质充分交换的开放系统，追求系统的动态有序。

第二节　高职实践教学的内涵与特征

近年来，高职教育正从快速的规模扩充向内涵建设阶段迈进，在这一过程中，各项改革成果将最终落实在教学改革的环节上。因此，作为能够体现高职教学特色的"实践教学"这一术语便自然地进入了高等职业教育话语系统的核心。然而，尽管实践教学这一术语已在众多文献中被频繁使用，随之而来的相关探讨也日益增多，但真正系统的对这一术语的分析与界定的研究却是有限的，

---

① 段兆兵，陈琼. 论教学要素的确定性与不确定性［J］. 现代教育论丛，2005（5）.

这也许是因为我国职业教育研究者认为这一术语已约定俗成，不屑作为专题进行探讨，或是因为职业教育理论研究本身力量薄弱，无法对此进行系统探究。我们说，科学探究与考量的前提是统一概念或统一话语权，只有这样才有交流、对话的平台，失去了这一平台，一切交流、研究都是无效的。因此，对实践教学必须进行必要的语义厘清及深入分析，如此才能协助研究者减少不必要的偏误，促进实践教学从语义之探究角度转入更深层的研究反思。

一、实践教学的缘起

虽然从现有的文献中对实践教学的提出时间已经难以考证，但从职业教育发展的进程中仍可以窥见实践教学是与职业教育的发展相伴而生的。在生产力不发达的古代社会，主要通过手口相传、模拟示范来传承技艺的，这种形式可以说是原始的"实践教学"雏形。在手工业时期，主要通过师傅带徒弟完成动手能力的培养，注重让学徒在生产实际中掌握职业技能，因此，学徒制是实践教学的典型代表。随着生产的发展及机械化程度的不断提高，传统学徒制已经不能适应社会对大量生产一线工人的需要，设立专门的学校来培养产业工人就成为必然。这类学校一开始在培养目标上便具有明确的职业指向性，在办学模式上，与工业界的关系日益密切，从而决定了实践教学作为培养学生职业能力的主要方式开始发挥越来越重要的作用。近年来，随着职业教育在各国经济发展中的地位和作用日益凸现，人们也越来越认识到实践教学在人才培养过程中的不可替代性，于是，职业教育实践教学便从原来的自发性质的示范、模拟，发展成为有特定教学目标、教学内容、教学方法、教学评价标准的自成体系的教学活动，并结合不同国家的特点形成了各具特色的模式。如德国的双元制模式、加拿大的 CBE 模式、美国的社区学院模式和英国的 NVQ 模式。

当然，不仅实践教学伴随着社会生产力的提高而产生、发展，而且教学理论尤其是 20 世纪教学理论的演变进程也在不断地酝酿着实践教学思想。20 世纪初以追求理想的、浪漫主义情调的进步主义，主张"兴趣"和"活动"，这成为引导教学活动的重要标志。尽管进步主义还是受到强调"社会"或"共同经验"的要素主义、永恒主义等的反对，但毕竟进步主义教育克服了传统教育脱离实际的弊端，而且由于进步主义强调教育与实际生活相结合，这或许为提倡通过实践获取知识或能力的教学方式奠定了一定的思想基础。同时，以进步主义为代表的实用主义教学价值观指向学习者本身的内在体验、感悟，这种教学价值观便自然地认为人类的所有认识都源于感觉、经验，并认为知识具有动态性、主观性及经验性。这无疑为通过实践获取知识的教学方式提供了哲学注脚。

在我国，由于受杜威实用主义教育思想的影响，各派学者纷纷提出自己的看法，其中尤以黄炎培的思想最具代表性，他认为"职业教育的目的乃在养成实际的、有效的生产能力，欲达此种境地，需要手脑并用。如果只用脑不用手，只注重书本知识，而不去实地参加工作，是知而不能行，不是真知"①。另外，我国学者陶行知的生活教育思想的形成也直接来源于杜威的教育思想，而且陶老先生的"生活即教育，社会即学校及教学做合一"等三大教育理念共同构成了其生活教育理论，这也是陶行知生活教育思想的精髓所在。这些教育理论都从不同侧面突出了职业教育重视实践能力的思想。

教学理论经过百年的发展，时至今日，已越发突显如下特征：它抛弃了"物性"或"工具性"，而开始较多地关注"个性"或"实践性"等价值取向；承认对个性、训练化及精神内容的理解，并重视教学的实践性、活动性。此外，随着人们对知识内涵认识的不断深入，人们越来越意识到知识不仅有明言成分，而且有默会成分，并认为默会知识在知识总量中所占的比例和重要性更为突出。因此，对实践中的个体体验这一获取默会知识的主要手段也越为重视，也更多地关注如何在实践中实现教师以经验形态存在的知识向学生个体经验的转化，力求通过特定情境的设计和个体的亲身实践促使学生生成新的知识。这些都表明了实践教学不仅顺应了当今教学思想发展的潮流，而且对当今高职教学的发展具有强烈的导向作用。

二、高职实践教学概念的种种界说剖析

为了科学地界定实践教学的内涵，就需要对各种关于实践教学的阐述加以分析，但从现有的文献数量来看，对实践教学概念的界定是微乎其微的，很多文献只是针对某一具体专业进行具体操作层面的探究，而较少关注实践教学的内涵界定。不仅如此，由于对实践教学这一概念所选择的角度不同，还出现了不同的定义，这在某种程度上造成了语义的混淆、乱用现象，不利于研究的深入。这里综观各种相关的文献，对实践教学的概念进行了梳理，并选取其中具有代表性的观点分述如下。

有学者视实践教学为教学形式、方式。他们是这样定义的：实践教学是指在实验室或生产现场，根据实验、设计和生产任务要求，在教师指导下，通过

---

① 黄炎培. 断肠集 [M]. 生活书店，1926：54.

学做结合，以学生自我学习和操作为主，从而获得感性知识和技能，提高综合实践能力的一种教学形式。① 这种界定表面似乎说得过去，但细究起来，它只是普通高等院校实践教学的一般性定义，没能突出高职实践教学的特色。此外，俞仲文在其《高等职业技术教育实践教学研究》一书中是这样表述的：高职教育实践教学是一种以培养学生综合职业能力为主要目标的教学方式，是高职教育的主体教学，它在高职教育教学过程中相对于理论教学独立存在但又与之相辅相成，主要通过有计划地组织学生通过观察、实验、实训、实习等教学环节巩固和深化与专业培养目标相关的理论知识和专业知识，掌握从事本专业领域实际工作的基本能力、基本技能，培养解决实际问题的能力和创新能力。这种提法从高职教育的特点出发进行界定，突出了高职的特色，并明确了实践教学在整个教学体系中的地位，可以说是一项有益的探索。但从本质上讲它仍没有触动实践教学的质的规定性，充其量只属于外延界定。

有学者视实践教学为教学活动。他们认为，实践教学一般指有计划地组织学生通过观察、试验、操作，掌握与专业培养目标相关的理论知识和实践技能的教学活动，包括生产劳动、专业劳动、课程实验、课程设计、教学实习、科研实践、社会实践、生产实习与毕业论文设计等环节。很明显，论者把理论教学之外的所有环节都归到实践教学的范畴。不可否认，实践教学的环节是多样的，但如此推论，即把任何理论教学之外的教学环节都视为实践教学，便有扩大外延之嫌。实际上，社会实践既包括归属于实践教学的生产实践，也包括不从属于实践教学的生活实践（生活实践属实践性教学），因此，把实践教学与理论教学看成非此即彼的对立关系，无疑给实践教学的界定带来诸多不便，同时，也把实践教学与实践性教学相混淆。也有论者有类似的论述，即认为实践教学是与理论教学紧密联系，学生在教师指导下以实际操作为主，获得感性知识和基本技能，提高综合素质的一系列教学活动的组合。这种表述乍一看并无不妥，因为教学本身就是一种师生、生生间相互影响、相互作用的活动，把实践教学看作一种教学活动是从教学所具有的基本特点出发加以说明，这种说法也有一定的合理性，但如果把实践教学等同于一般的教学活动，是否隐蔽了其区别于一般教学的特点？因此，把实践教学当作教学活动的论述，也只是一般性的描述，未能深入地触及职业教育教学的内涵和本质，没能体现高职教育人才培养特点，更谈不上从整体上对这一概念的准确把握，因而显得过于含糊不清。

---

① 汤百智，杜皓. 论高职实践教学过程的优化［J］. 职业技术教育，2006（1）.

　　有学者基于实践教学与理论教学的关系问题进行探讨，指出："实践教学的内容与理论教学内容相互联系，但它并非完全依附于理论教学内容，具有相对的独立性，这是由高等职业教育本身的特点决定的①"。这种提法视实践教学不再是依附、从属于理论教学的，而是与理论教学同等地位的独立教学体系，明确了实践教学在整个教学体系中的地位。可以说，其在理论上承认了实践教学是与理论教学具有平等地位的等值体系，但实质上有无被形式化仍值得探究。

　　也有论者提出实践教学体系的构建，并对几种实践教学体系进行了比较研究，如三段一体化的实践教学体系、驱动—受动—调控—保障的实践教学体系、内外一体的开放式实践教学体系及多要素综合的实践教学体系。② 从教学系统论观点出发研究实践教学体系不仅有助于把握实践教学的整体性和系统性，而且可以清晰地看到实践教学体系所包含的要素、结构和功能，对保证实践教学的顺利开展具有一定的作用。

　　此外，由于概念不清也存在着误用、滥用的现象。如上所述就存在实践性教学与实践教学错用的问题。为此，有必要把这两个概念加以区分。《教育大辞典》对实践性教学的解释是这样的：实践性教学是相对于理论教学的各种教学活动的总称，包括实验、实习、设计、工程测绘、社会调查等。旨在使学生获得感性知识，掌握技能、技巧，养成理论联系实际的作风和独立工作能力。通常在实验室、实习场所等一定的职业活动情景下进行，作业是按专业或工种的需要设计。教师根据不同作业、不同个体进行分类指导；学生采取学和做相结合的方式。③ 由此看出，编者首先把实践性教学看作一种教学活动，并规定了实践性教学的目的、教学场所、教学管理、教学评价等一系列环节，与前面提到的实践教学体系观基本一致，但这种观点把实践性教学与理论教学作为一对相互区别的概念。以这种观点推论，就把实践性教学等同于实践教学。确实是这样吗？答案是否定的。笔者认为，实践性教学是从实践教学的"工具"性出发加以定义的，是将实践作为教学的"成分"而存在，即将实践性看作促进教学的工具性因素；而实践教学将实践纳入教学的本质这个层面上，即实践就是教学的本质。故此，实践性教学与实践教学是两种不同的教学形态，是"工具"与"本质"的关系。因此，把实践性教学（下位概念）与实践教学（上位概

① 朱方来，谭属春.高等职业教育实践教学内容体系的构建［J］.高教探索，2005（5）.

② 应金萍.论高职实践教学体系的构建及作用［J］.职教论坛，2005（2）.

③ 顾明远.教育大辞典［M］.上海：上海教育出版社，1990：711.

念）混为一谈，将造成对实践教学的定义过窄。

当然，也有一些学者对实践教学进行了质疑与反思，如有论者指出："目前实践教学的概念认识模糊，对其功能和定位有其不合理性。仅仅把实践教学停留在实验、实习、实训等环节,，对实践教学的理解过于片面、狭窄如将实践教学的目的和功能仅仅或基本定位于学生的技能操作训练上。在这样的一种情境下，学生虽然也参加了实践教学活动，但实质上处于被动地接受的状态，他们学习的主动性、积极性受到一定的限制。"① 很显然，论者强调实践教学过程中，学习者主体性的充分发挥，这也表明实践教学的关注点将从单一的技能培养向学习者自身创造性应用能力的培养转变，同时视学习为主体自我行动调节的过程。也有学者提出了类似的观点，并认为："实践教学在实际开展过程中存在线性化倾向，即每一次实践教学都集中对应于某一实际操作的提高，实践教学与技能训练之间呈一一映射关系，而这种所谓的对应实质上没能从整体上把握实践教学的真谛。"可见，论者在承认实践教学不仅是技能培训的同时，更表明应从整体上把握实践教学。笔者认为这种提法涉及实践教学组织的问题，在实践教学过程中，如何从内容到过程的教学维度进行整合，如何把专业能力、方法能力及社会能力渗透到实践教学中，使其具有"设计导向"就显得尤为重要了。

通过如上对实践教学诸种角度的解读、剖析，我们发现，对实践教学来说，不管是视其为教学活动或教学形式，抑或从教学系统论角度提出实践教学体系，他们大都涉及实践教学的外延特点，而且更倾向于关注实践教学的整体性，这些都是可取之处。但现在的问题是，作为高职的实践教学，其本质就仅仅停留在教学形式和教学活动层面上吗？如果如此，我们不禁要追问，高职的实践教学与普通本科的实践教学区别在何处？可见，仅仅把实践教学作为一种教学活动或教学形式还是不够的。正是基于这种考虑，对以上关于实践教学的理解进行剖析，不仅说明了对实践教学这一概念进行重新审视和界定的必要，而且为重新界定实践教学提供了有力的理论依据。

三、高职实践教学概念的界定

明晰的定义既是有效交流的前提，又是进行深入研究的有力铺垫。但目前对实践教学的认识不清及界定混乱等现象，严重影响了实践教学理论的发展。因此，科学地界定实践教学，弄清楚其内涵将是一件首要的任务。我们知道，一个定义

---

① 杨定安. 高校实践教学改革的探索与思考［J］. 黑龙江教育，2006（1）.

是由被定义项和定义项构成的。定义的表示形式为被定义项（被定义的概念） ＝
定义项（属概念＋种差）。这里，属概念就是指"上位概念"，种差就是使被定义
概念和属概念区别开来的属性。① 于是，对实践教学这一概念进行定义，就有一
个如何选择属概念和种差的问题。基于如前所述对实践教学的理解和剖析，笔
者拟采用教学思想作为属概念，结合职业教育的性质和人才培养的特点对实践
教学做出如下界定：实践教学是指根据不同专业的培养目标，按照工学结合的
人才培养模式，以完成一定的工作任务、借助特定的项目训练为主要形式，以
鼓励学生主动参与、主动探索、主动思考为基本特征，以掌握相应岗位技能、
养成一定的职业态度、提高职业素养和职业能力为目的的一种新型的教学思想。
这一定义采用了内涵定义的方法。就其外延而言，实践教学包括实验、实习、
实训、毕业设计等教学活动，这也是人们经常关注的焦点。但这里要说明的是，
由于普通高等院校与高职院校在人才培养模式的差异性，决定了实验室与实训
车间两种不同的教学基地在两类高等院校主体地位的不同，也就是说二者在实
践教学体系中的分配权重应是有差别的。为了加深对高职实践教学内涵的认识
和理解，这里尝试总结出高职实践教学在教学目的、教学内容、教学组织、教
学方式及教学评价等方面的原则性要求（如表2－1）。

表 2－1　高职教育实践教学要求

类别	特征
教学目的	有效改善教学的活动模式，发展学生综合职业能力
教学内容	选择与职业情境相关的、多为结构不良的综合性问题，需要利用综合能力加以解决，甚至需要跨学科给予解决；工作任务能够体现一定的系统性、整体性和典型性
教学组织	多采取合作式学习形式，发展专业能力以外的素质，如沟通、协作能力；主要以学生自我管理式学习为主，在适当时候教师给予及时的反馈和必要的指导。教师更多地扮演"促进者"、"组织者"、"协调者"、"专业对话伙伴"等角色
教学方式	多种教学方式交替使用，如角色扮演、问题解决、主动探究等
教学评价	强调对学习过程的及时反馈。评价的重点在于信息加工和解决问题的方法，包括学生自评和他评

　　从如上定义可以看出，实践教学既具有一般教学的共有特征，又有区别于
一般意义教学的独特之处，对其内涵进一步解读如下。

---

① 张艳，宗成庆. 汉语术语定义的结构分析和提取 ［J］. 中文信息学报，2003（6）：9－16.

首先，实践教学是一种新型的教学思想。这就突破了其原有的教学活动的属性，它既不同于教学形式，又区别于一般意义上的教学活动，是从教学活动向教学理念的升华。实践教学作为一种教学理念，同样包括教师和学生、教学内容和手段、教学设备和教学模式等要素。

其次，实践性是高职人才培养模式的重要特征，这种特性要求实践教学体现工学结合的人才培养模式。工学结合的真正蕴义在于寻找学校与企业、学习与工作、知识与技能之间的结合点与平衡点，突破教师与教练角色、企业管理与教学管理分离的界限，实现多方面、全方位的融合。

再次，实践教学的载体是基于工作过程导向的，通常借助某一实践项目展开教学，它不仅着眼于问题设计的情境化，而且要求按照工作系统化的原则进行设计，某种程度上它更强调与职业实践密切相关的工程、流程的设计。因此，实践教学应既是工作过程导向的，又是设计导向的。它既遵循教学的普遍规律，同时又要求在把握实践教学"实然"的前提下，致力于对实践教学的改进，进而实现对其设计的要求。

此外，实践教学以学生主动参与、主动探索、主动思考为基本特征。教学过程中，教师要超越传统的教书匠身份，发挥教师的咨询、引导和组织作用，更多地扮演"教练"、善于反思的智慧型教师；同时，强调学生必须发挥其主体性，主动地参与到学习过程中来，通过学生的自我体验进行自我意义的建构。因此，实践教学是在教师引导下，学生主动探究，增强体验，走向社会的过程。

最后，实践教学的目的在于能够使学生掌握相应岗位技能、技术，养成一定的职业态度，提高职业素养和职业能力。这是由职业教育性质和特点决定的。实践教学在高职教育中的地位和作用已日渐清晰，人们已经把它视为提高人才培养质量的关键因素。实践教学突出对学生整个职业生涯发展的关照，在致力于技能训练的同时，发展人的方法能力，为人性品格的提升服务。

四、高职实践教学的主要特征

（一）情境性

无论在课堂也好，职场也罢，实践教学的安排都要体现情境性。它一方面是指现场教学，即实践教学在实际的工作场所进行，包括安排学习者到实际工作岗位顶岗实习，参与到真实的职业角色中去。另一方面是指课堂教学，即根据实践教学的要求，尽量将选取的学习内容贴近现实的问题情境，创设与本专业的就业岗位（群）的真实情境相一致的职业情境，它通常是项目中心或任务中心的，学习者通过虚拟或仿真具有典型意义的工程问题或项目任务进行探讨，培养学生的综合职业能力。

（二）全程性

实践教学不仅仅是一种有效的教学活动，它更代表一种教育教学的理念贯穿于教学全过程。从横向看，它表明在实践教学过程中，要对教学各要素进行整合、重组，以达到整体的最优化；从纵向看，它意味着随着专业教学进程的推进、各项训练持续地开展，要求实践教学的各项训练之间应是层层递进、环环紧扣且呈现螺旋上升的趋势。

（三）完整性

实践教学的完整性主要体现在两个方面：其一，实践教学本身是由一系列要素构成的，它包括教学目标、教学内容、教学形式、教学管理和教学保障等；其二，实践教学对人的培养是全面的、完整的，它既重视学生专业能力、方法能力与社会能力的发展，也要赋予学生面对新形势新问题时的职业应变能力、促使学生根据外界的变动主动地调试自己的思想观念、行为模式，关注学生职业素养的养成，使学生具备质量意识、安全意识、创新意识等素质，同时也培养学生的职业情感、职业意志、职业道德及与人交往和协作的能力。

（四）开放性

实践教学的开放性主要表现在三个方面：其一，教学内容的开放性，这意味着它必须关注行业和社会的需求，及时吸取行业、企业的最新技术成果并把它作为职业能力开发的依据；其二，教学形式的开放性，表现在学习者的参与性学习不仅局限于课堂内，而且要积极开展工学结合的人才培养模式；其三，师资队伍开放性，既要让教师抽出一部分时间深入企业学习，同时也要向社会招聘富有经验的兼职教师，形成专兼结合的师资队伍。从教学评价看，要把企业、社会的评价纳入评价的参照体系中来。

（五）工学结合

工学结合不仅是高职教育实践教学的一个显著特点，而且是高职人才培养的重要模式。它实现了课内与课外、校内与校外实践教学的有机结合，促进了理论知识与实践知识、工作与学习的整合。校企共赢的合作机制是构建实践教学体系的有效途径。

第三节　高职实践教学体系的要素、结构和功能

构建实践教学体系同样遵循着系统观，即由要素、结构和功能构成的统一体。实践教学体系是相对于理论教学体系而言的，属于教学体系的一种类型。

一、高职实践教学体系的要素

实践教学体系的概念可以有广义和狭义之分。广义的实践教学体系是由实践教学活动各个要素构成的有机联系整体。具体包含实践教学活动的目标、内容、管理和条件等要素。狭义的实践教学体系则是指导实践教学内容体系，即围绕专业人才培养目标，在制定教学计划时，通过合理的课程设置和各个实践教学环节（实验、实习、实训、课程设计、毕业设计、创新制作、社会实践等）的合理配置，建立起来的与理论教学体系相辅相成的教学内容体系。①

实践教学体系作为教学体系的一种类型，自然具有一般教学体系的要素特征。虽然构成教学体系的要素有如上提到的三要素、四要素、五要素等说法，比较容易产生一个问题，便是把但凡与教学有关的因素都涵盖在内，陷入了几要素说不必要的争论中。但如果从教学最本质、最基础的要素出发，任何教学体系都会包括教师、课程与学生这三个因素，离开了这三个要素便不能称其为教学。其中，课程作为载体连接两个对象，即教师和学生的活动，只不过在实践教学体系中课程载体多以实验、实习和实训为主。然而，应该看到实践教学体系是一个涵盖多种构成要素的复杂整体。虽然离不开教师、学生与课程这三个要素，但又不能局限于这三个要素，实际上，它的构成要素主要应包括教学理念和教学目标、培养方案和课程体系、教学模式和环境支撑、管理机构和制度建设。

二、高职实践教学体系的结构

对构成实践教学体系各个要素及其关系的探讨便涉及要素结构分析。由于关注的重点和视角不同，对实践教学体系结构的研究也就各异。如果以实践能

---

① 俞仲文，刘守义，朱方来．高等职业技术教育实践教学研究［M］．北京：清华大学出版社，2004：75.

力为培养目标，认为实践能力是由基础到应用、由浅及深、由简单到复杂的发展过程，那么，实践教学体系的结构通常按照阶段性发展要求，形成"三段一体化"的实践教学体系，如图2-2。这也是目前高校普遍采用的实践教学体系结构。

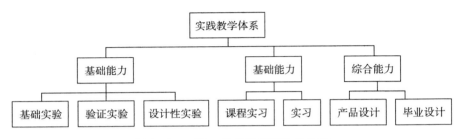

图2-2　三段一体化的实践教学体系

如果按照教学系统论原理构建实践教学体系，一般包括驱动、受动、调控及保障等四个亚体系，形成如图2-3的实践教学体系结构。其中教学目标体系是整个教学体系的核心，它在一定程度上决定着实践教学内容体系、管理体系及支撑保障体系，在整个体系中发挥驱动作用。教学内容体系是教学目标体系的具体体现，实践教学管理体系包括管理机构、管理手段和评价指标体系，在整个体系中起着反馈和调控作用。实践教学支撑体系通常由师资、设备和学习环境组成，在很大程度上成为制约实践教学效果的重要因素。

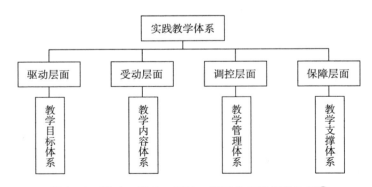

图2-3　驱动－受动－调控－保障的实践教学体系①

如果把实践教学体系看作一个开放的系统，把社会资源与就业机制纳入体

① 应金萍. 论高职实践教学体系的构建及作用［J］. 职教论坛，2005（6）.

系中来，就会形成图2-4的实践教学体系。

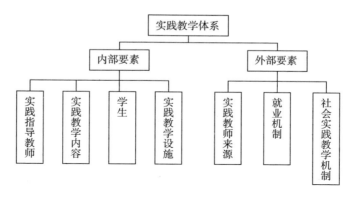

图2-4 内外一体的开放式实践教学体系①

总之，三段一体化的实践教学体系是按照能力层次划分的，遵循着由一般到特殊、由基本能力到应用能力的思维逻辑，其实质仍是三段式模式在实践教学体系中的再现，导致了知识与技能的割裂。系统观照下的实践教学体系，较清晰地呈现了实践教学体系的要素结构，便于管理，容易掌控，而开放的实践教学体系则突出了实践教学体系的重要特征——校企合作机制，有利于畅通教学的入口和出口。

针对上述三种实践教学体系结构，本书更倾向于运用系统的方法来考察实践教学体系。借鉴系统论观点关于结构的认识，并结合职业教育实践教学的特点，笔者认为，一个完整的体系必须具备驱动、主导和保障系统，才能有序、高效地运转，从而实现目标。驱动系统是系统观的方法论核心，它解决思想和理念层面的问题，起着引领整个系统的功效，决定着整个教学体系的发展方向和质量问题；主导子系统是整个教学体系的主体，如果说驱动层面解决理念性问题，那么主导系统则旨在具体操作和实施层面，教学体系功能发挥的好坏在很大程度上取决于这一系统。而其他系统都围绕受动系统展开。保障系统对整个系统的正常运转起反馈和调节的作用。

鉴于此，我们把高职实践教学体系也分为驱动、主导和保障三个子系统。其中驱动系统在于融入先进的教学理念，正确理解实践教学的内涵，特别是正确处理实践教学与理论教学的关系，在此基础上实现知识观、教师观、学习观

---

① 应金萍. 论高职实践教学体系的构建及作用［J］. 职教论坛，2005（6）.

的转变；主导系统应体现实践教学体系特色、固有的特征，围绕工学结合的人才培养模式，主要从课程体系、教学目标、教学内容、教学方法、教学组织等层面来阐述；保障系统由师资、校企合作等组成。

三、高职实践教学体系的功能

首先，打破传统理论教学体系中心的局面，确立相对独立的实践教学体系。实践教学体系改变了传统的教师传递—学生接受的单向、封闭式的知识传授型的教学体系结构，强调学习者自学、教师指导等双向互动、开放的知识建构型的教学体系结构。这种教学结构反映着对理论与实践的态度是分离还是整合；对教师和学生在教学体系中的各自地位、特点、活动方式等的重新认识。

对于应以理论教学为主还是应以实践教学为主一直有争议。一直以来，由于受理性主义的影响，教学领域动辄强调实践教学应围绕理论教学展开，作为检验或验证理论的工具；直至人们对实践教学理解的不断深入，人们才开始关注实践教学并努力提升实践教学的地位，提出理论教学应服务于实践教学。实际上，无论是主张理论教学为实践教学服务还是提倡实践教学为理论教学服务，由于两种观点在强调两者区别的同时没能认识到两者的关联性、互促性，割裂了两者的关系。实际上，实践教学体系的建构过程并非单纯强调实践教学而忽视理论教学，在高职实践教学体系中，根据系统论及其相关结构的特征，实践教学体系表现为与理论教学相呼应、相融合的对立统一体。

其次，实践教学体系是重构高职院校教学体系的重要途径。系统观强调，系统的结构决定其功能。在高职教学结构改革的过程中，曾对教学体系的结构做过调整，如在初期通过增加实践教学学时和增添实训教学设备，以满足由于硬件短缺给实践教学带来的困扰，这一阶段我们称之为适应期。然后，即以课程教学改革为突破口，立足于对教学内容的重组、教学方法的调整及教材的重新编排，称之为调整期，但由于这两种调整只是单纯靠调整实践教学与理论学的课时比例，把关注点聚集于量的增减或囿于孰多孰少的问题，所做的调整也主要是"被动应对"性的局部的量的调整，而没有触及整个教学体系的实质性改变。系统观下的实践教学体系是"主动设计"导向的，是在一定的教学理念指导下的有目的的活动，它要求对教育活动中的各种理念和经验进行梳理和整合，既要考虑到每个教育活动和环节的功能的充分发挥，又要兼顾各个环节间的相互协调。高职教育人才培养特点决定了必须摒弃以"理论"为核心的教学体系，重构以"实践"为导向的教学体系。当然，这种重构并非意味着在原有学科体系基础上，靠单纯增加实践教学的课时量来实现，而是以实践教学为主导因素，包括教学观念、教学目标、教学内容、教学方法、教学评价等一系列内容的置换。

第三章

实践教学思想追溯

古人论道：《论语·子路》记载："诵诗三百，受之以致，不达；使于四方，不能专对，虽多亦奚以为？"，《论语·公冶长》中记载"由也千乘之国可使致其赋也，冉有则百乘之家可使为之宰也，赤也束带立于朝，可使与宾客言。"《墨子·节用中》提出"各从事其所能"，《墨子·耕柱》中记载"能谈辩者谈辩，能说书者说书，能从事者从事"《墨子·非乐上》强调"赖其力者生，不赖其力者不生"，《孟子集疏》卷五记载许行提倡以农耕治天下，他率领"其徒数十人皆衣褐，捆屦，织席以为食"。可见这些先贤达人十分重视实践教学。

第一节　实践教学的渊源

实践教学的产生和发展并不是偶然和孤立的，而是与社会和经济的发展及教学理论历史沿革有着密切的关联。

一、实践教学的思想根源

（一）萌芽期

实践教学思想的萌芽可以追溯到亚里士多德，经历了夸美纽斯和洛克，然后到以卢梭、裴斯泰洛齐和福禄倍尔为代表的自然主义教育家的教育思想，最后到杜威，代表了西方自然主义教育发展路线。自然主义教育家在意识到传统教学忽视学生的自我发展、教育与生活相脱离等弊病后，从不同的角度提出了进步的教育主张。如亚里士多德明确指出："应当首先关注孩童的身体，而后才是其灵魂方面，再次是关心他们的情欲，当然关心情欲是为了理智，关心身体是为了灵魂。"① 他认为教育应当遵循事物运动法则和人的天性来进行，把德、智、体结合起来促使人的多方面发展。这一思想开创了西方教育史上自然教育理论的先河。

真正提出并系统地论述自然主义教育思想的人当属 17 世纪的捷克教育家夸美纽斯。他在《大教学论》（*Magna Didactica*）一书中系统地论述了其教育思想，并提出了"自然适应性原则"。他对当时的学校进行了严厉的批评，认为当时学校的教育违背了人的自然规律，要改革旧教育，必须遵循自然的原则。夸美纽斯所说的"自然"实际上包含两个方面的含义。一是指自然界中的普遍"法则"或"规律"，夸美纽斯称之为"秩序"。他认为，"秩序是把一切事物教给一切人们的教学艺术的主导原则，这是应当、并且只能以自然的作用作为借鉴的"②。二是指人与生俱来的"天性"。他认为教育应适应人类本身的"自然"。

卢梭主张回归自然，发展天性，以儿童自然生长的需要为中心组织教学，让儿童自由地参与以适应生活为目的的探究性活动。在他看来，儿童活动的内容和儿童生活的内容就应该是教育的内容，而知识只能以儿童生活中的经验形式出现，并建立在儿童的个体经验之上。卢梭认为，一种精心设计的教育机构几乎没有需要，"要放任无为，才能一切有为"③。他认为，"出自造物主之手的东西（自然状态）都是好的，而一到了人的手里（社会状态），就全变坏了"④。在《爱弥儿》一书中，他力图按照自己的设想，使人类自然本性中固有的自由、理性、良心得到回归。他详尽地论述了儿童生理、心理发展的自然进行，主张教育要适应儿童的能力和器官的自然发展，尊重儿童的倾向、兴趣、需要，使儿童得到自然和自由的发展。卢梭的思想被称为"新旧教育的分水岭"。在西方教育史上，卢梭第一次鲜明地把儿童放在了教育的中心位置，有力地改变了儿童在受教育中的被动地位，使教育史上的儿童观发生了历史性转变，并开启了教育心理学化的端倪。⑤ 瑞士教育家裴斯泰洛齐以卢梭思想作为其教育理论和

① 亚里士多德. 亚里士多德全集：第九卷［M］. 苗力田，译. 北京：中国人民大学出版社，1994：26.
② 夸美纽斯. 大教学论［M］. 傅任敢，译. 北京：人民教育出版社，1984：80.
③ 卢梭. 爱弥儿［M］. 李平沤，译. 北京：商务印书馆，1987：140.
④ 卢梭. 爱弥儿［M］. 李平沤，译. 北京：商务印书馆，1987：7.
⑤ 张二庆，耿彦君. 西方自然主义教育思想发展述评［J］. 河北师范大学学报：教育科学版，2006（3）.

教育实践的重要依据，进一步阐述并发展了自然主义教育思想的内涵。裴斯泰洛齐在教育史上首次提出了"教育心理学化"的思想，他认为人的天性即心理有其自身的发展规律，教育应当以此为出发点，与其相适应、相协调。他提出："教育应当被提高到一种科学的水平，教育科学起源于并建立在对人类本性最深刻的认识基础上。"① 可以看出，"裴斯泰洛齐把人的'本性'看作儿童的身心发展规律。他的生活教育观认为学校中的教育内容，不仅包含向学生传授读、写、算及其他学科知识，而且应该设置生活教育课程，应该将学校知识与儿童通过自主活动直接从自然界中获得的真实的感觉印象相互联结，实现手脑心全方位学习"②。"使学习与手工劳动相联系，学校与工场相联系，使他们合而为一……一方面是学习，另一方面是手工劳动。"③ 福禄倍尔重视自我活动和游戏的教育价值，将儿童的自发活动作为教育的起点，认为教育的过程应当是儿童的生活过程，教育活动应当以儿童的经验和现实为基础，通过儿童的自我决策和独立行动，即通过儿童的自我活动、游戏、作业及各种创造性活动，使儿童认识客观世界和"自我"④。德国教育家第斯多惠指出，"教学原则就是适应自然地教学。所谓自然，就是与生俱来的智慧与能力的素质。所谓适应自然地教学，就是必须严格按照人的天性及其发展规律，适应儿童的年龄特征和个别差异进行教学。这是任何教学的首要的、最高的规律"⑤。第斯多惠比他的前辈们更明确地把这种"自然"建立在儿童心理学的理解上，强调必须以心理学作为教育科学的基础，但第斯多惠的教育思想并没有停留在自然适应性及心理学基础上，为了补充完善和发展这一原则，他提出了教育的文化适应性原则，还特别指出了个性发展与社会环境之间的密切关系。第斯多惠还强调，人是在一定的社会文化中发展其自然本性的，人的发展和教育必然受到社会文化状况的制约。只有把教育提高到人类现代文化的要求，才能培养出适应现实生活的人。这样，他从理论上把儿童的天性和社会性通过合理的教育统一起来。

可见，自然主义教育家追求个性、解放和自由，关注儿童顺性的发展，主

① 夏之莲，等译．裴斯泰洛齐教育论著选［M］．北京：人民教育出版社，1992：189.

② ［德］鲁道夫·普法伊费尔（Rudolf Pfeifer），傅小芳．项目教学的理论与实践［M］．南京：江苏教育出版社，2007：20.

③ 张焕庭．西方资产阶级教育论著选［M］．北京：人民教育出版社，1979：203.

④ 张二庆，耿彦君．西方自然主义教育思想发展述评［J］．河北师范大学学报：教育科学版，2006（3）．

⑤ 李明德，金稀．教育名著评价·外国卷［M］．福州：福建教育出版社，1992：100.

张教育要符合儿童的天性，教学活动以自然人的需要和兴趣为出发点。当然这种自然人并非回到原始森林中的野蛮人，也不是脱离社会生活的、纯生物的人，而是指"不受传统束缚而率性发展的人，是具有自身价值的独立实体，是体脑发达、身心健康的人"①。自然主义的教育以人的天性至善为起点，以生命的自由释放为核心，通过个体个性化的表达来展现生命的"自然性"，反映儿童对学习本原的需求，强调实现儿童自我发展的重要性，因为，在他们看来，教与学本应是自然的、非刻意强制之乐事，是一种没有经过刻意加工的过程。此外，他们还强调儿童自主活动的重要性，强调学校教育应与生活教育紧密联系。这些思想都成为实践教学重要的理论源泉。

而最初的类似于实践的教学活动，可以追溯到1600年前后在意大利罗马的建筑艺术学校所开展的建筑设计比赛，当时在罗马圣卢卡艺术学院的学生中开展了建筑设计比赛活动，学生们必须在实践活动中学习相关的专业知识和理论，并应用所学的知识设计出建筑方案。由于比赛所要解决的是贴近生活的问题，而参赛的学生必须独立制订计划，通过"劳作"来完成任务，这类比赛类似于项目活动，虽然还不能称为真正意义上的项目课程，却是项目课程发展过程中具有里程碑意义的实践活动。

在我国自然主义思想也经历着从萌芽、形成、发展、成熟到完善的各个发展阶段。先秦道家的"无为"就孕育着自然主义的萌芽。如道家主张"道"是世界的本源，也是宇宙运行的总规律，道法自然，"道常无为而无不为"，这是"道"的根本特点。"自然"的特性就是"无为"，"无为"包含着无事、不干预等含义，任何人为的目的只能是合乎道，"道"本"自然"。《中庸》所言"顺性乃和于道"是老庄道家的基本主张，"无不为"是"无为"的结果，只要顺其自然，一切事情都可以做好。"无为而无不为"是老庄自然主义教育思想的目标，"不言之教"是其在教育方法上的体现。"无为""行不言之教"更深层次的含义就是主张受教育者有为，避免教师的绝对权威，充分发挥学生的主体性、自觉性，使他们独立、主动、自由地发展。

魏晋时期的嵇康的"越名教而任自然"的主张标志着自然主义思想的形成。在教育方法上，他主张"无措""戒情""戒欲"，即因势利导，行自然之教，让学生排除杂念产生符合自然的公心。嵇康批评名教的虚伪性，认为名教违背人的"自然之分"，"名教以抑引为主，人性以纵欲为欢，抑引则违其愿，从欲

---

① 杨汉麟，周采. 外国幼儿教育史［M］. 南宁：广西教育出版社，1993：105－106.

则得自然"(《难自然好学论》),主张建立在意志自由基础上的个体对人生价值的自主抉择。①

唐宋时期的柳宗元则从唯物主义自然观出发,对唯心主义的天命论进行批判,认为天下万物都有其自身发展规律,主张教育要顺应儿童的天性,认为应按照儿童的年龄特征和心理特征,即"顺木之天以致其性",不能太过或不及,更不能人为地束缚或戕害儿童身心发展。同时他也强调,顺应并非意味着消极适应,放任不管,而是教育者应积极引导。

明清的王守仁反对朱熹"先知后行"的错误理论,提出了道德认识和实践统一的道德修养原则,他的自然主义教育观集中体现在其《训蒙大意示教读刘伯颂等》一文中。他尖锐地批评了宋明以来在儿童教育过程中过于重视死记硬背的现象,主张教学要顺应儿童的天性,"大抵童子之情,乐嬉游而惮拘检",因此,应采取鼓舞儿童志趣的"诱""导""讽"的方法。他强调教育必须适合儿童的生理、心理特点,符合儿童成长发展的规律,遵循自然主义、愉快教学等教育原则,因势利导,使儿童自然地"日长月化"。

（二）形成期

19世纪末20世纪初,欧美掀起了"新教育运动"和"进步主义教育运动",众多改革教育家对当时学校与生活世界相隔离的状况,以及以教师为中心的教学情况进行了强烈的抨击,他们竭力主张不仅要对学校和学生的学习方式进行改革,而且要对社会和文化的整体教育系统进行改革,希望能够通过举办"公民教育"和"劳动学校",用新的教育来代替旧的教育,希望借助新的教学方法来改变以往授受式的教学,从而改变"书本和头脑学校"的现状。② 尤其是以学校改革为主旨的行为教学在美国的学校教育学中获得了前所未有的地位。死板的教学计划和以传授书本知识为中心的学校教育受到了普遍质疑,进步主义教育家们纷纷呼吁要重视学生的学习和能力发展的需要。在这样的背景下,与西方实用主义哲学思潮结合而生的进步主义教育得到了迅速发展,并成为20世纪美国教育史上有重大影响的教育流派,实践教学也在这个时期走出萌芽状态,并获得了重要的理论支援和思想积淀。下文将结合实用主义思潮主要阐述

---

① 陈晓康. 中国自然主义教育的历史渊源及其现代启示[J]. 内蒙古社会科学:汉文版. 2006（11）.

② [德]鲁道夫·普法伊费尔（Pudolf Pfeifer）, 傅小芳. 项目教学的理论与实践[M]. 南京:江苏教育出版社,2007:22.

杜威进步主义教育思想。

实用主义早期在哲学上的地位是借由皮尔斯（Peirce）所奠定，再经由詹姆士（James）的著文立说而得以充分的发展。① 实用主义是一门强调行动的哲学，它突出效用的实践观和方法论，主张认识与实践相结合并关注发展需要和兴趣的培养。认为实践是判定思想的标准，是厘定事物属性和价值的准则，离开实践一切理论都是不实之词。维科曾说"事实既是真理"，在他看来，只有人创造的事物才是可以被人所把握的，自然界的一切皆因二元对立而无法真正地为人所认识，人所能真正认识的只能是自己的感知而非自然本身，人类自己创造的事实才是最可靠的。也就是说，实用主义认为只有行动和实践才是个人寻求真理的途径，空想得到的都是未经辩护的知识，经不起事实和实践的推敲。从这个意义上来看，事实和实践在实用主义哲学中占有至关重要的位置。而真正将实用主义哲学思潮运用到教育领域，并在教育范畴发挥巨大影响力的则是经由杜威（Dewey）的深入关切而产生的。他的教育即生活、学校即社会、从做中学、以儿童为中心等教育主张，一直是整个 20 世纪教育革新的思想源泉，同时也不断成为争论的话题。

1. 实用主义的"反预定"说

实用主义反对预定真理，不论是物质或精神方面。詹姆斯在讨论唯物主义者关于是否上帝创造了世界的辩论中指出，不管是谁创造了世界，世界已然是目前的状态，谁也不能预见世界未来的发展，因此这种辩论是没有意义的。

首先，在教育与知识的关系方面，杜威在自己的教育理论基础上对发展儿童智力和实际操作能力进行论述的同时，对传统的教育提出尖锐的批评。他认为，传统学校教育的"听中学"严重束缚了学生的学习兴趣，不利于其发展，进而提出了"从做中学"的重要命题，并认为做中学可以解决问题，可以使思想和行为真正融为一体，从而积累有理性的经验。但杜威并不反对教师传授知识和学生进行有针对性的学习，只是他坚决反对教师的权威性，他认为不能仅仅依靠教学大纲来"再现那些已有的、僵化的知识"。他表明，仅仅传授理论的教学是抽象的、刻板的，既脱离学生的兴趣，也脱离学生的经验，并且缺乏组织知识的纽带，因而教学效果不会理想。那么解决这一问题的途径就是通过职业活动。杜威从他的经验论、本能论及"职业的知识组织功能"论出发，从学

---

① 李声吼，译. 技职教育哲学——多元概念的探讨［M］. 台北：五南图书出版公司，2002：52.

习心理的角度论证了"职业活动"在教育中的重要地位，并对为形成技能而进行训练的具体过程进行了分析。杜威的这种思想实质上是在强调职业知识在学校教育中的重要地位，与实践教学的思想具有异曲同工之妙。

其次，杜威吸取了卢梭、福禄倍尔等人的教育思想，创建了经验主义的课程理论体系，在1938年撰写的《经验与教育》一文中，杜威建议以实践为中心进行教学设计，在教学中尽可能引入学生生活中的真实问题。对他而言，最重要的是学生要学会研究问题并在解决问题的实践中获得一些新的"真实经验"。杜威认为知识就是经验，而经验就是人与自然所创造的环境的"交涉"，也只有通过这种交互活动才能实现个体最大意义上的学习。因此，杜威强调教学应该从儿童的现有生活经验出发，引导学生从自身的实际活动中进行学习，为学生最大限度地获取直接知识给予运用和满足的机会。这样既符合儿童的天性和兴趣，又可以帮助他们建立真正属于自己的经验，更好地应对具体的生活情境。当然，杜威并不排斥理性的知识，只是强调通过从做中学可以把理性知识与学生个体的经验连接起来，让知识更好地为学生生活服务。

可以说，进步主义教育者都主张学校教育应该利用现有的生活情境作为其主要内容，应该给予各种活动形式的课程以突出地位，以使学生获得直接的、感性的经验，培养学生的动手能力，使学生直接获得情绪、身体、理智及社会方面的经验；而且还提出应从综合课程、活动课程形式出发来设计课程。这些思想都为实践教学的发展埋下了理念的种子。

最后，杜威强调"发现法"在教学中的作用，主张让儿童主动地探索和积极地思考，从而培养儿童的创造精神，这有一定的合理性，但过于夸大发现法，而基本上否定了讲授法在教学过程中的地位和作用，也就必然导致割裂了学生独立探索与教师的讲授知识、指导活动的关系，这又是片面的。

2. 实用主义的"目的说"

一方面，实用主义认为人是在解决周遭的问题时，在寻求更理想、更完善的解决方式的过程中寻求进步。教育的目的就是教导人们如何去解决问题，也即通过解决人们应该如何生活的问题，帮助人类更好地寻求发展。杜威进一步指出，教育的目的应着眼于培养学生正确的职业态度、职业兴趣与广泛的发展基础与适应能力，而不仅仅满足于让学生接受单纯的职业训练、掌握专业的职业技能。这与他对职业及职业教育本质的理解是一致的。此外，实用主义坚信，任何人均可克服并解决所遇到的生存难题，然而这并不是全部，如何超越基本的求生本能并获得生涯发展才是关键。

　　另一方面，实用主义强调教育目的"大众化"。实用主义认为教育可经由提供每个人参与自由社会时所必须具备的知识、能力及技术，参与民主化的社会生活，并在满足自身民主需求的同时，运用本身独特的能力去解决困难并有益于他人。这表明了实用主义主张哲学应关心人类生活，贴近平民百姓；它不应只限于纯粹的概念或理论，而应是一种能动的和创造性的生活实践，能够指引人们去寻求更好的生活，因此，哲学实践即生活实践。此外，实用主义还关注个体差异与不同需求，认为学习和发展是每一个学生的权利。承认学生的个体差异，重视学生的个性发展，确保每一个学生受益，也是其大众化的表现。

　　3. 实用主义的"主体说"

　　实用主义反对"人性是拘限于和谐有秩序的系统动作中"的主张（亦即认为宇宙并无绝对有先决的法则可循，人可以控制宇宙，不主张宇宙为中心的说法），并认为，维持人性自由的观点应置于机构、财富及社会环境之前。① 实用主义坚信，人类在本质上具有适应困难并解决所遭遇问题的能力。

　　实用主义主体说的思想，集中体现在杜威的"以儿童为中心"的教育思想中。传统教育认为知识与技能是一种既定的事实，教学就是传授和灌输这种知识技能。杜威针锋相对地指出，再也不应该把教学看作把知识灌进等待装载的心理的和道德的洞穴中去填补这个缺陷的方法。② 他提出：儿童是起点，是中心，而且是目的。儿童的发展、儿童的生长，就是理想所在。"以儿童为中心"，体现在教育过程，它要求教师应考虑儿童的个性特征，使每个学生都能发挥自己的特长，尊重儿童在教育活动中的主体地位。但同时，杜威也反对单纯以学生为中心的课程。他认为，儿童的兴趣并非选择教学内容和组织教学的唯一依据。在1902年出版的《儿童与课程》一书中，他多次强调寻求学生自主学习与完成教学计划要求之间的平衡的重要性。他认为，教学计划内的知识传授活动与实践活动并不是对立的，而应该让两者互补。这正契合我们现在所认为的实践课程的特征。

　　4. 实用主义的"系统说"

　　实用主义的系统说集中体现在杜威实用主义教育理论的"学校即社会"思想中。杜威提出这一思想的目的，是为了克服赫尔巴特传统教育中学校只重视

---

① 李声吼，译. 技职教育哲学——多元概念的探讨［M］. 台北：五南图书出版公司，2002：52.

② 陶行知，陶行知全集：第1卷［M］. 成都：四川教育出版社，1991：89.

知识和技能的传授，忽视学生的社会实践活动，从而不能适应社会需要的弊端。杜威提出："学校主要是一种社会组织。教育既然是一种社会过程，学校便是社会生活的一种形式"。① 首先，杜威从他的实用主义哲学出发，认为学校教育只有与社会实践紧密结合，能适时反映整个社会中真实生活经验的实况，才能从根本上提高教育的实际效果。学校教育要与社会生活相结合，要传授学生具有实用价值的知识。学生接受经验的学习，应被视为社会生活的一部分，而不仅仅是一种孤立的教育现象。其次，杜威强调学校不应该是脱离生活实际的学习场所，他认为，"学校作为一种制度，应该把现实的社会生活简化起来，缩小到一种雏形的状态"。为了做到"学校即社会"，学校本身必须是一种社会生活过程，具有社会生活的全部含义，校内学习应与校外学习连接起来。② 像他在家庭里、在邻里间、在运动场上所经历的生活，不通过各种生活形式或者不通过那些本身就值得通过生活形式来实现的教育，对于真正的现实总是贫乏的代替物，结果形成呆板而死气沉沉。③ 为此，学校应该创造出社会化的生活环境，成为雏形社会，让学生从事他们所感兴趣的活动，培养他们的积极性、主动性、创造性，在丰富自己的经验的同时，为将来走向社会做准备。最后，杜威还十分强调实践活动的意义。他认为实践活动不仅在个人发展中起，而且是个人全面发展的最佳途径。这就昭示着学校要尽力为学生提供参与社会实践活动的机会，把参与实践活动作为发展个性的主要方法。

综上所述，随着时代和经济发展对教育有着不同的诉求，发端于 19 世纪的实用主义教育理论，从实践活动的效用角度出发，对当今的教育、教学改革特别是职业院校的实践教学的发展仍具有重要的指导价值和诸多的启示。时至今日，实用主义的某种思想仍在发挥着余热，如行动导向的学习、情景学习、合作学习等理念，都吸收了实用主义思想精华。

值得一提的是，杜威的进步主义教育思想对中国教育也产生了十分深刻的影响。如果说实践教学思想发端于西方的实用主义思潮的话，那么在我国，实践教学的思想发展同样可以追溯到 20 世纪初，以陶行知教育思想为标志的理论渊源，尤其是他的生活教育理论标志着从知行到行知的转变。

陶行知的认识论经过了由知到行和由行到知的转变过程。他早年接受王阳

---

① ［美］约翰·杜威. 道德教育原理［M］. 王承绪，译. 杭州：浙江教育出版社，2003：357.
② 董宝良. 陶行知教育论著选［M］. 北京：人民教育出版社，1991：22.
③ 杜威. 学校与社会——明日之学校［M］. 北京：人民教育出版社，1994：6.

明的"知行合一"学说，信仰"知是行之始，行是知之成"；后来他在改造中国教育的实践中发现王阳明的学说不对，将其翻了"半个筋斗"，就信奉"行是知之始，知是行之成"，① 坚持实践第一的观点。这就确立了"实践"在认识活动过程中的重要作用。在这种认识论基础上，他提出了"生活即教育、教学做合一及社会即学校"等思想。

首先，陶行知认为传统的教学只注重单纯知识的传授，使教育游离于社会生活之外，导致了教育与人的疏离，即各种教学活动均按预先设定的程序行进，它只关注教育要培养什么类型的人，却忽视了作为独特个体的人的发展，完全漠视他们内心世界潜在的需求和愿望，所有这些，终究造成了人生存所必需的主体间的交往。基于这些事实，陶行知提出了教育即生活的重要教育思想，它告诉我们："生活教育是以生活为中心之教育……生活与教育是一个东西……它们是一个现象的两个名称……生活即教育，是生活便是教育，'不是生活便不是教育。教育内容以文字为中心，以与生活脱离的无用知识为中心，不能真正培养人的生活能力，只能造就一个书呆子。"② 因此，要避免这种现象，必须要为教育找回生活意义。

陶行知的生活即教育思想是杜威教育即生活思想的升华和改进，两者虽然提法相似，但有本质上的不同。陶行知的"生活即教育"是从教育的角度来阐述生活，强调生活对教育的意义，而杜威的教育即生活，是从生活的角度来阐述教育，强调了教育的生活意义。陶行知认为，杜威的"教育即生活"只是把生活加工改造之后才搬进学校里去，并非原来真实的社会生活。因此，他主张跳出杜威"教育即生活"的局限，走到社会生活的激流之中。换言之，"生活即教育"并不是像"教育即生活"那样去被动地适应现实生活，而是积极地改造社会生活，在改造社会生活中受教育。更形象地说，一个是"画地为牢"，一个是"开天辟地"，这就从教育本质观上对两者做了明确的划分。

其次，在行到知认识论的基础上，陶行知提出"教学做合一"的思想，这也是他生活教育的方法论。他一贯主张，教与学都要以做为基础，要在做上教，做上学。"在做上教的是先生，在做上学的是学生，从先生对学生的关系说，做便是教，从学生对先生的关系说，做便是学；先生拿做来教，乃真教；学生拿

---

① 陶行知. 陶行知全集：第3卷［M］. 长沙：湖南教育出版社，1985：152.
② 陶行知. 陶行知全集：第2卷［M］. 成都：四川教育出版社，1991：7—8.

做来学，方是实学。不在做上用功夫，教固不成教，学也不成学。"① 此外，陶行知针对当时教用脑的人不用手，不教用手的人用脑的社会实况，再度强调"教学做合一"的"做"并非单纯的动手，而是在思考意义上的行动，即能够产生新价值的"行动"和"思考"。陶行知的"教学做合一"超越了杜威的"做中学"，它舍弃了杜威单纯以主观唯心主义经验论为基础的从经验出发的"做"，纠正了杜威过分地强调儿童的任意发挥，而忽视了教师的主导作用的思想。陶行知的教学做遵循着辩证唯物主义"行而知之"的认识论，并把"教学做"三要素纳入生活教育的范畴中，同时明确了它们之间是互相关联、互相渗透的统一体。此后，标志着陶行知在认识上的飞跃则是提出了"行知行"的思想，认为"行动产生理论、发展理论。行动所产生发展的理论，还是为了要指导行动，引着整个生活冲入更高的境界"②。这种思想恰恰也符合"从生动的直观到抽象的思维，并从抽象的思维到实践"的辩证唯物主义认识路线。③ 这也为实践教学的产生奠定了丰厚的思想基础。

最后，"社会即学校"是陶行知生活教育理论的领域观。陶行知的"社会即学校"的观点主要体现在两个方面。其一，因为教育自身承载着改造社会的重任，所以如果学校与社会相脱离，闭门办学，那么学校便失去了改造人的功能，教育也便失去了为社会服务的意义。为此，要推倒学校与社会之间的隔阂，赋予学校改造社会的功能，把改造人与改造社会结合起来，把学校的一切主动伸向社会并接受其"检验"。这就向我们昭示着，学校要充分利用校内外的教育资源，让学校教育走向社会，并力求为社会服务，要彻底打破传统教育封闭性的办学思想和办学模式，树立"社会生活需要什么教育，学校就提供什么教育"的理念。其二，陶行知批判"劳心者治人，劳力者治于人"的传统教育思想，主张教育应该是面向人民大众的教育，这就为有效地转变传统观念中人们对教育是所谓的"少数人"的教育的看法做出了努力。而且，他还建议学校的教学内容应与社会劳动相联系，并以生产劳动和社会生活相关的科学技术等内容作为学校教育系统的主要内容。这显然与职业教育所提倡的教育理念不谋而合。

综上所述，陶行知教育思想在本质上既是一种实践的教育学说，也是一种社会改革学说，他的思想在当代仍具有重要的借鉴价值和实践意义。尽管陶行

---

① 陶行知．教学做合一［J］．乡教丛讯，1928，2（1）．

② 陶行知．陶行知全集：第3卷［M］．成都：四川教育出版社，1991：26．

③ 列宁．列宁全集：第38卷［M］．北京：人民教育出版社，1972：181．

知的生活教育理论的基本观点貌似杜威实用主义思想的"颠倒"或"翻版"，但实质上，两者在认识论基础、教育的本质观、目的观等方面都存在着本质区别。另一方面，两者又"异中存同"，那就是都强调"实践"，强调"行动"的意义，反对脱离行动的学。某种意义上，行动研究思想在两者的教育实践中都有不同程度的体现，并随着教育实践的丰富而不断发展。杜威和陶行知的教育理论不仅是我国实践教学思想的思想渊源，而且为今后的教育、教学实践提供了科学的理论基础，并指导着教育活动逐步朝着"实践"性迈进。

（三）低迷期

从 20 世纪 30 年代开始杜威教育理论遭到来自各方面的批判，特别是 20 世纪 50 至 60 年代，随着苏联人造卫星的上天，美国因此反思本国的科技，进而反思教育。当时的进步主义教育也因此受到指责，特别是杜威的教育理论被美国资产阶级教育界视作导致美国教育质量下降、科技水平落后于别国的重要根源。

以美国为首的资本主义国家开始呼吁教育应该追求卓越，要重视科学教育和英才教育，强调加强基础研究与科学教育。一时间，学科主义课程成为核心，而包括实践课程在内的以学生为中心的活动课程遭到猛烈抨击，社会对精英人才的需求及政府对科研的投入力度使教育重心发生了重要转移，即在"学科结构化"、"回归基础"的口号下，以传授科学知识为中心，强调科学概念、科学原理的教学，教学方法重演绎，科学实验以验证科学知识及加深学习层次为目的，删减与日常生活有关的应用性知识。这些都为学科体系的发展提供了重要支撑。然而，这种精英教育由于没有充分考虑到学生的学习愿望、生活经验和学习能力，加之高难度课程造成的学习重负，使学生的学习兴趣遭到严重破坏，学业水平也并未因此得到改善。就在美国致力于培养精英教育的岁月，一本名为《约翰为什么不会做加法》的书进入了人们的视野，它反映的正是大众对精英教育的质疑，拔尖的学生可以为阿波罗登月计划这样的尖端科研所用，可是美国各业发展所需要的更多人才在哪儿呢？况且以牺牲大多数学生的教育更不明智。1969 年美国兴起的有效教育运动，正是站在精英教育的反面，为所有的人在教育中得到好处而呼唤。

第二次世界大战后，国际政治形成了两大阵营对峙的冷战新格局，苏联作为社会主义阵营的领导者，在经济建设和文化教育事业等各个领域成为各社会主义国家学习与仿效的榜样。在此背景下，我国教育界也开展了学习苏联先进的社会主义教育经验和教育理论活动，无论是课程设置还是教学方法，几乎照搬照抄。采取"全盘苏化"的教育模式，甚至把凯洛夫主编的《教育学》奉为法典、圣经，其主张的五环节课堂教学结构（其教学程序是：组织教学—复习旧课—讲授新课—巩固知识布置课外练习）成为主宰当时学校各科教学的基本模式。20世纪50至60年代，在"抗美援朝，保家卫国"、"加强社会主义阵营"、"以阶级斗争为纲"等口号中，西方的各种教育思想、理论一概被扣上政治帽子而对其采取排斥的态度。

（四）发展期

20世纪70年代以来，无论是来自政治、经济方面的压力，还是来自教育界自身的改革愿望都越来越强烈，在继续强调教育的经济功能的同时，教育的文化功能得到了加强，世界教育改革与发展越来越关注"以学生为本"的教育理念。在这一理念的推动下，"尊重学生主体的发展权利"、"完善人格"、弘扬个性、培养全方面发展的人等提法成为人们探讨的重心。在这种教育背景下，人们呼吁驱除理论权威，缩小理论与实践教育的差距，让生活实践走进学校。联合国教科文组织发表的教育报告中提及的教育四大支柱（学会学习、学会做事、学会合作、学会生存）既可以被看作教育的四大目标，也全面阐述了国际社会对未来人类学习问题的理解，体现了教育改革主题和观念的重要变化。

20世纪80年代末90年代初，教育改革已逐渐成为全球政治、经济改革的重要组成部分。社会的发展及劳动组织的变革对教育提出了新的要求，仅仅停留于基本技能的掌握已不能满足社会对劳动者素质的要求。如何获取和处理信息的能力、与他人合作共同解决问题的能力、主动探究能力及责任意识等关键能力的培养，成为教育改革的焦点。与培养这些能力相适应的新的课程形态和学习方式应运而生。如美国积极倡导"以项目为中心的学习"和"以问题为中心的学习"的学习方式，打破了学校中固有的专业结构，克服了单一的思维方式，强调教育与现实生活的联系，通过学生参与项目计划、设计、实施等过程来学习。这些有益的尝试可以探寻到实践教学的思想或者说使用了实践教学法的某些元素，项目教学因此成为当时颇受欢迎的教学方法。

20世纪90年代联合国教科文组织在《国际教育标准分类法》中对教育进行了重新诠释，即将"教育是有组织地和持续不断地传授知识的工作"改为"教育被认为是导致学习的、有组织的及持续的交流"。这种改变表明对教学的理解发生了重要的转向，即有效的教学应该能够促成有效的学习，更加强调了教学不是教师单向的传授、强迫给予的过程，而应是学习者主动建构、积极参与、与教师互动、交流的过程。

当然，国际上先进的教育理念也对我国教育界产生了深远的影响，我国教育理论者和实践者在学习和借鉴的同时也不断探求适合我国国情的教学模式。纵观我国职业教育发展历程，可以看到，在经济、社会发展的不同时期，职业教育研究关注的焦点各异，致使实践教学呈现出不同的特征。在这种背景下，对我国实践教学体系范式进行系统梳理和剖析，并追踪其发展轨迹，一方面可以更系统地掌握实践教学体系的特征，另一方面也为我国探寻和实现更富理论价值和现实意义的实践教学模式提供系统思维的支撑。

二、实践教学的社会基础

从教育目的来讲，学校教育主要是培养人，一个人的成长包括两个方面。一方面是从文化意义上进行人类创造文明的传承，提高文化素养和现代公民的意识，当然也包括自然科学里的专业知识的传承，这是作为人知识方面的积累。另一方面，学校培养人的主要目的还是为了能够为社会、经济发展输送合格的人才，为提高国家综合实力做贡献。那么，这就需要在除了培养人在思想文化方面的传承外，还需要有一个转向，即如何去做事，如何拥有实实在在的本领，这并不是完全靠思想意识和文明传承的积累就能了事的。马克思恩格斯曾说过，理论的武器需要理论战胜它，物质的东西最后需要物质的方法去解决。因此，客观与主观、物质与意识作为培养人都是不可或缺的。

从国家的教育结构角度来看，不管是基础学科也好，理科也好，现在的比例都在进一步压缩，对技术型、应用性专业更多。因此，从高等学校来讲，对人的发展，对实践的认识，对培养人的内涵认识可能从以前偏重于理论思维的训练、文化知识的传承，转向对人要会做事的倾向。

同时，随着国家社会、经济的发展，也对教育提出了越来越高的挑战和要求，尤其是国际21世纪教育委员会于1996年向联合国教科文组织提交的报告中所提及的教育的四个支柱（学会认知、学会做事、学会生存、学会共处），不仅为世界教育提供了意蕴深厚且具开创性的思想宝库，而且从国际视野对人才培养和发展提出了更高的标准。其中，"学会做事"，是从人的可持续发展出发，整合了人的全面发展的维度，提出学习者不仅要掌握知识和技能，还要发展各种能力，包括生活技能、个人素质、兴趣和态度，即通过"做事"，达到知、情、意、行的完整学习过程。在这四个支柱中，"学会做事"是其他三方面能力的基础或纽带。做事是认知的前提，也是生存的必要条件，在学会做事的过程中便发展着与他人共处的能力。可见，在四大支柱中，学会做事是其他能力的核心要素，其他三种能力则是学会做事所不可缺少的因素。

高等职业教育作为高等教育体系中重要的组成部分，责无旁贷地承担起培养符合生产、建设、服务领域的高技能型人才的任务。高等教育尤其是职业教育的发展，从早期的传教、经验哲学，包括我们对很多人文的一种关怀，一直到后期高等教育发展，从德国、英国，特别是美国的实用主义教育，直到中国从精英到大众化发展阶段，随着整个社会经济、科技的发展，不仅对人的完整概念会有一个全新的认识，而且对培养学生学会做事可能比历史上任何一个时期都要重视。而对于如何培养人，如何培养人学会做事，从学校培养人的角度来看，主要是通过教学的途径实现的。为此，如何通过教学来实现人的完整意义的发展便成为今后教学研究领域集中探讨的问题。

第二节　教学思想发展隐喻

20世纪是人类历史上发展最为迅猛的百年。在这百年间，教学理论也随着人类历史的车轮进入了快速发展的轨道，从而使教学所蕴含的价值及功能得到了进一步扩展。为了更好阐述并区分不同时期教学所具有的特点，本文以20世纪以来教学理论的时间演变为纵向维度，以认识论、主体论、价值论及方法论作为横向维度进行剖析，试图呈现出20世纪至今教学思想的演变轨迹。

一、行为主义：一种机械的学习论与教学观

19世纪末20世纪初教学理论的嬗变首先源于进步主义教育运动。以"兴趣"和"活动"为主要标志的教学活动成为这个时期的主流。它对以赫尔巴特为代表的传统教育及教学理论给予了无情鞭笞，致使传统的"学科中心"主义教学理论受到了严重挑战，使当代教育理论发生了巨大转折。此时教学理论主要以杜威的实用主义思想为代表，它主张"儿童中心"，重视"个人"和"兴趣"。然而，进入20世纪40年代，曾经盛极一时的进步主义却遭到了来自多方面的批评，如要素主义、永恒主义便站在进步主义的对立面。其争论的焦点主要集中于对教学的社会功能问题的理解，强调恢复教师、教材在教学过程中的中心地位，强调的是"社会"、"经验"，而非"个人"、"兴趣"。要素主义虽说是站在进步主义的对立面提出反对其理想主义化，强调实在论的教学价值，但终究无法摆脱各种"理想化"教学追求。

同时，由于 20 世纪初至 50 年代末的教学理论，深受以巴甫洛夫、桑代克和斯金纳等人为代表的行为主义学习理论的影响，认为学习就是通过强化建立刺激与反应之间的联结，是一种渐进的"尝试与错误"直到最后成功的过程；强调学习过程中的外部强化因素，认为个体行为不是与生俱来的，不是由遗传决定的，而是受环境因素的影响的被动学习过程；① 认为可以通过准确预测和严格控制的方式对教育对象进行观察和测量出外显的行为；认为基于对动物或儿童实验研究而得到的行为的原理原则，可以推论解释一般人的同类行为，并通过设计一步步的学习程序与练习，提供及时的反馈就能促进学生某种技能的迅速形成，这实质上弱化和无视人与动物的本质区别。

布洛克（Bullock, 1982）认为，行为主义的基本主张是：客观主义——分析人类行为的关键是对外部事件的考察；环境主义——环境是决定人类行为的最重要因素；强化——人们行动的结果影响着后继的行为。② 行为主义的客观主义观反映在教学上，表现为教育者的目标在于传递客观世界知识，学习者的目标是在这种传递过程中达到教育者所确定的目标，得到与教育者完全相同的理解。行为者根本无视这种传递过程中学生的理解及心理过程。正是因为这一学习理论忽略了人的主观能动性的内因作用及创造性的培养，因此，基于行为主义学习理论的教学论在认识论方面表现为经验论和自由主义，即强调以儿童个体的"经验"和以"兴趣"为主的活动，忽视教师在教学过程中的作用。在学习与教学的关系上，也只旨在通过严格的、科学的统计方法来寻求教师教学行为和学生成就之间的关系。这本身是一种阐述式的教学观，主要回答"是什么"的问题。在本体论方面，表现为"表象论"、"有机论"。它强调教师是主动的，学生是被动的。学习者被看成是对环境中的条件做出反应的人，而不需要在环境中担负起主动的责任。强调教师的行为引起学生变化的程度，只关心教师与学生单向的关系；在教学过程中，过多地强调教师外部"控制"行为，而忽视学生个体的主观能动性，忽略学生内在的感受、需要。在价值论方面，认为教学是价值无涉的活动。教学主要是追求认知和理性的发展，对教学过程中的民主、权力与关系不予反省与检讨。由于这一学习理论忽视了有机体的内部心理变化过程，抹杀了人类与动物学习的本质差别，认为学习是外显行为改

---

① 吴立岗. 教学的原理、模式和活动［M］. 南宁：广西教育出版社，1998：131.
② 张建伟，陈琦. 从认知主义到建构主义［J］. 北京师范大学学报：社会科学版，1996（4）.

变的历程，对学习者内在心理历程的变化不予解释。所以在方法论上主张通过实验、观察和定量方法来测量外显行为。

行为主义在认识论、本体论、价值论及方法论所具有的特征决定了它在促进辨别（回忆事实）、概括（下定义、举例说明和理解概念）、建立联系（应用性外推）和连锁（自动完成某一特定程序）的任务的学习是有效的。但它无法适当地解释如何获得高层次技能及理解深层次过程（例如，语言发展、问题解决、做出推测和批判性思维）（Schunk，1991）。

综上所述，行为主义的基本主张是客观主义、环境主义和强化，认为对人类行为的分析要建立在外部事件的基础上，环境则是决定人类行为的最重要因素，而人们行为的结果影响着人们的后续行为。

二、认知主义

20 世纪 60 年代初至 70 年代末，学习理论开始从行为模式转向依赖于认知科学的理论与模式。如果说，20 世纪 50 年代末教学理论主要是从行为主义心理学视角展开对教学中普遍规律的寻求，那么 20 世纪 60 年代则从认知心理学的视角探寻教学过程中教师与学生的关系怎样、为何这样。

原来以理想、浪漫主义价值为取向的教学理论，随着时代的发展逐渐受到冷落，追求科学理性、理智的价值取向正成为一股新的力量不断地推进新的教学理论的诞生。布鲁纳的学科结构主义教学思想便是在这样的条件下产生的。它使教学理论由理想回到了现实。

而此时，以揭示心理现象的内部心理机制为主旨的认知主义学派，认为学习就是通过认知重组把握这种结构，是一个"刺激—重组—反应"过程。其基本观点是：强调学习是通过对情境的领悟或认知而形成认知结构；主张研究学习的内部过程和内部条件；强调人的认识是由外部刺激和认知主体心理过程相互作用的结果。根据这一理论，把学习解释为个体依据自己的态度、需要、兴趣和爱好并利用过去的知识和经验对当前的学习内容做出主动的、有选择的信息加工过程，强调培养学生解决问题的能力和学习能力。① 如瑞士心理学家皮亚杰认为，如果儿童的认知结构顺应外界的变化，则对客观的认识就能被同化到自己的图式中去；如果认知结构同化客体，则原有的图式就得调节，以得到

① 姜大源. 当代德国职业教育主流教学思想研究－理论、实践与创新［M］. 北京：清华大学出版社，2007：69.

暂时的认识上的平衡。在他看来，人的认识的发生、发展过程也就是人的认结构平衡—不平衡—平衡的过程。① 布鲁纳认为学习是在原有认知结构的基础上产生的，认为要以"结构"去框定知识及教学，以使得学生掌握基本的概念和原理。他十分重视教师在教学过程中的作用；强调发展学生的智力，重视逻辑思维和独立获得知识的能力；强调改革教学方法，提倡发现学习。而维果茨基则从文化历史纬度出发，分析了心理发展的活动、中介和内化过程。

总的来看，认知理论主要致力于将学生学习的过程概念化，想要弄清楚信息是如何接收、组织、贮存和提取的。学习过程中不是在乎学习者做了多少事情，而是他们知道什么和如何实现掌握的（Jonassen，1991）。②

基于认知主义的教学理论有如下表现。①认识论：强调主观理解，认为人与环境是一个复杂的交互过程。学生可以根据自己的兴趣爱好，在原有认知结构的基础上，对外部刺激提供的信息主动选择加工过程，从而产生新的学习机会。教师行为将由原来的安排环境条件使得学习者能够对所呈现的刺激做出适当的反应，到强调如何使得知识更有意义和帮助学习者组织新信息及将它们与记忆中的原有知识联系起来。认知派关注教学过程中学习是如何发生的，如何才能更好地促进并维持教学实效，以改善和发展学生认知。②本体论：认知理论把学生从被动的反应中解放出来，具有相当的主动性。关注了教学中的能动性因素及不确定性，并认为学习者是学习过程中非常积极主动的人，突出了"人"在教学中的地位与作用。③价值论：教学现象是一个文化与价值的世界，其个体性、多元性、习得性色彩是非常强烈的。认为学习者虽受环境的影响，但人人都有其独特的内部文化。并且这种认知主义教学在价值取向上追求的是实用和教学的工具价值。④方法论：认知心理学者不再强调外显的、可观察的行为，取而代之的是突出更复杂的认知过程，如思维、问题解决、语句、概念形成和信息加工（Snelbecker，1983）。③ 这就意味着认知主义的方法论突破了行为主义的以观察、测量为主的方法，而是主张通过对学习过程进行意义诠释和定性分析。

---

① 高觉敷. 西方近代心理学史［M］. 北京：人民教育出版社，1982：438.
② ［美］Peggy A. Ether, Timothy Newby. 行为主义、认知主义和建构主义（上）－从教学设计的视角比较其关键特征［J］. 电化教育研究，2004（3）.
③ 高觉敷. 西方近代心理学史［M］. 北京：人民教育出版社，1982：438.

三、建构主义：促成一种新的学习的教学范式

20 世纪 80 年代末至今出现的建构主义思潮对教育界的影响甚大，成为继行为主义和认知主义之后在国际教育领域影响比较深远的教育理论之一。建构主义认为，人类并不是被动消极地进行信息重复，而是积极地从事知识建构。个体建构知识的方式是不断将新信息与原有的知识体系建立某种联系，形成对新信息的解释，以不断地发展其知识体系。通过新、旧知识经验之间的相互作用，来形成和调整自己的经验结构。

建构主义的学习论认为，学习者的学习不是通过教师传授而是学生通过建构意义的方式获得的，学习过程是学习者将新的信息和经验与已有知识体系加以整合、修改或重新解释原有知识以使其与新知识相一致的过程。建构主义学习论认为，学习者在学习过程中可以通过多种方式进行知识的建构，如皮亚杰强调个体可以通过探究、体验等形式进行建构；而维果茨基则认为社会和文化的影响在知识建构中具有重要作用。实际上，该理论提出了关于学习的三个关键因素，即"情境、协作交往、意义建构"。具体来说，其一，在学习过程中如果学习者能够在一个具体的应用情境中学习知识，那么学习效果是最好的；其二，学习者的认知水平在很大程度上取决于以文化和语言为基础的人与人之间的社会性交往活动水平，因此，建立在合作与交往基础上的社会性学习活动能够更好地促进其行动和思维的发展；其三，学习过程是学生自主地、有意义地完成已有认知结构与外来客观结构的建构过程，并且所要学习的内容对个体来说越有意义、越接近个体意愿，则个体建构和形成理解的内在动机就愈强烈。

建构主义学习论促成了新的教学范式，即从基于行为主义的以教师为中心的教学范式转变为基于建构主义的以学习者为中心的教学范式。基于建构主义的教学观表现出如下特征。

在建构主义教学范式中，教师更关注意义的揭示，而非规定材料的传授；更加鼓励学生积极地质疑习以为常的假设，以促使学生自主地进行知识建构。这与行为主义的教学方法，即教师传播既定知识、检验学生对知识的掌握程度、关注学生的行为并加以控制等方法截然不同。因此，在建构主义教学范式中，"教"的关键是授予学生自主进行知识建构的能力。教师的作用在于使学生发现知识，并为其提供在现实世界中运用、反思和检验知识的机会。因此，建构主义的教学范式使学生的学习活动从机械式的事实记忆转向自我认知和自我评价，它鼓励学生对价值、信仰和假设进行批判性的反思，这从根本上否定了以测验

为导向的非主体性的教学模式。

①认识论：主客二元论。一方面认为知识并非被动地积累而成，而是个体积极建构的结果，这里突出了人的主体性；另一方面，认知是一个主体适应环境的过程，其功能在于使主体在特定环境中行为更为适当，这就强调了个体是在与环境发生交互作用的活动中完成知识的建构。②本体论：建构主义者不限于把学生看作学习活动的积极参与者，而是还要对信息作为独特的理解；教师从传统的知识传授者的角色转变为咨询者和促进者；学生的学习不再是一个受外部控制的过程，而是一个自我管理、自我控制的过程。③价值论：多元价值论，即从人类学、解释学、社会学等多维视角透析教学特征。④方法论：在建构主义教学范式中，教师"教"的关键是授予学生自主进行知识建构的能力，以提供给学生在现实世界中运用、反思和检验知识的机会，如可以采用情境性教学、支架式教学、合作学习、交往学习等多种教学形式。

如上简要阐述了20世纪以来我国学习与教学领域的主要代表理论和观点。近100多年来教学理论及其范式演变的图景表明，教学理论是随着时代主题的变化发展而变化发展的，不同时代对教学所寄予的希望和要求也不尽一致。因此，对教学理论的认识必然由于认识主体的原因而出现差异。然而，也应看到，教学理论及范式的转变不是无序可循的，透过其表象，可以捕捉到它演变的内在轨迹。如有学者在舒尔曼（L. Shulman）于1986年提出的分类框架基础上，把教学研究范式整理为过程—成果范式、中介过程范式和课室生态范式。① 而本文则以心理学发展走向这一主线加以展开，这与上文提到的三阶段范式具有一致性，即可以把过程—成果范式看作从行为主义视角出发展开的对教学中普遍规律的寻求；而中介过程范式则是从认知心理学的视角对教学过程及其前后教师与学生的思考与行为进行理解；课室生态范式则是从社会学、人类学、语言学等多维视角对教学中的意义进行解读。

教学理论及其范式从行为主义、认知主义到建构主义教学范式的转向表明，人们对教学的理解逐渐深入并趋于成熟。通过对20世纪教学理论嬗变的回顾，展望21世纪的教学，有几点价值取向是值得关注的。

其一，从"主客分离"到"主客统一"。由于基础主义知识观及科学理性的影响，以实证主义及客观主义为基础的教学论思潮曾有广泛影响，如要素主义教学观、学科结构主义运动等均在这方面产生了重大影响。然而到20世

---

① 黄显华. 教学研究范式的探讨［J］. 教育学报，1991（2）.

纪 60 年代末 70 年代初，高科技及其成果在操纵和控制社会化生产的同时，也压抑和奴役了人的本性，人被异化为物的现象日趋严重，导致了内在价值观念的丧失和外在价值尺度的崩溃。① 建立在传统主客分离基础上客观化的教学，权力、权威和控制大权被教师牢牢掌握，学生只以附属地位出现；无视学生在教学活动中的主体性；忽略了人的本性及内在价值和需要，致使其潜伏着诸多危机和困境，更遭受了来自各方面的指责。随着时代的变化，20 世纪 90 年代以来，各种突出教学中"人"的主体性的教学理论纷至沓来，如主体性教学、探究教学、活动教学等，它们都从不同侧面强调学生的主体性发展，无不把发展学生的自主性、能动、创造性等摆在教学的重要位置。基于这样的发展轨迹，"个性"、"人格"、"主体性"便自然成为当今话语系统的佼佼者，这在一定程度上说明教育正逐渐摒弃"物"、"客观性"而走向"人"、"主观性"，也标志着传统二元对立的认识论的瓦解，预示着科学、理性及人文主义的崩溃。它要求重建主客体关系，重构文化模式，确立师生在教学中各自的地位，从更富有人性的角度来审视教学理论，这些都将引领教学朝着更合乎理想、人性的方向发展。

其二，超越"工具性单维"思想，还原"多维文化内涵"。传统教学在价值取向上追求的是实利和教学的工具性价值，它把教学看作产出"标准品"的过程，即希望学生通过学习能符合和达到同一规范和标准；片面追求教学质量，过于指向教师知识的传授，而忽视学生内在的感受和体验。这种一味地以工具和实利为价值取向的教学，终究受到了来自其他方面的指责。面对这种情形，人们需要借助新的视角进行反思。教学理论在超越了"物"与"人"的迷惘，由"绝对"走向"相对"，由"客观性"到"主观性"之后，需要从一个更新、更高的视角来审视它。这个视角就是文化。实际上，教学本身就是社会性的活动，而教师和学生的活动也都具有文化内涵。对社会文化的生命力和完整性而言，承认个性、训练化及精神内容的理解，重视精神及文化科学有重要意义。② 从文化视域进行教学的审视，标志着人们对教学的理解正逐渐走向纵深。如弗雷勒（Freire）在《被压迫者教育学》一书中宣称，教学是达致民主的工具，这本书也因此被认为是教学中声张平等、民主的宣言。在书中他表示灌输式教学

---

① 巨瑛梅，刘旭东. 当代国外教学理论 [M]. 北京：教育科学出版社，2004：4.
② 彼得·科斯洛夫斯基. 后现代文化——技术发展的社会文化后果 [M]. 毛怡红，译. 北京：中央编译出版社，1999：44.

方式是一种压迫的手段，师生之间充满了矛盾，主张教师与学生之间的互动与平等的交流应作为一种解放的途径。再如斯塔基、马勒、金齐和西蒙斯（Stage，Mulle，Kinzie，and Simmons）认为："教育的作用是向不平等和统治的神话挑战而不是使学生社会化来适应现状。学习直接指向社会的改变和世界的改变，真正的学习授权学生挑战他们生活中的压迫。"① 此外，贝布里斯和布鲁斯也强调教学首先应是开放的、民主的和赋权的对话，这就使教学带有某种政治色彩。还有学者从社会文化角度来诠释教学，如佛劳登认为教学中要倾听少数民族、女性、学习能力稍逊等弱势群体的声音，了解他们在教学活动中的感受。可见，对教学理论的研究不仅视域越来越广，而且从多角度批判性地对教学意义进行诠释将给教育实践带来新的变化。

其三，由致知走向致行。当今教学重要的趋向便是从以教师传授为中心转向以学习者的主动建构为中心，这意味着，以往以教师为主的单向活动已渐离人们的视线，而以学生的实践活动为基础的教学活动模式已进人们的视界。可以看到，从杜威的活动课程、布鲁纳的学科结构的学习到范例课程的提出，无不重视实践活动在学生发展过程中的重要作用。无论是认知主义还是建构主义，其逻辑起点也都是从学生主体的探究活动出发，通过在实践活动中不断地发现、探索和解决问题的一系列进程，力求建立一种师生互动交往的教学模式。

此外，现代教学与传统教学的另一区别还表现在，一方面，教学过程由"预设"向"生成"转变。以往的教学过程被理解为由教师操控的、有既定形式的、单向的教学活动，它以一种"预设"的文本化制度去规定丰富多彩的教学活动，框定了教学活动的内容，这实质上是一种固定、僵化的教学观。另一方面，教师被要求按部就班地进行教学，教师对教学活动中出现的突发事件，则会表现出茫然和无措，这在某种程度上既阻碍了教师教学智慧的发挥，又不利于教学效果的最优化。从这种意义上讲，解决"生成性课堂问题"的关键也在于能否及时、有效地解决学生在实践活动中遇到的困境。因此，教学从致知向致行的转变不仅是人才培养的需要，同时也是教师由教书匠向智慧型教师转变的重要途径。这是教学理论研究和实践所应当给予关注的。

---

① 玛丽埃伦·韦默. 以学生者为中心的教学——给教学实践带来的五项关键变化［M］. 洪岗，译. 杭州：浙江大学出版社，2006：6.

第三节　实践教学体系范式的演进

高职教育自发展之日起就非常重视实践教学。20世纪80年代以来高职实践教学体系经历了生成、发展和整合三个时期，分别对应硬件主导型、课改主导型和系统整合型三种形态。通过透视20世纪80年代以来实践教学体系的特点及发展走向，以求获得实践教学体系范式演进的大致图景。

一、实践教学体系的生成期

我国高职教育是通过原有的职业大学、部分高等专科学校、独立设置的成人高校及少数具备条件的重点中等专业学校以改制的方式发展而来的。因此，在发展初期，国家关注的重点在于数量的增长和规模的扩张，希望通过量的激增使高职地位逐渐分明。在这一理念指引下，如何增添实训设施、保证实践教学时数及加强实践、实习、实训基训建设自然成为高职院校培养技能型人才的主渠道，并由此拉开了构建实践教学体系的序幕。

（一）硬件主导实践教学体系时期

1. 增加实践教学时数，确保实践教学时间

在制定人才培养计划时，坚持实践性教学环节在教学计划中占有较大的比重。高等职业技术人才是在生产第一线工作的中级技术人员和管理人员，他们需要有较强的"动手"能力和解决实际问题的能力，因而，各国高等职业教育普遍强调实践性教学，使实践性教学环节在整个教学计划中占有较大的比重。从加拿大、德国、法国、美国和日本等国专业课堂教学与工作锻炼时间分配情况可以看出，他们在教学过程中很强调实践教学环节（实践教学环节占了全部教学时间的1/3到2/3）。① 强化实践教学必须有足够的时间作保证。要正确处理文化课、专业理论和专业课之间的关系。要坚持以专业课为主，文化课为专业课服务；以专业技术课为主，基础理论课为专业技术课服务；以操作课为主，知识课为操作课服务的"三服务"原则。要大胆压缩理论教学时间，增加实践教学时间，扩大实践教学领域，保证技能训练的需要，并尽可能使实践教学在

---

① 张勋. 重视实线教学注重技能训拣——发达国家高等职业教育的新发展［J］. 职业技能培训教学，1996（2）.

时间安排上占优先地位。保证文化课、专业课、实习课的比例保持在 3：3：4，或者使理论课与实习实践课的比例为 1：1。①

2. 完善实践教学设施，创造实践教学条件

这一时期的实践教学体系除了强调要增加实践教学时间外，还主张完善实践教学设备。关于增加学校硬件设施方面同样有较多的观点。例如，有学者提出："为培养高质量的工程专科人才，在教学过程中必须增强学生的工程意识，提高实践动手能力和工程实践能力。要达到这一目的，学校就要创造条件，建设具有较高技术水平、装备较完善的实验教学基地和尽量接近现代工程环境的校内、外实习教学基地。"1970 年后，哈尔滨工业高等专科学校利用机械部基本建设投资新建了一座 6600m^2 的实验大楼。目前学校实验室面积已达 8800m^2，实验设备的投入逐年增加。1983 年全校实验设备总值为 102 万元，现在已达 520 万元。另外，各实验室普遍引进了先进技术的实验内容，如在机械工程实验中引进了数字控制、电子测量等现代技术，增加了机电一体化机床综合调试的实验内容，为学生适应科技进步的发展奠定了基础。多年来，学校一贯注重加强实习基地的建设。首先，积极改善教学实习基地，增添了实习教学设备，并全部配备实习教室及现场教学设备，还建立了电化教室，配备了电教设备。目前工厂专用实习面积已由原来的 700m^2 增至 900m^2。此外，新建的 1500m^2 实习楼即将竣工投入使用；专用实习机床也由原来的 30 台增加到 49 台。其次，自建校内专业实习基地。再次，建立了一批稳定的校外实习基地。② 实验室、实习工厂、校外实训基地三者是高等职业教育实践教学必不可少的物质条件，它们影响和制约着培养目标的实现，必须引起高度的重视。为了改善实践教学的条件，原常州轻工学校利用世界银行贷款的 40 万美元和校内配套资金 350 万元人民币重点武装了塑料专业的实验室和实训车间。该专业 8 个全国同行业一流的标准实验室不仅可为学生提供必要的实验，还可以训练学生相应的专业技能。塑料实训车间内有全电脑控制的注塑机、挤出机、混炼机等先进设备，作为学生进行生产、调试、故障诊断的模拟实训场所。③

也有学者从提高学校实训设备的使用率方面进行描述，例如，集中管理提高了设备利用率。在分系管理的情况下，各系、各教研室主要考虑本系各

① 郝庭智. 农职高建立实践体系的基本思路 [J]. 河南职业技术师范学院学报（职业教育版），1998（3）.
② 线恒录. 强化实践教学提高实践能力 [J]. 中国高等教育，1994（4）.
③ 周大农. 建立高等职业教育实践教学体系 [J]. 职教通讯，1998（4）.

专业的实践教学问题，仪器、设备的配备各系都要小而全，自成体系，如计算机、通用量具、电源、示波器等各系实验室都要配置。从全校看，则出现重复配置现象。改变各系分管时分割，仪器、设备跨系借调困难的局面，使全校的教学仪器、设备得到充分使用。① 硬件建设要充分提高设备的利用率，减少重复购置，把小而杂、多而乱的实验室调整为综合性实验室、实验中心。② 加强实验实习基地建设，要重视校际的合作与交流，打破学校、部门、地域界限，集中财力、设备和人力，建立区域性或设置同类专业的校际教学生产实习联合体，优势互补，资源共享，使物质资源和人才资源得以充分利用；要改变学校的封闭状况，采用校内、校外相结合的形式，主动和工厂企业、科研单位联系。③

（二）硬件主导实践教学体系存在的不足

以硬件主导为特征的实践教学体系，是我国高职规模扩张时期的产物，突出表现在片面强调"量"的激增，在当时资源不足的情境下，依靠外部资助可以得到某种程度的改善，但从长远发展来看不是权宜之计。关于这一点，有学者也提出了相同看法，要取得更大的成绩，就必须解决目前人们思想认识下对实践教学的几个"误区"：其一，重视实践教学而削弱理论教学；其二，实践教学等同于动手教学；其三，加强实践等于门门课都要加强；其四，加强实践等于要资金要设备；其五，加强实践等于增加实践的时间。④ 可见，设备的完善、学时的增加固然可以在短期内满足实践教学的需要，一时解决由于设备不足给实践教学带来的问题，但人才的培养最终不是通过"工具"完成的，而是通过人对设备的使用。如何通过设备来帮助学生更好地进行职业学习，恐怕这一系列问题都还属于边缘问题，还没有被列入探索的问题系列中。因此，往往是根据教学计划调整实践教学的学时，大量购入设备机器，却由于缺乏系统的全盘的整合计划，而导致顾此失彼。

---

① 彭新民. 关于职业技术学院实践教学管理形式的思考［J］. 十堰职业技术学院学报，1998（3）.

② 葛玻，宋书中. 改革实践教学方法加强实践过程控制［J］. 建材高教理论与实践，1998（3）.

③ 马波娟. 加强实践教学环节，提高教学质量［J］. 河南职业技术师范学院学报（职业教育版），1998（3）.

④ 颂宁. 应走出中专实践教学的几个"误区"［J］. 机械职业教育，1998（3）.

二、实践教学体系的发展期

（一）课改主导教学体系范式

20 世纪 90 年代我国高职在初期发展的基础上已具一定规模，但其特色仍不明显，为了强化高职特色，众多学者不断地探求解决路径。此时国外先进的教育教学理念被陆续引入我国，为我国理论者和实践者带来了丰富的理论肥料。通过对世界高职发展趋向的研究，我们发现，世界职业教育改革的核心都聚焦于课程改革。有学者认为，教学一直是受制于课程的发展，因此，课程模式不改革，教学模式便很难有实质性突破。因此，以课程体系和教学内容为主的改革成为这个时期职业教育实践教学体系改革的焦点。

从近几年我国学者对高职课程研究情况来看，无论在理论研究领域还是实践探索方面，主要聚焦于三个相关层面的研究，即宏观的课程形态研究与实践、中观的课程模式研究与实践及微观的课程开发研究与实践。课程形态主要是用以说明课程所体现的教育思想和理念。课程模式是以课程形态所体现的教育理念为指导思想，为课程的开发设计提供具体思路和操作方法的模板，因此，它既是一种理念，又是一种具有实操意义的样式，从这种意义上说，课程模式是联系课程形态和课程开发的中介，它有效地把课程形态转化为落实课程开发步骤的具体操作计划。课程开发是指产生一个完整的课程方案的全过程，包括课程分析、课程方案设计、课程方案实施、课程方案评价等步骤。当然这三者之间是有机联系的整体，课程形态往往需要通过课程模式这个中介，影响课程开发、制约课程方案设计。课程模式为课程方案设计者提供课程开发的框架、思路和方法。一言以蔽之，对高职教育课程研究大致遵循这样的研究路径：通过课程形态的研究导出课程模式，再由课程模式指导课程方案的改革。

众所周知，在课程发展史上围绕着"以何种因素为核心来设计"或"发展课程"，存在着种种的理论取向和不同的侧重点。① 如壮国桢在其博士论文中提出"适应式"、"针对式"、"融通式"三种课程主导型范式。这三种典型范式的理论基础其实还是能力本位和知识本位在课程改革中的反映，它一直是我国高职教育界讨论和争论的焦点。"适应式"就是以素质教育为导向，强调理论学习，提高学生的全面素质；"针对式"要求以就业为导向，加强实践，注重岗位

① 马庆发．职业教育课程发展的模式［J］．职教通讯，2000（6）．

能力的培养；"融通式"既重视理论的学习，又在培养学生的方法能力和社会能力的同时，培养学生解决现场实际问题的能力。①

　　针对职业教育课程发展的模式，也有相关划分，如马庆发指出，职业教育课程发展的不同模式，基本上都是"学科中心"（学科本位）、"社会中心"（社会本位）和"学生中心"（学生本位）等三大模式的不同变体和拓展。② 这里借用课程形态、课程模式及课程开发这种分析框架，参考上文提到的范式划分基础，把我国高等职业教育课程改革主导型教学体系划分为三种范式："基础式"、"形成式"、"扩展式"，这三种范式是知识本位、能力本位及人格本位在课程改革中的反映。每种范式均体现某种课程形态的教育思想，具有特定的课程观念和自己的理论框架，有其特定的课程结构和课程功能，有其特定的开发方法和表现形式（具体见表3－1）。

表3－1　课程形态、课程模式与课程开发

类型＼层级	课程形态	课程模式	课程开发
基础式	知识本位	学科中心	目标导向
形成式	能力本位	社会中心	职业分析
扩展式	人格本位	学生中心	工作导向

1. 基础式的课程形态、课程模式、课程开发

（1）基础式的课程形态

　　我国高职起步较晚，普遍缺乏办学经验，并且新组建的学校高职特色并不明显，在没有形成体现自身特色、系统的课程形态时，往往倾向于借用或移植传统学术性大学的经验，因此，我国高职基本沿袭了普通高校或中职学校的课程，或部分调整，或压缩，使得学科中心的课程形态一直主宰和控制着我国的课程模式。

　　从整体上来看，学科中心的课程，强调以学科知识的系统性或逻辑性为中心组织教学。学科中心的课程思潮强调学生掌握系统的学科专门知识，主张以学科的知识系统逻辑来编排课程内容和设置课程；主张通过知识的系统掌握，

---

① 壮国桢. 高职教育"行动导向"教学体系研究［D］. 华东师范大学博士学位论文，2007：101.

② 马庆发. 职业教育课程发展的模式［J］. 职教通讯，2000（6）.

发展学生的智力和理性能力，把人的发展与知识的授受看成一一对应的关系，这就把实践活动的价值抹煞了。此外，学科中心的课程片面强调知识稳定不变的价值，强调学科基本概念、原理的学习，而远离了丰富多彩的社会生活。强调知识的抽象性，忽视知识的生活化，将知识抽离于学生的生活和现实，并忽视学生的现实需求。由于学科中心强调知识的授受，强调知识的永恒性，因此忽视师生对知识意义的理解和建构，在这种工具理性价值观的影响下，课程的编制权也主要掌握在少数专家和学者手中，忽视了师生、家长和社区在课程开发中的作用。

（2）学科中心课程模式

以学科中心模式为特征的课程模式，在高职课程中集中表现为三段式的课程结构，即基础课、专业基础课及专业实践课。也有学者把这种三段式的课程结构称为准备型的课程模式。如石伟平（2001）建立的高职课程国际比较分析框架，从课程与工作的匹配程度、课程的理论深度、理念与实践的整合程度三个维度，把高职课程划分为准备型、交替型、渗透型和双元型四种模式，并认为我国高职课程模式为准备型，即通常所说的三段式课程，这种课程安排的出发点是希望前面的文化基础课学习为后来的专业理论学习做准备，而专业理论学习又是为后面的实习做准备。这种课程结构很容易造成理论与实践的脱离，是整合度较低的一种，因为这种"准备"只存在于教师头脑中，学生并不能深刻地认识到这是在做准备。当他们学习理论时，又由于理论掌握不牢固，不能运用理论解决实际问题。①

这种准备型的课程模式与笔者划分的"基础型模式"是一致的，这种课程安排的出发点是前面的课程为后续课程做准备基础，它通过强调连续的基础铺垫，希冀学生获得理想的知识与技能。虽然这种课程设计的出发点也是面向实践的，但由于这种课程模式是以线性方式展开的，各门课程间缺乏必然的联系，常常导致课程内容与所对应的工作要求之间吻合度低，课程的基本理论要求比较深，理论课与实践课之间缺乏一定的融通。这种模式在我国目前的高职教育中仍然存在，还有一些此种模式的变体，如集群式模块课程、综合课程等。

●集群式模块课程

"宽基础、活模块"是集群式模块课程的主要特点，课程结构分为两个既相互联系，又有区别的阶段。第一阶段，即"宽基础"阶段，所学习内容并不针

---

① 石伟平，徐国庆. 论高等职业教育课程的国际比较［J］. 职教论坛，2001（10）.

对某一特定工种，而是集合了一群相关职业所必备的知识和技能。第二阶段，即"活模块"阶段，所学习的内容是针对某一特定工种所必备的知识和技能，而且以技能为主。"宽基础"阶段之所以能集合一群相关职业所必备的知识和技能，其哲学基础建立在认定任何一群相关职业中，都有一套通用的知识和技能，这些知识和技能适应于这一群职业中的任何职业。学习了这些通用的知识和技能，既可使学生在第一阶段的学习结束后，根据自己特长和兴趣对第二阶段的模块加以选择，也可使学生毕业后在劳动力市场中有较高的应变能力，还为今后的转岗或继续教育奠定基础。①

图3-1 "宽基础、活模块"结构

始于20世纪90年代的"宽基础、活模块"课程模式为我国当时的课程改革提供了改革新思路，扩展了研究视野，在某种程度上可视为具有本土化特征和意义的自创模式，使在黑暗中摸索多年的教育理论者和实践者眼前一亮。如我国学者黄克孝指出，该模式，无论在课程观、课程目标，还是在课程内容、课程结构等方面都富有创新的成分。在课程观的取舍上，不全盘否定传统的学科课程观，注意继承其科学成分和采纳其现代发展成果，与此同时积极吸取活动课程、能力课程和问题课程等课程观的合理内核，并赋予其时代特征；在课程目标上，注意形成多元化、多层次的系统，以适应多样化的社会需求和学员个性，特别是日益完善的市场经济；在课程内容上，以培养复合、应用型人才为目标，在知识、技能、态度三要素各自类型（性质）上，既保证学员能具备现代中国发展所需要的基本素质，又有职教才能培养的职技人才特色；在课程结构上，广泛采用综合、阶梯和模块等技术，改变了传统职教课程刚性划一的模式，极大增强了弹性或灵活性。②

然而，随着人们对课程认识、研究的不断深入，人们在理论层面进行反思和重新审视之后，便不可避免地出现了另一种声音：近年来，全国各地职业教

① 蒋乃平．"宽基础、活模块"模式［J］．职业技术教育，2000（3）．
② 蒋乃平．"宽基础、活模块"模式［J］．职业技术教育，2000（3）．

育工作者开发了许多行之有效的课程模式，如"宽基础、活模块"等。这些研究与实践虽然在课程整体结构上有所突破，但在课程内容的设计与编排上却始终未能完全跳出学科体系的框架。①

● 模块课程

尽管如此，人们还是热衷于以模块为基础构建课程体系。如有学者以高职课程改革为突破口，依据高职课程体系构建的原则，采用"逆向制订法"，构建了以职业技能为核心的"层次—模块"结构的高职课程体系。这一课程体系由核心层、支持层、基础层、特色层4层次和14个模块的课程组成。

①核心层。核心层设置"核心技术课"和"职业技能课"两大模块，其内容是按照职业群共有的基础技术和基本技能整合而成，作为教学和实训的中心内容，并在时间上、师资上予以优先保证。核心技术课模块覆盖该专业对应职业岗位群需要的最基本、最主要的知识和技术，教学上侧重技术原理、技术方法的讲授。职业技能课模块是培养学生的动手能力、操作技能的课程，重在职业基本技能，如各专业的计算机应用课程即属于此类课程。

②支持层。针对职业所需，在对专业技术知识课堂教学的基础上，开设职业考证、职业培训、专业实践等课程，以强化操作能力训练。为此，围绕着核心层，设计了"专业技术（包括实验）"、"职业考证"及"职业方向"三大模块的支持层。专业技术模块是对核心技术课程所需专业知识的强化、拓宽和补充。职业考证模块旨在将职业考证的相关课程尽可能融入培养计划之中。职业方向模块侧重对学生进行有针对性的专项培训，以适应多层次岗位的需要。

③基础层。基础层课程主要为大学生提供必备的科学、人文、身心等方面的基础知识，重视培育学生的人文素养和科学素养。基础层课程主要包括高等数学、大学语文、英语、思想政治理论课、体育等课程。基础层的课程设置以"必须、够用"为原则。

④特色层。包括过程性课程、心理健康和职业指导课、选修课三大模块。过程性课程模块旨在给学生提供更多的自学、动手、表达和创作的机会。职业指导和心理健康教育模块，包括"职业生涯规划"、"心理与情商"、"礼仪与公关"等三门课程。选修课模块以人文课程为主，兼有科技、管理、文体类等课

程，为学生多方面个性发展提供帮助。① 类似的研究如河北工院金属材料工程专业在整体教学改革中从多元整合的现代职教课程观出发，开发出了 DKD（大专业，宽专业基础，多专门化方向）模块课程模式，按 DKD 课程模式将教学内容分为文化基础平台和大类专业基础平台。文化基础课模块（平台）由德育、高等数学、外语、计算机基础等核心课程以及若干拓展课程组成，以培养学生的思想道德素质、基本文化素质，以及方法能力和社会能力。专业基础模块（平台）（DK）是学生在登上文化基础平台后，可继续攀登的专业大类平台。专业大类平台的特点一是基础比较宽泛，面向职业群；二是强调应用，并不过分拘泥于理论细节。专业基础模块由知识模块和基本技能模块组成。学生登上这个平台后可以根据自己的特点进行路径选择。专门化方向模块（K）由多个专业方向组成，每个专门化方向都覆盖一个岗位群。② 相对于传统的职教课程，模块课程以其灵活性、开放性受到诸多研究者的青睐，它旨在将几门相关课程组成一个大的模块，通过这些模块的不同组合来满足不同的需要，借由调整课程结构或增减相应内容实现弹性的课程计划，既便于及时反映课程的先进性，又可维持整个课程系统的完整与稳定。但如果仔细探究就会发现，上述核心层、支持层、基础层、特色层四种模式分别对应或相当于职业院校的专业基础课、应用技术课、文化基础课及人文社科课。此外，文化基础课模块（平台）、专业基础模块（平台）、专门化方向模块（K）的划分更明显地体现出三段式的课程模式。可见，对模块课程的研究，仍停留于单科分段式发展阶段，只不过将职业学校开设的课程进行归类并加入模块换种提法而已，本质上仍是学科中心式。

● 综合课程

在模块课程基础上，有学者提出综合课程，即课程的综合化。综合课程是针对课程门类过多、内容交叉重复、缺乏整体优化，造成学生课业负担过重的现实情况提出的，它是打破学科原有框架，对各学科内容进行重新取舍与组合，整合而成的新型的核心课程和相关课程，有利于改变学科本位的倾向，对传统的以知识传授为主的课程来说是一种全新意义的挑战。

我国职教学者围绕综合课程也进行了理论和实践的相关探讨，如雷正光（2006）提出"就业导向"职教课程模式由知识性课程、操作性课程和拓展性

---

① 俞瑞钊，高振强. 以就业为导向的高职课程体系构建［J］. 中国高教研究，2007（5）.
② 付俊薇. 主要发达国家高职课程的比较研究与借鉴［D］. 河北大学硕士学位论文，2004：30－32.

课程三大模块组成，对课程内容做纵向和横向的整合。纵向整合的目的是精简课程内容，不求学科体系的完整，强调课程内容的应用性和必需的基础性。横向整合即跨学科的整合，强调课程内容的综合性。① 建立在课程内容综合程度和综合方式关系上的综合课程有相关课程、融合课程、广域课程、核心课程和经验活动课程等。这些以不同价值取向和不同逻辑起点构成的综合课程，扩大了综合课程的概念和内涵。其中相关课程、融合课程和广域课程是从分科课程和学科知识上，对课程进行"组合"、"融合"或"整合"，以此手段形成一种新的课程类型。② 对综合课程的实践也有相关成果，如有学者在分析各部分教学内容之间存在的知识、能力等内在联系的基础上，提出了四种课程综合模式：技术领域知识能力综合课程模式、核心技术综合课程模式、核心与支撑技术综合课程模式和交叉学科综合课程模式。根据技术领域知识能力综合课程模式的两个关键条件：①同属某一技术领域；②各部分内容以某一研究问题为主线产生了紧密的联系，把机械技术基础课程中工程力学、机械原理与机械零件、公差配合与技术测量三门课程，以常用机构和部件的设计为线索，把相关的力学公差配合等方面的知识融合到一起，重构为机械基础课程。在这种综合课中，也许在某一门专业课中会融入几门专业基础课的部分内容，而在另一专业课中又会融入这几门专业基础课的其他部分内容。换言之，这种综合中，专业基础课的系统性被打破，其内容优选之后成为专业课的支撑技术，并融汇到不同的专业课之中。③ 实际上，综合课程体现的是一种研究视角和思路，它关注学科间的相互关联，但对课程的整合绝不意味着单纯的内容删减，更不是搞课程拼盘。从目前对高职综合课程的研究来看有着较浓的拼凑意味，对课程的综合仅仅把原来从属于不同学科中的教学内容组合成一门或几门课程，或把无关的内容作适当删减和调整形成一门课程，因而，常以解决问题为主线组织教材。一般是围绕一个现实社会问题，综合有关学科相关的知识，构成教材内容体系。第三种是以学生活动为主线组织教材，让学生通过观察、分类、测量、实践等活动，学会科学研究的方法。④

总之，学科中心课程思潮对我国高职课程的影响是深远的，虽然这种模式在发展过程中暴露出一些弊端与不足，已不能满足我国高职发展的需要，我国

---

① 雷正光．"就业导向"的职教课程发展观［J］．中国职业技术教育，2006（13）．
② 汤百智，徐岩．关于高等职业教育综合课程建设的思考［J］．职教通讯，2005（6）．
③ 陈礼．浅谈高职课程综合模式［J］．高教探索，2004（1）．
④ 李建平．综合课程，你了解吗［EB/OL］．http：//www.edu.cn/20021202/3073282.shtml．

学者也一直致力于探索有别于学科中心的课程模式，但总的来看，无论群集式模块课程还是综合课程，都未走出学科中心的樊篱，都没有突破学科理论的框架。

（3）"目标导向"课程开发

中国的课程开发研究与实践，长期以来仅集中于普通教育领域，而职业教育发展的不成熟，致使其课程开发工作一直未能得到足够的重视。因此，职业教育课程开发在很大程度上移植或照搬普教的做法。尽管职业教育在课程的目标、内容、标准、比例方面与普通教育有别，但其学科本位的实质就决定了它与三段式的课程开发模式基本一致。职业教育的课程是指某一专业教学的总体方案及其实施过程。课程开发则是包括在一定的课程观指导下，课程编制、课程实施、课程评价与管理等诸方面工作在内的课程改革发展的全过程。[①]

以学科为中心的课程强调知识的系统性和教学的整体性，由于各门学科间缺乏联系，理论与实践结合不够，往往表现为重理论轻实践，客观上有悖于职业教育的培养目标。受学科本位的制约，这种课程开发常表现为一种封闭式的设计模式，一方面课程开发主体比较单一，基本上来自教育界而缺少社会、企业的参与；另一方面对课程内容选择也仅从学科知识体系中挑选相关内容作简单化处理而已。

2. 形成式的课程形态、课程模式、课程开发

能力本位模式以培养学生基本的职业能力为出发点，以职业或职业群所需的知识、技能与态度为目标进行课程设计、课程实施与评价的课程形态。它以社会职业岗位（群）所需职业素质和技能为基础，以满足社会、企业对人才的需求为出发点，通过采用职业岗位分析的方法，把职业或岗位工作中所需能力进行分解，然后按照这个能力分析来确定课程并组织、规划教学，从而实现岗位职业资格与高职教育的培养目标的对接。

世界上关于能力本位的观点主要有三种。一是任务本位或行为主义导向的能力观。一方面，这种能力观认为能力即操作技能，它与一定的工作任务相联系，因而能力也就是任务，以加拿大的DACUM为代表。二是一般素质导向的能力观。这种能力观将能力视为普遍适应的一般素质，认为一般素质是掌握具体任务技能和促进个体能力迁移的基础，这种能力以关键能力为代表。三是整合的能力观。这种能力观将一般素质和具体的工作情境结合起来，认为能力是个

---

① 余祖光. 职业教育课程开发的新变革［J］. 中国职业技术教育，2000（1）.

体在现实的职业工作表现中体现出来的才智、知识、技能和态度的整合，以英国的 CBE 为代表。[①] 这里按照这种分析框架，我们也把能力本位的课程形态分为三个阶段，即"任务本位或行为主义导向的能力观""一般素质导向的能力观"及"整合的能力观"的课程形态。

（1）"任务本位"能力观的课程形态

能力本位课程 20 世纪 70 年代流行于北美，以加拿大为代表的 CBE、德国的双元制、世界劳工组织提倡的 MES 均属于这种课程模式，它更多是追求能力的培养，而非知识的传授，对改变传统教育只重知识传授、忽视能力培养的偏向起了积极的作用。

20 世纪 90 年代，能力本位课程传入我国，国内学者在积极引进、学习的基础上，不断努力探索符合我国国情的模式。众多学者从不同角度对能力本位课程进行分类。如石伟平等（2001）把能力本位课程模式称为"交替型"和"双元型"，交替型即通常所说的"工读交替"、"三明治"课程，其代表为英国。双元型即德国"双元制"的课程模式。[②]

①交替式的课程模式

通过采取在学校学习理论知识、在企业进行实践学习的形式，意在达到理论与实践的结合，但由于这种交替的时间跨度比较大，往往是一个学期进行理论学习，一个学期进行实践学习，即学即用性不强，学生容易在进行工作实践后遗忘了之前掌握的理论，所以，理论与实践整合效果并不理想，对知识结构的连续性和完整性也缺乏系统考虑。以德国"双元制"为代表的双元型的课程模式，虽然重视企业与学校的密切合作，但其实质也属于"交替型"模式。

②职业分析导向的课程开发

任务本位的能力观重视职业技能的获得，对科学知识强调相关与必须，够用即可，不强调系统获得，它根据社会需要确定学生应培养的能力，是一种直接针对市场、面向就业、以技能掌握为主的能力观。任务本位的课程开发是一种建立在职业分析和工作分析的基础上的课程开发模式，是一种典型的 DACUM 方法。其基本步骤如下。a. 对当前经济形势和教育形势的分析；b. 人才市场的调查与分析。包括调查所服务地区经济、产业发展状况、各类企业情况及其对该职业领域技能型人才需求情况、职业劳动市场供求情况、学生来源情况及预

---

① 谭移民，钱景舫. 综合职业能力课程观［J］. 职业技术教育，2001（1）.

② 石伟平，徐国庆. 论高等职业教育课程的国际比较［J］. 职教论坛，2001（10）.

测该职业的工作范围、发展趋势等。c. 职业能力分析（DACUM 课程开发过程）。这是课程开发的关键环节。一般先成立 DACUM 小组，由具有本职业较强的工作能力和丰富的工作经验的人员组成，进行职业分析、工作分析、专项能力分析，负责确定工作中应具备的能力和每项能力中包括的各项技能，规定学生所要达到的标准，最终形成 DACUM 图表，表中要详细地标明所开发专业的受训人员应具备的能力，及要达到这种能力所要掌握的技能，以及每一项技能所应达到的级别或标准。d. 教学专家要进行教学分析。教学专家根据 DACUM 表来确定教学单元，按知识和技能的内在联系排序，然后以职业能力本身的结构方式组织教学。将若干个相关的单元组成一门课程，整个课程结构包括确定的核心课程和职业专门课程、预备课程。也有学者把某一专门职业的能力进行分解，将其中基本性知识、技能和态度确定为核心课程模块，把适用于各个具体工作岗位的技能确定为就业方向性课程。多个核心课程模块和就业方向性课程模块的组合构成一个专业及专门化方向的课程体系。① e. 教学实践。具体的教学过程中，经常考虑到学生先前具有的知识、能力水平，而且教学体现阶梯式的结构，学生可以根据自身的学习水平掌握学习进度，在掌握某个教学单元后方可进入下一个单元的学习。f. 教学评价。使用统一的标准衡量学生的能力水平，评价比较及时。

对 DACUM 课程开发方法，有学者也提出了不同看法，如吕鑫祥（1997）指出，通过 DACUM 方法来实现的"能力本位教育"实质上是"任务本位教育"。它将任务或任务的叠加当作能力，从哲学上说是还原主义能力观。这种能力观的应用是有局限的。而且从学习论角度分析，DACUM 方法忽视了人类十分重要的学习心理过程——学习迁移，这必然导致课程编制中削弱了必要的基础理论，使学生缺乏就业弹性和适应性。②

（2）"一般素质导向的能力观"课程形态

这种课程观是为了纠正"任务本位教育"单纯强调技能获得的弊端提出的，是工业经济向知识经济转化的过程中，经济形态对课程形态提出的客观要求。它将能力视为普遍适应的一般素质，认为一般素质是掌握具体任务技能和促进个体能力迁移的基础。它强调当职业发生变更，或者当劳动组织发生变化时，

---

① 任爱珍，徐肇杰. 从德国"学习领域"课程理念角度来构建中国高职课程设置体系［J］. 辽宁教育研究，2007（6）.
② 吕鑫祥. 对"能力本位教育"课程模式的理论思考［J］. 上海高教研究，1997（3）.

劳动者所具备的包括专业能力、方法能力、社会能力在内的一组关键能力。

①"多元整合型"课程模式

"多元整合型"课程模式是指采用多种课程原型之所长，经取舍、重组而成的现代职教课程模式。这种课程形态与工业化社会中诞生的核心课程相比，不仅强调基础观，而且重视"整合的能力观"。这种课程模式是对学科与能力的一种折中，变纵向的学科体系为以岗位能力为核心的横向的课程综合结构。职业活动不再是单纯的实际操作，而是充满着科学思维和智力活动的劳动，要求职业教育为学生打下较为坚实的文化科学知识基础，培养学生的科学分析能力。但这种课程模式往往只重视单项的、狭窄的职业操作技能训练，对普通文化知识教育和对学生进行思维训练比较薄弱，这将导致高职的毕业生后劲不足，难以适应市场经济对人才的多种需求和本专业深层次发展的需要。因此，高职院校要从适应社会、经济发展对人才的多层次、多规格需要的目标出发，建立以技能递进为顺序、以技能及相关文化和职业道德为横向结构的模块体系。同时，将课程分解按照职业应用需要，与专业课、文化课重新组合成横向课程结构。①这种模块结构的课程，意在以整合为手段，把先前缺乏联系的课程结合为相关促进、相互服务的课程模块，既有较强的针对性，又利于实践能力的提高。

②"整合式"课程开发

在对职业岗位（群）所需要的基础知识、基本技能分析的基础上，以一般素质能力观为主线，兼顾学生就业与长远发展需求，将课程分别组合成不同模块，实现不同的专业课程体系。正如有学者谈到，就目前而言，学校可以通过延伸与拓展对一些理论色彩较浓的课程逐步向应用性延伸，形成一批既有基本理论概述，又有一定应用技术内容的新课程。"交叉与综合"是将内容基本接近的课程内容进行重新组合，从中形成一门新课程；"分化和发展"是在涵盖面较广的课程基础上，根据社会需要，将某一内容抽取出来，通过知识的加工和整合，进一步形成新课程；"停办和新建"是对内容陈旧、不符合社会发展要求的课程进行停办，并根据需要重新开设新课程等方式与途径，对现有课程内容做进一步的调整与拓展，逐渐增加学校的课程总量。②交叉与综合、分化和发展、停办和新建代表了这种课程模式开发的主要思路，其实质是在学科知识体系的

---

① 楼一峰. 高职院校课程体系建设基本特征与构想［J］. 职业技术教育（教科版）. 2005
　　（13）.

② 楼一峰. 高职院校课程体系建设基本特征与构想［J］. 职业技术教育（教科版）. 2005
　　（13）.

基础上，将原有若干科目教学内容按照职业活动的特点和要求进行"整合式"课程开发。

具体来看，这种模式以实用性为原则，把原来公共基础模块中相关内容与职业资格证书中职业道德、职业安全、职业意识的内容进行组合，实现了课程量的精简，对于专业能力模块而言，主要还是设定与职业技能考核相联系的培训模块，包括实验、实训、实习等教学环节。实际上，公共基础知识模块和专业能力模块分属于两个独立存在的学科知识体系和专业能力体系中，其实践与理论的整合度并不高。这样看来，结构化的模块化相对于传统的职教课程虽具有灵活性的优势，但一组缺乏内在联系的模块，常常很难实理论与实践的最佳整合。因此，课程模块化仍有一个如何设计和选择结构的问题。

一般素质的能力观以这样的假设为前提：在知识爆炸时代，知识以前所未有的速度增长，而且就知识类型而言，普适性越强，越是基础的知识变化的可能性越小，相对来讲，与具体情境结合的能力，也即越是处于应用层面的知识，随着技术含量的增加，其可变性就越大，越不稳定。这样，倡导基础理论的强化成为必然。这种以"一般素质"为导向的职业教育观，自然把理论知识视为整个课程体系中的核心地位，因此，未能突破学科体系的制约。徐国庆（2005）在分析学科体系职业教育课程（或学问化）的成因时谈道："在'一般素质观'中，导致职业教育课程学问化的思想之源是实践能力相对于理论理解能力的独立性的丧失。理论理解能力是通过掌握理论知识形成的，实践能力是通过掌握实践知识形成的，因此，从最根本的意义上说，导致职业教育课程学问化的思想之源仍然是实践知识相对于理论知识的独立性的丧失。"[1]

同时，他也指出，职业教育中的基础主义课程观认为，具体的、个别的素质是"一般素质"在具体情境中应用的结果，如果"一般素质"得到了发展，那么具体素质就会自然而然地得到发展，学生在将来的职业生涯中便能游刃有余，适应多变的职业环境，因此，职业教育的目的应当是发展学生的"一般素质"，增加学生可持续发展后劲，而不能局限于发展个别能力。这种职业教育观以一个基本假设为前提，即存在脱离了具体内容的"一般素质"。[2] 这就从根本上澄清了职业"一般素质"与具体"情境素质"的本质区别，对于职业教育来

---

① 徐国庆. 实践导向职业教育课程研究：技术学范式［M］. 上海：上海教育出版社，2005：60.

② 徐国庆. 实践导向职业教育课程研究：技术学范式［M］. 上海：上海教育出版社，2005：59.

说，其具体问题情境的工作任务导向决定了课程本身对情境素质的诉求。

（3）"整合的能力观"课程形态

由于一般能力观本位课程模式还存在一定的局限，人们为寻求一种把理论与实践更好结合的途径仍不断探索。整合能力观意在突破一般能力观的限制，将一般素质和具体的工作情境结合起来，认为能力是个体在现实的职业工作表现中体现出来的才智、知识、技能和态度的整合，它关注学生在具体的工作任务情境中对完整工作任务的把握，强调学生综合能力的培养，以帮助学生形成完整的职业能力。

①综合课程模式

科技的发展使以往单纯靠技能的掌握来适应现行的职业岗位变得越来越难，整合化趋势既是当代科技发展的基本特征，同时也为学校课程改革指出了方向，那就是课程要反映科技发展对人才综合化的需求，加强课程内容的综合性，打破学科知识体系，构建不同于原来高职院校的各种实践教学的"综合实践课程"。传统高职院校课程体系中设立的实习和实训课程大都以培养某个单项职业技能为主，如培养学生的车、钳、汽车维修等某工种的操作技能，不注重技术问题的解决，不与职业岗位的工作过程建立联系，与传统的分科课程教学殊无二致。在高职院校设立"综合实践课程"应以职业岗位所需要某方面的职业能力要求为依据，以工作过程为导向，以工作项目为教学任务，将职业技能和能力培养所涉及的学科知识、技术理论、劳动过程知识、操作技能有机结合，作为一个整体按计划有步骤地分段进行。① 要建立具有鲜明特色的课程体系，即打破传统学科课程，代之以与企业实践密切联系的理论学习与技能训练高度统一的、按照工作过程顺序的"综合性"和"案例性"教学项目。②

②"工作导向"课程开发

为解决高职教育中理论教学与实践教学分离的现象，对综合课程的开发模式进行相关探索，综观诸多课程开发模式，可以归结为两种综合程度不等的课程开发方式。一种是"将原有若干科目教学内容按照职业活动的特点和要求进行'整合式'课程开发，表现为一种在原有学科体系的基础上融入实践因素，如刘德恩（2001）提出应建立以问题中心的综合基础课，以任务为中心的技术

① 汤百智，范庆林，刘文慧．对构建高等职业教育综合实践课程的研究［J］．河北师范大学学报（教育科学版），2006（1）．

② 赵志群．论职业教育工作过程导向的综合性课程开发［J］．职教论坛，2004（6）．

课程，以技术开发能力培养为中心的设计课程，以及用于提高学生职业适应性的微型课程等"。① 这种模式也类似于渗透型的课程模式，即把实践渗透到每门课的学习中的模式，在这种模式中每门课程都是理论与实践的结合，并具体规定了理论学时与实践学时的比例。由于把实践有机地渗透到了每门课程中去，其不同于交替型的一个学期学习理论、一个学期实践这样长周期的交替，因此整合度更高。② 另一种是"完全打破学科体系，按照企业实际的工作任务、工作过程和工作情境组织课程，形成围绕工作过程的新型教学项目的'综合性'课程开发"，③ 这种模式以职业岗位的工作项目作为"综合实训课程"的核心。工作项目指从职业岗位的工作过程中分析和整理出的一些具有代表性和综合性的工作任务。课程内容和教学过程围绕着工作项目（具体工作任务）展开，将完成此项工作任务所需要的技术性学科知识（任务完成需要的多门学科知识对其进行整理和组合）、工作过程知识（工作程序、组织方式、工具设备的性能等方面的知识和要求编入实训）和实践操作技能（完成任务需要的设备、工种通用操作技能和智力技能作为课程训练重点）进行有机地组合，组成一个案例化的教学单元，每一个教学单元都有不同的工作项目，不同的教学单元构成不同模块。通过设计几组模块构成一门"综合实训课程"，达到培养学生综合运用技术解决生产实际问题的能力。④

还有学者持相同观点，如徐国庆倡导的实践导向的职业教育课程，旨在彻底打破传统的学科体系职业教育课程，以实践为导向建构课程，按照从实践到理论的顺序组织每个知识点，以工作任务为中心组织课程内容，把技术理论知识与技术实践知识整合到统一的课程中。

不论从理论还是实践看，从"整合式"到"综合性"的课程开发都是职业教育课程开发模式的一次质的飞跃，将其称之为"职业教育课程领域的革命"并不为过。因为这里不仅引入了全新的现代职业教育课程理念，而且提出了新的课程开发的方法论的问题。⑤ 因此，以工作导向、实践导向理念建构课程体系的尝试，对建构实践教学体系的理念框架和具体落实层面均有诸多启示。综

---

① 刘德恩. 论高职课程特色 [J]. 职业技术教育：教科版，2001（6）.
② 石伟平，徐国庆. 论高等职业教育课程的国际比较 [J]. 职教论坛，2001（10）.
③ 赵志群. 论职业教育工作过程导向的综合性课程开发 [J]. 职教论坛，2004（2）.
④ 汤百智，范庆林，刘文慧. 对构建高等职业教育综合实践课程的研究 [J]. 河北师范大学学报（教育科学版），2006（1）.
⑤ 赵志群. 论职业教育工作过程导向的综合性课程开发 [J]. 职教论坛，2004（6）.

合化、整体式的实践课程是高职院校在课程建设中需要深入研究和探索的一种课程类型。

3. "扩展式"的课程形态、课程模式、课程开发

（1）"人格本位"的课程形态

人格本位是针对能力本位课程只关注人生存所必须具有的劳动技能，忽略人类品质、内在精神、内在价值观的培养，忽略人对作为社会中的人的更广泛、更深层次的理解而提出的。能力本位具有工具主义的倾向，它只看到了人作为劳动力的功能，忽略了人本身的角色。① 经济社会的转型及带来的文化价值观的转型客观上推动了科学主义与人文主义的融合，渗透到教育领域便促使教育目标倾向于对完整的、和谐发展的人的培养，意味着职业教育不仅仅要培养一个劳动者，还要培养一个社会中的人，高职教育所培养的人不仅应具有必备的知识与技能，而且还必须具有健康的职业心理和职业伦理，所以应以历史发展的长远眼光和实现职业教育内涵发展出发，更加关注人的自身潜力的挖掘、人格力量的充分释放，最大限度地满足、实现人的多元需求和多维价值，最终实现人的可持续发展。

"人格本位教育"是介于个人本位论和社会本位论之间的一种教育目的观，但它主要是偏向个人本位论。"人格本位"既注重"个人本位"，强调受教育者本性、本能得到自然的发展，注重个人价值，注重人身心和谐发展，又注重根据社会的需要来确定教育目的。与"个人本位"相比，"人格本位"更注重受教育者完整人格的陶冶，它虽然也是指向人的和谐发展，但不像"个人本位论"那样，仅从人的本性出发，仅强调顺应人的自然发展，它在突出人的价值的同时，也比"个人本位论"更多地关注社会的需要。"人格本位"教育目的观也不像"社会本位"那样，认为教育的根本目的在于使受教育者掌握社会的知识和范畴，过分地强调社会的需要，而忽视人的身心和谐发展。"人格本位"教育的最基本的价值取向就是"完美"人格的塑造。

（2）人格本位课程模式及开发

国内对人格本位课程模式的探讨虽然不多，但对这一问题并不乏清醒的认识。如已有学者指出，"人格本位"课程模式的基本观点是职业教育所培养的学生不仅应该具有必备的知识与技能，还必须具有健康的职业心理和职业伦理，

---

① RaplhBlunden. Vocational Education and Training and Conceptions of the Self ［J］. Journal of Vocational Education and Training，1999，51（2）：167.

能把市场经济条件下的失业视为常态，面对新知识、新技术含量的急剧增加与变化，用终身化的教育思想，积极生存、发展、向上的精神和自己的创业意识，去对待和迎接现实的和未来的职业生涯。① 在这一理念的影响下，有学者进一步指出，人格本位课程模式中面向未来的课程发展理念，关注的人是社会的人和自由的人，其通过跨主体性（intersubjectivity）的方式生存于世界、社会、家庭之中。这里的"人格"是个性化的同义语，强调个体潜能的充分发展，包括三个层面的发展和完善：知识技能、智慧与方法、人格力量或职业伦理。达到了这三个层面的发展和完善，每个个体在社会中就可以"随心所欲而不逾矩"②。这就明确指出了人格本位发展的三个层面，这不仅是弥补了能力本位单纯关注技能的缺憾，更是对真正职业教育的解读和超越。因此，人格本位是未来职业教育发展的目标，是一种教育创新的理念，它是知识社会的必然产物，符合终身教育和终生学习的理念，适应学习化社会的需要。职业教育在从"终结性教育""单纯就业教育"转变为终身教育的过程中，必须在促进人格的发展、人格的适应和培养人格的动力（personality dynamic）、自我效能、能力动机等诸方面重新建构真正属于中国自己的职业教育现代性。③ 这对职业教育的现代性发展做出了客观的规定，并指出了人格培养途径的几个方面。在人格本位理解的基础上，学者们开始凭借此理念构建高职课程体系。

由于对人格本位的探讨多见于对其基本理念关系的厘清及对未来高职课程发展方向的把握上，对具体实施层面的研究还很薄弱，因此，如果仅以现有研究为依据，归纳出此模式课程开发的步骤既不可能，更不现实。实际上，人格本位课程的发展不如学科本位和能力本位发展得完善并自成体系，便自然没有自成体系的开发路径，更没有具体可以操作的课程模式，尚处于描述状态。这里，也仅从该课程在高职教育课程中的发展框架做一阐述。

对于人格本位课程的开发应从以下几方面着手：①重审职业教育功能，实现由"工具性"价值属性向"个人自我价值实现"的转变；②重构职业教育课程目标，实现由机械技能本位到独立健全人格的转变；③重组职业教育课程内容，实现学科体系和行动体系的融合；④有效整合课程资源，实现由显性课程向潜在课程的转变；⑤强化差异性发展，实现由单向度的静态评价到多元动态

---

① 刘春生．职业课程改革目标取向研究［J］．职业技能培训教学，1999（2）．
② 马庆发．职业教育课程发展的模式［J］．职教通讯，2000（6）．
③ 马庆发．人格本位：职业教育发展的新理念［J］．职教通讯，2003（7）．

评价方式的转变。①

　　也有在建构高职"人格本位"课程体系时，提出应注意以下几个问题。①加强人文社会科学课程的比重，实施"全人"教育。在设置人文社会科学教育课程时要与高职学生的日常生活及社会状况相联系，同时，把学生作为整体的人看待，倡导思维、情感和行为的"整合"，重视情意课程，重视创造活动。②强化实训课程的设置，培养学生的动手能力。活动课程模式以专业实践活动为中心，以学生掌握操作技能为目标，充分发挥学生的自主性、能动性、创造性。③重视课程内容的综合化和人文社会科学课程的基础性建设，增强课程的普适作用。高等职业院校在设置课程时，要将科学教育与人文教育、自然科学与社会科学、基础性与实践性等内容进行完美的结合与统一。④突出校园文化建设，发挥隐性课程的育人功能。②

　　可见，虽然人格本位作为一种理念已经提出，但在课程模式上却缺少相关的探讨。因此，人格本位最大的贡献在于提供了一种教育理念，而并非具体操作模式。

（二）课改主导型教学体系特点

　　我国高职课程改革的思路基本来自两个方面。一方面是传承和沿袭基础教育课程改革某些做法，包括引用其中的一些理念和方法，如基础教育改革中提及的"活动课程"、"综合课程"、"探究学习"、"主体性学习"、"课程管理的均权化"等概念，包括课程范式从"学科中心"向"社会建构"的转型，教学方法从传统的"接受式"向现代"探究发现"的转型，这些教育理念和转型都为成功探索高职教育课改革提供了有益的思路和广阔的研究视野。不仅普通教育发展中出现的基本类型（学科中心型、问题中心型、能力中心型、活动中心型等）在高职教育中均有反映，而且由于对象、地区、行业、职业的千变万化，使高职教育的课程模式有许多特殊的、"非典型"的表现。③另一方面是对国外先进职教理念的学习和借鉴。如能力本位课程模式、从学校到工作模式及人格本位模式，这些模式都影响着我国高职课程发展走向。再如世界上比较典型的职教模式：德国双元制模式、美国社区学院模式及日本企业内培训模式也都提供了较好的参照。但由于各个国家的发展情况不同，历史积淀的基础也各异，

　　①　张晋．基于人格本位的职业教育课程开发初探［J］．职教论坛．2006（9）．
　　②　王前新，严权．高职人格本位课程研究［J］．教育与职业，2007（9）．
　　③　黄克孝．构建高等职业教育课程体系的理论思考［J］．职教论坛，2004（1）．

对于依附于社会经济发展的教育制度而言，其可移植性不高。我们一直很羡慕许多发达国家有着成熟、富有特色的职教，并一度设想把它们的这些模式移植过来，但并没有取得成功。原因何在？合理的解释只能是，这些模式都是在那些发达国家内在地生长出来的，其成长、成熟都经历了一个长期博弈的历史过程。① 这就是说成功用于别国的模式，移植到我国可能不会取得相同的效果，这正是"设计"与"内生"两种不同发展模式所致。因此，我国高职课程体系改革不可能照搬任何国家成功的经验作为模式，而唯一出路只能靠投入更多的精力研究与本国发展相匹配的教育模式。

从我国高职课程改革的现实发展来看，实际效果并不理想，传统学科中心体系的影响仍然存在，即使学校的课程改革做出了大胆尝试，整合教学内容，改变教学方法，使之更利于学生实践技能的提高和职业能力发展，但就实质而言，仍是以学科体系为基础，而非以工作任务为划分依据。说其是学科中心首先是因为，目前高职课程门类仍以学科分类为主，其中课程设置分为基础课、专业基础课、专业理论课、实训课等几部分，即使有相关的调整或变动，或称模块式的课程，终究也没能摆脱这种分类标准。其次，课程内容还是围绕理论知识进行，实践知识通常只是作为检验理论的手段而存在，课程展开的逻辑顺序遵循理论知识在先，而非实践过程。即使有些院校转变教学过程，试图实现理论与实践的统一，在实习后进行专业理论学习，在专业理论学习之后再进行实训，这种交替进行的教学，表面上似乎将两者一体化，但实际上，由于理论与实践教学在各自承担教学任务的同时，并未关照或融合对方教学，常常导致"两张皮"的现象。再次，学生学习的方式以认识过程，而非以实践过程作为认知途径。学生进行的学习通常是以书本知识为主的认知学习，相应地辅助一些实验、参观性活动作为理论教学的服务性手段。这种理论先行的观念左右着高职教学体系。最后，从对学生考核方式来看，仍以书面形式的考核为主，而且学生通过学习所展示的学习成果比较单一。从上述现象来看，目前高职教育课程缺乏应有特色，高等职业教育作为一种类型教育的提出意味着其本身是既不同于普通高等教育的类型教育，又是有别于中等职业教育发展水平的层次教育。然而，目前高职所应体现出的"高层次"、"职业性"特质仍不突出。

这一时期处于对国外先进理念尝试着吸收和借鉴阶段，如 CBE 模式和三明治模式，都是典型能力本位观的代表，主要表现为对教学内容、教学方法等引

---

① 徐国庆. 职业教育发展的设计模式、内生模式及其政策意义［J］. 教育研究，2005（8）.

进上，这种做法很容易从一个极端走向另一个极端，即单纯强调实践教学环节，而把必要的理论环节无限制地搁置掉了，或是由于没有厘清能力组合方式，致使整个改革无效。因此，有学者认为，我国职教界近十多年来勇于创新地进行了一系列职教课程改革活动，取得了一大批可贵的成果。然而，中国职教课程发展在总体上尚未取得突破性进展。改革带有盲目性和随意性，未形成中国化的现代职教课程的概念，现有的课程改革成果仍属于局部改革，是在原来课程体系结构未做重大本质性变动的情况下，仅在某些局部方面对少数课程做学习内容和进程安排等方面的改革。这种"改良型改革"只是对传统职教课程体系的局部完善。① 因此，这个时期实践教学体系的改革仍没有突破学科中心，基本上沿袭了本科课程内容，在实践教学方面，验证性的实验比例过大，而以实际生产的真刀真枪或仿真的训练太少，造成学生所学与企业生产实际相距甚远。

目前，在职业教育课程改革方面，存在三种课程目标的观点。第一种认为以给学生终身发展的牢固基础为宗旨，文化基础要扎实，专业知识要宽泛，也就是这里提及的"基础式"。第二种认为"以胜任某种岗位要求"为出发点，以实用为目的，以"必需"、"够用"为度，不必追求知识体系的完整性，也即前文提到的"形成式"。第三种认为职业教育不仅要为受教育者进行就业准备，形成学生较强的岗位能力，还要为其发展奠定基础，养成较全面的素质和能力，其与本文"扩展式"中的观点相呼应。这三种观点在实践中都有一定的合理性和困难性。主张"以给予学生未来发展基础"的课程目标满足了学生和家长要求继续发展的愿望，但缺乏职业教育的特性，在劳动力市场上缺乏吸引企业仅有的优势；主张"以胜任岗位需要为出发点"的课程目标满足了企业要求从业人员快速顶岗的愿望，但损害了学生要求继续发展的利益；主张既为学生发展打好基础，又使学生具有某一岗位的能力，从理论上讲是最理想的目标，但基于现实中职业教育自身条件（师资、生源状况），似乎又感力不从心。② 这三种目标分别对应本文中的三种范式，从学科中心到能力本位再到人格本位三种模式的发展与转换、演进代表着不同时期课程改革的侧重点不同。从研究内容看，可以发现，无论强调哪种模式，都是以"理论"、"实践"为中心，或是围绕"专业性"、"普适性"这一主线上下波动。如"基础式"模式就比较靠近理论，多围绕学科理论知识来展开教学；"形成式"则偏向"实践"一方，侧重技能

---

① 黄克孝，郭扬. 优化职教课程改革的目标与原则［J］. 职教论坛，1998（11）.
② 黄克孝. 职业和技术教育课程概论［M］. 上海：华东师范大学出版社，2001：157.

的形成；而"扩展式"则尽量兼顾专业知识与专业能力的发展。当然，这种围绕理论与实践的钟摆运动将继续存在，但不是简单的、线性的、无效的摆动，而是在原有基础上不断调整、螺旋上升的有效运动。尽管在一定的社会发展要求下，摆动的幅度和频率不同，但总体而言，这种摆动的最终归宿点是寻求理论与实践融合的平衡点。需要说明的是，这种平衡点并非静态的平衡，而是在社会背景下动态的平衡，意味着这种运动将逐渐趋于中间，但不可能停止在中心位置，当平衡态被打破时，将会再次寻求新的制衡点。从世界高职课程结构的演变来看，其变化路径为：学科式普适性—岗位式专业性—关注迁移能力的专业性—强调继续学习能力的普适性，从世界高职课程发展的趋势来看，出现了整合的趋势，即理论与实践的内容既不作为不同的科目，也不作为不同的模块，而是整合在实践活动中。典型的有日本出现的"体验学习"，美国"从学校到工作"的一些措施等。①

从世界课程改革趋势及我国目前课程改革现状来看，对理论与实践进行整合已成必然。它既符合世界课程改革潮流，又关涉我国高职教育改革的发展方向，更决定着高职教育改革的成败，因此，必须对现有的职教体系进行系统改革，发挥整合的力量，而不是局部的微调或修补。

三、实践教学体系的整合期

(一) 系统整合型教学体系形成的背景

综上所述，学科本位、能力本位及人格本位分别代表了不同时期，经济、社会发展对教育的不同诉求，体现了三种不同的人才培养模式，每种模式都不是尽善尽美的，都需要在理论和实践层面不断充实和完善。在当前以教学内容和课程体系为主线的改革中，往往由于缺乏系统整合观念，常表现为局部或单方面调整，相应的配套措施跟不上，常常造成整个改革难以推进，形成了越来越多的信息孤岛，系统中各要素间集成度低，没能形成整体优势，影响了系统整体功效的发挥。因此，教学体系改革是一项系统工程，它既需要系统中各要素在结构、功能上的协调一致，又需要与外部进行信息、能量交换，与其保持动态的适应，而不是对单项要素或个别系统加以调整的过程。也就是说，教学体系既非要素或环境某个单一方面决定的，也非对系统的被动反映。所以，任

---

① 匡瑛. 战后世界高等职业教育课程的演进及发展趋势 [J]. 河南职业技术师范学院（职业教育版），2005（5）.

何系统只有通过相互联系，以主动整合视角，对系统内外各要素进行整合，形成整体结构，才可能发挥整体功能。

遵循系统整合观，人们试图寻求一种普适性较大的高职模式，究竟是否存在这样的一种模式呢？有人认为一定存在一种普适性的模式，也有观点认为，对于高职来说，根本不存在共适性的模式，至于哪种模式更适合于高职教育，分歧就更大了。有人认为，高职教育应继续遵循能力本位模式，也有人提出，随着世界高职课程综合化趋势的加强，我国高职也应该顺应这种发展趋向，力求多元整合的模式，即吸取各种模式所长，共创兼容性、共适性较强的高职教育模式。笔者认为，面对各种复杂的理念、模式，人们常常无所适从，而基于系统整合型教学体系的理念，试图打破这种僵局，努力提供一种思考框架。系统整合观不仅符合国际高职发展的趋势，迎合了社会发展和科技进步对劳动者的素质要求，代表了我国高职发展方向，是新时期高职增强适应力、实现可持续发展的重要途径，更是高职提升教育质量和竞争力的保证。

（二）系统整合型教学体系内涵

在高职教学结构改革的过程中，曾对教学体系的结构做过调整，如在初期通过增加实践教学学时和增添实训教学设备，以满足由于硬件短缺给实践教学带来的困扰，这里称这一阶段为适应期。然后，以课程教学改革为突破口，立足于对教学内容的重组、教学方法的调整及教材的重新编排，称之为调整期。但这两种调整只是单纯靠调整实践教学与理论学的课时比例，把关注点聚集于量的增减或囿于孰多孰少的问题，所做的调整也主要是"被动应对"性的局部的量的调整，而没有触及整个教学体系的实质性改变。而系统整合教学体系是按照系统论的要求，对教学系统各相关要素进行系统研究，着眼于整个教学体系的优化，立足于系统整体效能的发挥。系统观下的实践教学体系是"主动设计"导向的，突破了"适应期"和"调整期"教学体系的"被动性"，是一种有目的的教学活动，它要求对教育活动中的各种理念和经验进行梳理和整合，既要考虑到每个教育活动和环节的功能得到充分的发挥，又要兼顾各个环节间的相互协调。因此，从这种意义上看，系统整合教学体系是基于科学的认识论与方法论，将思维方式与思维结果有机统一的框架体系。系统整合体系具有如下特点。

首先，理念的整合。从教学理念来看，系统整合观对传统教学理念提出了挑战。系统整合观要求改变原有的单一思维模式，打破传统的学科中心体系，建立以实践为中心的整合能力观。这里认为，系统整合观与以往实践教学内涵的不同在于思维方式的不同，按照传统的观点，实践教学是以提高学生的操作技能为主，包括实验、实习、实训在内的教学环节，将实践教学上升为一种教学理念的意义在于提供一种重新思考问题的视角，这种分析框架所带来的不仅是分析结果的不同，更重要的在于转换一种思维方式。

其次，多元整合观。整合的系统观体现了一种系统变革，它包括教学理念、课程与教学目标、教学内容、组织形式和教学运行保证等在内的控制系统。这种整合绝不意味着局部意义上的微调、微动，或单纯把相关学科内容杂合在一起的改良性工作，而是关涉到整个教学体系改革的系统工程。

再次，目标的整合。整合的目的是为了优化教学体系，提高教学质量，这就要求必须打破狭隘的职业训练的壁垒，由原来的岗位技能培训转向注重综合职业能力的培养。协调好知识、技能、态度三者的关系，向学生传授可迁移的、完成任务与解决问题的实际能力，而不是传授传统意义上的、高度专门化的、狭义的技能。使学生具备岗位适应能力、迁移能力和继续学习能力，从而实现学生综合职业能力的发展。

最后，实践教学的意义并非在于单纯强调实践而忽视理论教学，因此，整合的重点自然落在如何把理论与实践真正整合起来，如何把教与学有机地结合起来，并在此基础上，通过教学领域实现与学习领域的接轨，进而完成工作过程向学习领域的转换。此外，从课程门类来看，对理论和实践的整合不仅局限于专业课的应用上，而是通过学习者的体验、参与等活动形式，充分发挥学生的主体性，把实践思想渗透到各门学科的学习中。

第四章

实践教学体系的理论基础

古人论道：《礼记·中庸》中的名言："博学之，审问之，慎思之，明辨之，笃行之。"王安石的《王文公文集》中写道："夫身安德崇而又能致用于天下，则其事业可谓备也。事业备而神有未穷者，则又当学以穷神焉。能穷神，则知微知彰，知柔知刚。夫于微彰刚柔之际皆有以知之，则道何以复加哉？圣人知道，至于是而已也。"清代教育家颜元主张教育要"习动"、"实学"、"习行"、"致用"等几方面并重，这表明古人非常重视在教学过程中理论联系实际，突出实践教学的重要意义。

实践教学是和社会诸多领域紧密联系的实践活动。实践教学体系的构建也关涉与其相关的各种因素，这是构建实践教学体系及开展实践教学体系研究的重要视角。相应地，实践教学研究就必须吸收和借鉴其他学科的观点和方法。为此，在综合考察实践教学性质和特点的基础上，我们认为实践教学不仅和教学论紧密相关，而且与哲学、知识观、学习论密不可分。它们不仅为实践教学设计提供技术上的指导，也为人们认识教育对象、确立教学目标，以及选择教学内容等提供重要的依据。

第一节　实践教学体系的哲学基础

哲学与教育总有着难以割舍的情结，教学理论往往是哲学思想的反映。马克思主义实践观和技术哲学观是实践教学思想重要的哲学基础。

一、马克思主义实践观

首先，实践观是马克思主义哲学的基本观点。实践作为人特有的存在方式、生活方式能动地作用于外部世界，它涵盖了人的全部生活。实践活动的哲学基础主要有以下三个方面：一是实践是人类的本质及存在方式；二是人的主体地位是在实践活动中确认的；三是实践活动是实现人的全面发展的根本途径。具体来说：我们不是以主体表象的方式来认识世界，而是作为行动者来把握、领悟我们借以发现自身的可能性，从表象转向操作，从所知转向能知，并不否认科学有助于揭示周围世界这种常识性观点。① 这句话揭示出，人和世界的关系首先不是认识的关系，而是实践的关系，通过操作、介入世界的方式我们获得了对世界的认识，同时，通过实践也改变着世界得以被认识的方式。对于职业教育来说，实践更是其应有之意。这可以从以下几方面来理解。①从职业教育的历史发展来看，现代职业教育是在农业社会向工业化社会过渡的过程中逐渐形成的。在手工业时期，主要通过师傅带徒弟的学徒制进行，我们可以把它看作实践教学的雏形。随着生产的发展及机械化程度的不断提高，传统学徒制已经不能适应社会对大量生产一线工人的需要，因此，开始设立专门的学校来培养产业工人就成为必然。随着这类学校规模的不断扩大，便形成、发展为一个庞大的教育体系，可见，职业教育是在对生产服务第一线从业人员的技能训练需求中逐步形成的，它在产生的初期就非常重视学员的动手实践操作。②从职业教育与其他教育的区别来看，职业教育的本质特征在于其职业性，一个职业之所以成为一个职业，是因为这个职业有着与其他职业不同的工作过程，包括工作的方式、内容、方法、组织，以及工具的历史发展诸方面。② 可见，职业性所包含的这些特征都是人们通过实践总结出来的，具有可操作的规范性。③职业教育发展至今，已经越来越重视学生实践能力的培养，越来越关注学生综合能力的养成，其实践的"味道"越来越浓。职业教育面向的是为生产、服务、管理一线培养产业工人也好，开展应用性的研究也罢，总之，社会的发展是由实实在在的生产劳动推动的，不仅如此，科技创新的大部分也归属于应用性研究，而这些均在职业教育人才培养的范畴内，其实现都会依靠具有实践能力的人。

其次，人的主体性通过实践教学得以体现。人是实践的主体，实践是人有意识、有目的的行为过程。教育作为一种实践活动，它既不是教育者对受教育者的改造的过程，也不是受教育者被动、僵化的接受过程，而是以受教育者自

---

① 张英彦. 论实践教学的理论基础 [J]. 教育科学，2006（8）.

② 赵志群. 职业教育与培训新概念 [M]. 北京：科学出版社，2004：98.

身为活动对象，主体客体化与客体主体化的双向对象化的过程。进而得知，人在教育活动中是实践的主体，人通过自己的实践活动，在个体与客体的相互作用的过程中不断改造着社会的组织形式和内容。在高职教育教学的实践活动中，学生是教育活动的对象，为促进学生的发展，就要使学生成为活动的主体。只有学生真正成为活动的主体，才有可能在活动中积极、主动地发挥其主体性的功能，实现促进人的发展的最终目的。实践教学正是通过突显学生主体参与的教学过程，使学生运用所学知识和理论在实践环节中发现问题、分析问题，尝试解决问题，通过实习、实训、实验、毕业论文设计、课题项目设计等丰富多样的实践教学形式，有效地发挥学生的主动性，以实现高职学生创新精神和实践能力发展为目的的主体性实践活动。

最后，实践教学是实现人的全面发展的根本途径。马克思主义实践观指出，人在实践的过程中完成了自身的发展，人的劳动实践使"生产者也改变着，炼出新的品质，通过生产而发展和改造着自身，造成新的力量和新的观念，造成新的交往方式，新的需要和新的语言"①。可见，人们通过实践在改造客观世界的同时，也改造着主观世界。也就是说，在实践过程中，人们不仅能获得知识、技能的提升，更重要的是伴随着世界观的形成或改造、社会生活基本素质的养成，人们通过实践最终会实现个人能力、个性发展和个人价值的充分统一，这也正是马克思主义哲学关于人的全面发展的基本内涵。因此，对于高职教育来说，要实现学生的全面发展，并使他们顺利地进入职业生活和社会生活，必须通过教学尤其是实践教学得以实现。在实践教学活动中，学生自身以内在体验的方式参与教学过程，不断地获得知识、技能及道德行为等多方面的提升，不断地习得和积累社会生活经验，逐步养成参与社会生活的基本素质，这样在教育育人根本目的得以实现的同时，也满足了包括人的社会生存、社会适应、社会发展在内的全面发展的需要。

二、技术哲学

对技术哲学中相关问题的探讨有利于我们对职业教育中"技术"内涵的把握，有助于我们解答在职业教育教学中应确立什么样的课程体系及教学模式。

（一）从技术概念上把握技术本质

对于"什么是技术"，是技术哲学不能回避的基本问题，已有的技术本质观

---

① 马克思，恩格斯. 马克思恩格斯全集：第46卷［M］. 北京：人民出版社，1974：494.

或者技术定义，主要有以下五种。

第一，技能说。持这一观点的代表人物是亚里士多德，他将技术定义为"人类活动的技能"①。因为，在古代技术主要体现为手工艺者的技能，所谓的技术知识也主要指手工艺者的技巧等。因此，古代技术、经验技术的本质就是技能。

第二，手段说。这种观点认为技术是人类改造自然的工具和手段。苏联学术界普遍认为技术是为实现生产过程和为社会非生产需要服务而创造的人类活动手段的总和。

第三，知识说。持这一观点的学者认为技术是人们实践活动中所需的知识。美国管理学家孔茨（H. J. Cooniz）认为技术是"我们进行工作的方法所需知识总和的综合表示"。②

第四，应用说指技术是自然科学知识的应用。其中最强烈坚持"技术是应用科学"这个思想的哲学家代表无疑是哲学家邦格。对于邦格来说，技术是"对人工物的科学研究，或者根据科学的知识关注设计人工物和计划它们的现实化，操作，调整，维护和监控的知识领域"③。科学和技术外在地由目的或意图相区分：科学的知识的目的是理解世界，而技术的知识是控制或操纵世界。

第五，意志说。这种观点认为技术是维持生命的策略，技术定位于生命自我中心，体现权利意志。技术已经与不同种类的决心、动力、目的、渴望、意图和抉择相联系。技术已经被描述为求生存或满足基本生物需要的意志、控制和激励的意志、自由的意志、对功效的追求或意志和实现工人的完形或几乎所有的自我观念，这些描述都不可争议地产生不同类型的技术。④

然而，比较有影响力的还应属米切姆的关于技术本质和技术定义的观点，他提出了技术的四模型理论，即技术具有客体、知识、活动和意志四种形态。

1. 技术的客体形态

如果"技术制品"泛指"一切客体对象"，在这个前提下米切姆提出了"技术是客体"的观点。他指出："技术的客体形态不是技术展现自身的最简单的方

---

① VAN RIESSEN H. Structure of Technology［J］. Research in Philosophy&Technology，1979（2）.

② 李保明. 一种大技术观［J］. 自然辩证法研究，1994（5）.

③ 乔瑞金. 技术哲学教程［M］. 北京：科学出版社，2006：140.

④ 牟焕森. 技术哲学的历史及其逻辑结构米切姆关于"技术－哲学"的思考［J］. 探求，2005（1）.

式，但却是一种最直接的方式，客体包括各种物质形态的人工制品。"① 这实际上是把技术看作人类制造的而且是物质形态的实体，如工具、机器、设备等。

2. 技术的知识形态

如果人们注意到"制造和使用"过程中所包含的知识和技能，那么"技术就是知识"。技术是一种特定形态的知识，这种知识具有知识的独特的认识论结构和性质。正因为技术具有知识形态，技术工艺、过程、方法等才可能代代相传，知识形态能够使技术的传承和发展更快捷、更系统，有利于技术进步和发展。技术的发展与应用以知识为基础，同时技术发展中又产生新的知识。

3. 技术的活动形态

米切姆指出，"应用技术知识生产技术制品的活动和使用技术制品的相关行为中，都体现出技术是活动"。② 虽然不同类型的人类行为间的界限并不十分清晰，对技术活动进行分类不像对技术客体和技术知识进行分类那么容易，但是米切姆还是将技术活动过程划分为发明、设计、制作和使用四种类型。他认为工程师和社会学家都把技术看作活动过程，只不过两者的侧重点不同而已，工程师把重点放在制造方面，其涉及的技术要素中以发明和设计为主，而社会学家重在使用，更多地体现对技术的应用。

4. 技术的意志形态

从意志的视角，米切姆给出了一个新的技术定义，即技术是一种人类运用知识设计产品、设计工艺流程和设计系统的意志。技术意志通过技术自身表达出来，任何技术活动无不体现出人们的目的和意愿，无不包含着人们的意志和追求，无不渗透着人们的智慧和创造。

以下是兰登·温纳（LangdonWinner）的技术观。③

（1）物质装备。"对经常提及的技术进行分类，工具、手段、机器、用具、武器、小配件等被用来完成各种任务。当谈到这些物体的时候，我运用的是术语'器械'，因为对许多人而言，技术的确意味着器械，也就是技术性能的物质装备。"

（2）目的行为。"技术作为活动的整体，技艺、方法、程序、事务是人们从事工作和完成任务的行为。最早时期，技术就以它的目的性从其他的人类行为

---

① MITCHAM C. Thinking Through Technology：The Path between Engineering and Philosophy ［M］. Chieago：the University of Chicago Press. 1994：161.

② MITCHAM C. Philosophizing About Technology：Why Should Web other? ［J］in the BULLE-TIN of the Institute for Business, teehnology&ethies, 2001, issue：P4.

③ 李梅敬. 走近 Langdon Winner 及其技术观 ［J］. 科学技术与辩证法, 2006 (4).

方式中区分出来。"

（3）组织结构。"技术还常常指某种（并不是所有）社会团体——工厂、车间、官僚机构、军队、调查，等等。这时，我运用的术语'组织机构'将会使各种理性产生的技术社会变得颇为重要。而另外一个相关的术语'网络'则标志着那些把人和机器设备远程连接的大规模系统的出现。"

上述观点揭示了技术的不同方面，同时也说明了技术的复杂性。从技术哲学角度重新审视技术的基本内涵，有助于我们对高技能人才培养有全新的认识，对技术的理解至少应把握如下几点。

其一，技术的内涵不仅仅局限于物质生产领域，在教育、航空、医疗等领域同样存在技术，特别是第三产业中技术的含量可能会越来越大，显然，技术应成为职业教育领域的重要课题。

其二，虽然技术具有物质、知识和意志等特征，但所有这些都统一于"活动"之中。活动是四种形态中最关键的一环，通过技术活动，技术知识和技术意志才得以表达。"只有把技术如实地看作一个系统或过程，才能揭示技术的本质和特征。"技术不能看作单纯的主体的能力、方法、手段知识等概念，也不能等同于客观的物质实体，更不能将技术看作知识、能力和物质手段的简单相加，而是物质手段、能力、知识与诸多技术要素通过非线性相互作用形成的人工化的动态发展系统或过程。对技术仅仅做静态性的、片段性的甚至孤立性的分析，无法真正把握技术的本质，只有把技术放在一个动态的过程中来分析，才能全面地了解技术。从技术哲学角度进行分析在于更好地使人这个主体与物化了的物质手段和工具二者在动态的结合过程中形成一个完整的技术系统。

其三，技术以知识和活动为载体，通过知识和活动显化自己的存在，借由制作、发明、设计、制造、劳动、操作和维修等与技术活动相联系的行为类型，渗透在技术活动过程中。英国著名哲学家迈克尔·波兰尼曾把人的活动分为两种，即概念化活动和身体化活动，人们的行为是这两种活动的统一体。可见，无论是概念化层面智力技能的发挥，还是身体化层面动作技能的完成，都离不开主体的个人活动。技术既然可以知识形式表现，那么就涉及技术的获得方式。实际上，技能是通过主体的个人实践，将其直觉体验和主观感知加以积累综合，才形成了个体的活动能力。① 对于主体来说，获得技能与掌握科学知识存在较大差别。与具有理性品性的科学不同，技术长期从属于工匠传统，因而技术主

---

① 高岩，陈凡. 技术哲学视角下的现代高技能人才培养［J］. 辽宁教育研究，2007（6）.

要具有实践品性。从技术与技巧的区别来看，技巧更接近于技术中不能够明言的内容，更多地依靠直觉，它强调人的行为，较少运用理性思维，更多体现的是默会性的知识；技术更多地涉及规律、工艺规程和准则，是体力劳动和智慧劳动的完美结合。虽然古代技巧曾经被看作技术，但现代意义的技术与以经验为基础的技巧不同。综上可见，从严格意义上讲，技术虽以科学为基础，但又与科学有本质区别，虽与技能相关，但又不完全等同于技能。技术的这种特性恰恰符合高等职业教育高技能人才的培养特点，它决定了高等职业教育既不同于学术性、科研型的人才培养，又有别于以设计、发明为主要活动形式的工程型人才培养，还有别于以培养单纯技能操作为主要目的的中等职业教育。

第二节　实践教学体系的知识观基础

知识观是教学思想、教学理论的前提，有什么样的知识观便会有什么样的教育思想与教育理论。然而，目前教育工作者的知识观还主要停留在传统知识观的层面，仅将研究锁定在知识的传递与学习上，对其他知识问题则束之高阁，尤其是认为高职教育只需要加强技能的培养，而不需要知识。这种提法有些偏颇。我们不是不要知识，而是要看需要什么样的知识。事实上，教育概念与知识概念是无法分离的，不同的知识观支配着不同的教学实践。因而，对上述问题的思考理应成为职业教育教学问题的逻辑起点。

在分析知识观特征之前，首先必须明确知识的概念及内涵。在高职教育中，究竟如何理解知识的内涵，如何看待、处理理论知识与实践知识的关系，这一系列问题的回答都需要对知识的内涵、知识的分类及当代知识观所具有的特征有所把握。

一、知识的哲学释义

先从知识的概念谈起。知识是一个长期留在哲学当中的古老话题。不同哲学家对知识的理解不尽相同，自然对知识的划分也各持己见。如西方古代哲学家柏拉图认为，知识是人心灵的产物，他以人的心灵为基础，把知识分为4种状态：理性、理智、信念和表象，前两者是"本质的理性的认识"，后两者是"关于派生的易逝的东西的意见"。与这4种状态相应的是知识的四个等级。之后，亚里士多德抛弃了柏拉图的唯心主义理念，改造并发展了柏拉图的知识分类法。他从人类的实践活动出发把知识分为理论之学、实用之学和创造之学三大类。理论之学是纯粹理性，包括数学、几何、代数、逻辑、物理学和形而上学；实用之学是关于人类行动的学问，包括伦理学、政治学等；创造之学是关于创作、艺术、演讲等学问。可见，柏拉图和亚里士多德是按照知识属性进行划分的。

从哲学的认识论角度看，如休谟认为，人类理性的对象，即知识，只有两种，一种是"观念的关系"的知识，另一类是关于"实际的事情"的知识。他说："人类理性的一切对象可以自然分为两种，就是观念的关系和实际的事情。"德国哲学家马克斯·舍勒则按知识能力把知识分为三种类型：统治知识即行动和管理的知识、教育知识即非物质文化的知识及宗教救世的知识。①

法国哲学家利奥塔试图区分两种知识：其一是实证性知识，即能够直接适用于涉及人与物质的科技，能够不加外求自行运作的科技从而成为社会中不可缺少的生产力；另一种则是批评性、反射性或诠释性的知识，一种能够直接或间接反映价值或目标的方式。在他看来，知识不仅是一套定义指称性的陈述，而且包括了"如何操作的技术"、"如何生存"、"如何理解"等观念。因此，知识是一种能力问题。这种能力的发挥，远远超过简单"真理标准"的认识和实践。再进一步，扩延到效率（技术是否合格）、公正和快乐（伦理和智慧）、声音和色彩之美（听觉与视觉的感知性）等标准的认定和应用。②

哲学中最常见的观点是把知识划分为理论知识和经验知识。如《辞海》解释："人类认识的成果或结晶。依反映对象的深刻性，可分为生活常识和科学知识；依反映层次的系统性，可分为经验知识和理论知识。经验知识是知识的初级形态，系统的科学理论是知识的高级形态。"③但真正提及实践知识的却是德国哲学家伽达默尔，他明确区分了三种基本知识：理论知识、实践知识和技术知识。这一观点是从知识功用的角度对知识做出的区分。不同的哲学家从不同视角对知识进行了界定和划分，它不仅有助于我们理解知识的内涵及分类标准，更为我们探索实践教学过程中知识的性质提供了哲学视角的支持。

二、知识的心理学释义

如果说哲学释义开启了知识论的先河，那么心理学意义上的探讨便真正开

① 秦宝庭，吴景曾．知识与经济增长［M］．北京：科学技术文献出版社，1999.
② 赵仕英．试论哲学视野中的知识形态［J］．世纪桥，2007（2）.
③ 辞海编辑委员会编．辞海［Z］．上海：上海辞书出版社，2000：2094.

始了知识内涵的寻求。由于心理学发展一直滞后于哲学的发展，所以在认知心理学兴起之前，我们所能见到的知识概念基本上是沿用哲学意义上的定义。直至20世纪60年代认知心理学兴起和发展以后，知识这一概念才真正打上心理学的烙印。有关知识的定义有很多表述。如布卢姆从测量学的角度对知识有过这样的界定：知识是指"对具体事物和普遍原理的回忆，对方法和过程的回忆，或者对一种模式、结构或框架的回忆"。① 如果说布卢姆对知识的定义强调知识获得的结果，那么皮亚杰则从知识获得过程的角度给予考虑，他认为："知识即个体通过与其环境相互作用后而获得的信息及其组织。"他强调知识的建构过程，强调主体获得知识的主动性和积极性。皮亚杰认为，知识即经验，不论是数理逻辑经验还是物理经验，都是主体与其环境相互作用的结果。相比之下，皮亚杰是从广义上来界定知识的，其知识观内涵更丰富、外延更宽广，意义更深刻。虽然建构主义内部包含多个派别，其具体的主张也不尽相同，但他们都强调：知识是人与环境交互作用的产物，是人对世界的理解和意义建构的结果；知识不仅有线性结构的，即可以被人们掌控的、相对稳定的结构，而且还存在非线性结构的，即在具体情境中形成的，不规范的，结构不稳定的直接经验等。

目前比较著名且公认的分类是加涅、安德森等人对知识的分类。安德森（Anderso）在加涅学习结果分类的基础上将知识分为两类：陈述性知识和程序性知识，后者又可分为应用符号对外办事的知识（智慧技能）和对内进行认知调控的知识（认知策略）。这样，认知心理学家就将知识分为陈述性知识、程序性知识和策略性知识三大类。② 陈述性知识指具有有意识的提取线索、回答"是什么"问题的知识。从习得过程讲，这种知识主要靠理解和记忆获得。这类知识既可以通过机械学习的方式习得，也可以借助有意义学习的方式习得。陈述性知识可以分为非概括性的知识和概括性的知识两类，前者主要是符号和事实类的知识，后者主要是概念及规则方面的知识。对这类知识我们比较熟识的是对某个概念（包括一些原理、定理）的陈述。如对电路中电阻、电压定义的理解，便属于陈述性知识范畴。程序性知识指个人无意识的提取线索，主要是通过主体的实践活动，借助某种作业形式间接推测其存在的知识，是回答"怎么做"的知识，对这类知识的测量主要是在陈述性知识的基础上，针对某一个

---

① 布卢姆. 教育目标分类学：认知领域［M］. 罗黎辉，译. 上海：华东师范大学出版社，1986：191.
② 王映学. 现代认知心理学的知识分类及其测量［J］. 内蒙古师范大学学报（哲学社会科学版），2005（4）.

具体问题的解决，考察学习者对习得知识的应用。如学生利用电路的相关原理、概念，为一幢大楼设计具体的电路，这就属于程序性知识范畴，它涉及概念与规则的具体应用。程序性知识又可分为两类：认知技能和动作技能。其中认知技能按运用概念和规则办事的指向性不同，又可细分为应用符号对外办事的知识（智慧技能）和对内进行认知调控的知识（认知策略）。策略性知识即应用已习得的概念和规则对个体的心智活动过程加以调节和控制的知识，这类知识的应用具有明确的意识过程，是受意识高度控制的。策略性知识是在知识习得及解决问题的过程中体现出来的，具体体现在编码、记忆、提取和解决问题时所采用的策略中。如针对前面提到的电路问题，策略性知识不仅要求能够给大楼设计出电路图，而且要讲究具体线路如何走，电阻丝选用多大截面为好，以及如何设计得美观等问题。与程序性知识相比，它是解决"如何做得更好的问题"，是直接指向个体的知识。也有学者把程序性和策略性知识统称为过程性知识。因此，把知识划分为两类：一类是涉及事实、概念，以及规律、原理方面的陈述性知识；一类是涉及经验及策略方面的过程性知识。事实与概念解答的是"是什么"的问题，理解与原理回答的是"为什么"的问题。而经验指的是"怎么做"的问题，策略强调的是"怎样做更好"的问题。①

迈克尔·波兰尼（Michael Polanyi）认为："人类的知识有两种。通常被描述为知识的，即以书面文字、图表和数学公式加以表述的，只是一种类型的知识。而未被表述的知识，我们在做某事的行动中所拥有的知识，是另一种知识。"② 他把前者称为显性知识，而将后者称为隐性知识。美国著名心理学家斯腾伯格（Robert J. Sternberg）从心理学的角度论述了隐性知识与人类思维及心理过程的关系。他认为，所谓隐性知识指的是以行动为导向的知识，是程序性的，它的获得一般不需要他人的帮助，它能促使个人实现自己所追求的价值目标。这类知识的获得与运用，对于现实生活是很重要的。③ 在波兰尼之后，不同的学者从不同的角度阐述了对隐性知识的理解。

哈耶克从法理学和经济学的视角做出"阐明的规则"（articulated rules）和

---

① 姜大源. 职业教育学研究新论［M］. 北京：教育科学出版社，2006：174.
② Michael Polanyi. Study of Man［M］. chicago：The University of Chicago Press，1958.
③ Robert J. Sternberg et. Practical Intelligence in Everyday Life［M］，New York；Cambridge University Press，2000：104 - 105.

"未阐明的规则"（non-ar-ticulatedrules）的区分。① 所谓未阐明的规则，是指那些尚未或难以用语言和文字加以阐明，但实际上为人们所遵循着的规则。哈耶克认为，我们的习惯及技术、我们的偏好和态度、我们的工具，以及我们的制度等构成了我们行动基础的"非理性"的因素，这些知识就是隐性知识。克莱蒙特（Clement J.）在实验的基础上将隐性知识划分为"无意识的知识"（unconscious knowledge）、"能够意识到但不能通过言语表达的知识"（conscious but non-verbal knowledge）和"能够意识到且能够通过言语表达的知识"（conscious and verbally described knowledge）三种。② 还有些学者从管理学、组织行为学的角度来论述隐性知识。德鲁克（P. F. Drucker）认为："隐性知识，如某种技能，是不可用语言来解释的，它只能被演示证明它是存在的，学习这种技能的唯一方法是领悟和练习。"他还认为隐性知识源于经验和技能。③ 日本学者野中郁次郎（Nonaka）把隐性知识分为技能维度和认知维度。④ 技能维度包括那些非正式的、难以掌握的所谓"诀窍"的技能。例如，高级工匠经过长年累月的实践，积累了大量的习惯性的技巧，但是对于其背后的科学原理却很难明确表述。来自亲身经历的高度个人化的洞察力、直觉和灵感都属于这个维度。认知维度包括信仰、观点、思维模式，它们如此根深蒂固，以至于人们习以为常，不自觉地接受它们的存在，尽管它们不容易被明确表述，但是这类隐性知识对人们认识世界有着巨大的影响。⑤

从知识分类我们得知，在知识系统中存在一类很重要的知识——隐性知识，它蕴涵于个体的经验与策略之中，具有五个显著的特征，即个体性、难言性、情境性、独创性和内蕴性。隐性知识的个体性是指隐性知识是直接指向个体本身的，即它只有通过个体与周围环境的交互才会产生，它的获得往往需要经过自身反复的实践和体验。从知识的占有角度来看，它一旦产生便会根植于个体并内化为自身的一部分。属于波兰尼（Polanyi）所谓的"个人的知识"（personal knowledge）。⑥ 这一点也是

① 姜奇平. 识知先于知识（下）[EB/OL]. http：//www. enet. com. nan/server/aforcenter/A20030R04256358. html
② 石中英. 知识转型与教育改革 [M]. 北京：教育科学出版社，2001：230.
③ 张庆普，李志超. 企业隐性知识的特征与管理 [J]. 经济理论与经济管理，2002（11）.
④ Donald Clark. Knowledge management（EB/OL）. http；//www. nwlink. com/donclark//hard/history/knowledge. Html.
⑤ 江新，郑兰琴，黄荣怀. 关于隐性知识的分类研究 [J]. 开放教育研究，2005（1）.
⑥ Polanyi, M.（1958－1974）. Personal Knowledge：Towards a Post-Critical Philosophy [M]. Chicago University of Chicago Press.

它与显性知识本质属性的差别所在。显性知识一般具有稳定性强、系统化的特点，可以脱离个体而存在；而隐性知识往往具有非系统化的、弹性的和开放性的特点，其存在难以脱离个体。难言性是指从知识表现形式的角度看，这类知识具有高度意会性，难以通过语言、文字或符号等书面形式加以阐述。所谓情境性，是指从知识传播的角度来看，隐性知识具有高度依附性，它需要在掌握一定的相关显性知识的基础上，经由个体的实践活动获得。正如 R. 卡尼格尔所言，人们不能从书本中得到答案，也不能明确地说出答案。答案往往要通过例子，通过慢慢增加的个人喃喃不清的自言自语和抱怨，通过师徒之间若干年密切合作所发出的微笑、皱眉和感叹来获得。① 正是由于隐性知识的情境性、难言性等特点，在隐性知识的传播过程中，独创性不仅会涉及传授者和接收者的个人能力，还取决于整个传播环境和氛围。对于传授者相同的暗示，不同的接受者可能会有不同的意会和领悟，从而变得不再是原汁原味的东西，而是经过自身"加工"具有高度原创性的东西。事实上，隐性知识构建了个体在具体的实践活动中显现出的方法能力、创新能力及可持续发展能力。这一点也是与显性知识在功能作用方面的区别。从知识载体的角度看，内蕴性具有高度人本性，由于它的载体必须是活生生的人，所以必然带有明显的个人的习惯、信仰和文化色彩。可见，关于知识内涵及知识分类的研究，为探讨实践教学知识的存在形态提供了方法上的借鉴。

三、当前职业教育中知识观检视

职业教育中知识观检视，意即对职业教育工作者知识观的反省。我们知道，知识是职业教育的一个基本构成要素，知识经验的存在也是职业教育之所以存在的主要缘由。不同社会形态中，职业教育工作者的知识观是不同的。社会的发展变化对职业教育中知识问题的重要影响在于社会发展变化带来了对个体的要求与个体的生存方式的变化；不同社会通过不同方式赋予个体身份和地位，给他们提供不同的教育机会，依靠不同的教育组织形式和教育内容，对他们施加不同的影响。结合当代社会发展对人们的要求，反思当前职业教育工作者的知识观，这里将其总体概括如下。

职业教育工作者的知识观还主要停留在传统知识观的层面，也就是说，在对什么是知识以及如何才能掌握知识的问题上，这一知识观主要呈现如下特点：它强调的是客观的理性因素对知识获得的作用，与个体主观的非理性因素无关；

---

① 王前，冷云生．意会性技术的若干理论问题［J］．科学技术与辩证法，2003（5）．

它强调的是主客体间的单向作用，只关乎外在的客观世界，与人的生活无关；它强调的是知识的个体学习，而与特定的情境无关；它视知识为客观的事实陈述，仅仅关注知识的明言成分，无视默会成分的存在。很显然，这与当代知识观的要求是相悖的，也是不利于我国职业教育发展的。

反映在职业教育实践中，长期以来，一直与我国高职教育相伴的是学科体系，基本上仍沿用传统普通高等教育的人才培养模式，致使在教学理念上，过分强调知识的传授，更确切地说是陈述性知识的讲授，培养目标不明确，虽然提出以培养高技能型人才为培养目标，但从实际来看，整个教学体系的学术味道仍然比较浓，与技术型人才培养目标相距甚远。在教学组织上，强调个体对所谓纯粹科学知识（也包括技术知识）的掌握，但忽视了人的存在及其参与性；剥夺了事物的意义，把人看成没有知觉的自动机器；过于强调教师的主宰作用而漠视学生的主动性发挥；强调科学的客观（objective）、超然（detached）、非个体（impersonal）特征，将可证实的经验事实视为科学乃至一切真理的标准，否定人在科学中的参与作用，导致事实与价值的分裂，最终导致对人自身存在的否定，并使人的本质发生异化。从教学评价看来，由于对高职教学究竟需要什么类型的知识尚不明确，便造成了知识类型与测量不匹配，如本应是程序性知识，却采用陈述性知识的测量方法去评价，最终导致了评价的不合理性、不科学性、不公平性。正如保罗·弗莱雷所称，这种教育是一种"压迫"教育，知识是那些自以为知识渊博的人对在他们看来一无所知的人的一种恩赐。把他人想象成绝对的无知者，这是压迫意识的一个特征，它否认了教育与知识是探究的过程。①

正是因为传统知识观的陈旧、落后，才导致了人们对职业教育培养目标定位、课程设置及其实施、师资培养及任用、师生关系和职业教育评价等诸多问题的认识出现严重偏颇，它已严重影响了我国职业教育质量的提高及其长远发展，因此必须实现从传统知识观向当代知识观的转型。

四、当代知识观的主要特征剖析

从当代关于知识问题的研究来看，人们对知识的界定也不统一，具体可以归纳为：（1）知识是人类积累起来的历史经验和当前所能达到的科学新成就的总和；（2）知识是人的观念的总和；（3）知识是人类对于经验中蕴涵的法则并赋予意义

---

① 保罗·弗莱雷. 被威迫者教育学［M］. 顾建新，等译. 上海：华东师范大学出版社，2001：25.

而结构化了的知识；（4）知识是智慧和经验的结晶。由此可见，从不同的角度可以对知识有不同的理解，也很难给它一个所谓准确、完整的界定。尽管如此，我们还是可以从一般意义上对它进行认识和把握。一般认为，对知识这一概念的认识涉及与认识主体的关系、与认识对象的关系、与社会的关系及其陈述本身的逻辑等问题。只有从这些维度去全面地理解和认识知识，我们才有可能准确地把握知识这一概念。为了更好地理解知识这一概念，我们可以把"知识"这一概念与"认识"、"真理"和"科学"等概念进行区分。知识必然是人们认识的结果，但不是所有的认识结果都能成为知识；真理是建立在丰富的知识内容基础之上的，任何一条真理都是知识，但并不是任何知识都能成为真理；科学是一种知识形态和知识的核心构成，但反过来知识不一定是科学。知识观是指人们关于知识的总体看法和基本认识，即人们关于知识本质、类型、属性和价值等问题的总体看法和基本认识。人类对知识的认识和人们的知识观总是处于不断演变和转型之中。知识形态的历史演变正是通过知识观而影响职业教育中知识的存在形态、学科设置及知识的价值。传统知识与现代知识的区别可见表4-1。

表4-1　传统知识与新知识的比较①

	传统的知识	新的知识
知识的特征	• 规范的 • 按照已定义的目录划分 • 抽象的 • 一代一代沿袭 • 基于文本的；印刷媒介 • 物质的和真实的	• 面向应用 • 跨学科的和异类的 • 基于情景的 • 短暂的；很短的保存限期 • 基于屏幕的；多种媒体 • 虚拟的和电子的
知识的创建与获得	• 启发式传播 • 通常在诸如学校和大学等有限的场所获得 • 迫于压力导致趋于局部的小规模的生产模式 • 学术和社会精英各自独立工作或在相同的研究领域合作 • 服从于权威的看法和科学的验证	• 建构主义的 • 可在不同的环境里创建 • 受信息需求和全球化市场的驱动趋于大规模 • 从战略上考虑来源于不同背景的人组成团队在网络上合作工作 • 服务于社会的责任和市场的竞争（产品具有社会接受性吗？）
知识的运用	• 没有关心的焦点 • 知识产生知识；知识就是力量	• 知识的运用是其创建的推动力 • 知识是日月品

---

① 张屹，祝智庭. 信息时代全球化教育的知识结构［J］. 全球教育展望，2001（11）.

当代知识观是我们重构职业教育教学体系的重要依据。传统知识观把人与世界割裂开来，把世界看作独立于人之外的客观世界，知识是我们关于外部世界的正确观念或认识，具有真理性和确定性，是关于必然性的认识，强调通过演绎、实验及分析来获取知识，仅仅视人为自然的主宰和获取正确认识的因素之一。当代知识观则使知识从反映对象化的客观世界转向关注人存在于其中的世界，强调人与世界之间的互动。具体来说，与传统知识观相比较，根据知识与认识主体的关系、知识与认识对象的关系、知识与社会的关系，以及知识陈述本身的逻辑等维度，当代知识观主要具有如下特征。

第一，从强调客观的理性因素转向强调主体的主动建构。在强调理性至上的传统知识观看来，知识是人类的智慧投射到认识对象上所造成的一种"镜中物"，有世界的知识是可靠的，是僵化的、没有活力的东西；认知过程是主体对客观世界直观的、理性的反映过程，是被动的反映。但在强调人际沟通的当代知识观看来，知识不再被看作有关绝对现实的知识，而是流动的，是认知主体积极建构的，是个人对知识的建构，是主体与主体之间的理解与合作，是主体与客体之间的沟通与对话；认知的功能是适应，它应有助于主体对经验世界的组织。

第二，从强调主客体单向作用转向强调主客体交互作用。在传统知识观看来，知识只是关涉外在于人的世界，而与人的生活无关；把获取知识与人的实践及知识对人的实用性分离开来，认为获取知识的过程是主客体之间的单向作用。在当代知识观看来，获取知识的过程不再是主客体之间的单向作用，而是人与世界的相互作用过程，在此过程中，人与外在的世界是关联着的，外在的世界对于自己而言具有意义；知识是人与世界交互作用的产物，是反映人生存于其中的世界，人的非理性因素如情感、意志和兴趣参与其中。

第三，从强调客观的事实陈述转向强调知识的价值关联。传统知识观认为，知识是通过特定的概念范畴和命题进行描述的，具体表现为概念、公式和原理等，具有确定性和实证性，可以超越社会和个体条件限制，因此知识是客观的、确定的和可以实证的，也只有这些知识才算是真正的知识。而在当代知识观看来，知识与认识者的兴趣、利益、知识程度、价值观念及生活环境密不可分，所有的知识都是渗透着价值的，并反映着价值和追求价值，知识的产生是理性因素和非理性因素相结合的复杂过程。

第四，从强调知识的明言成分转向强调知识的默会成分。传统知识观认为，知识就是指那些能用书面语言、图或数字公式等来表达的东西。而从波兰尼开始，人们逐渐认识到，还存在另一类知识，那就是默会知识（tacit knowledge）。当代知识观认为，明言知识和默会知识共同构成知识的有机整体。默会知识是指个体或组织通过实践积累起来的并大多要通过行为表现的，以信仰、领悟、个人经验、直觉、感悟、默契和诀窍等形式存在的，难以用语言、文字、符号、图像和公式等表达清楚的，不容易传递的知识。它具有情景关联性、传递难、个人性、行为或行动关联性等特征。就默会知识在知识总量中所占的比例和重要性而言，与明言知识（explicit knowledge）相比，国内外诸多从事默会知识理论研究的专家认为，默会知识在知识总量中所占的比例和重要性更为突出。要获得和掌握这类知识主要通过实践体验和学徒制形式。

第五，从强调知识的个体学习转向强调知识的情境认知。传统知识观认为，知识可以脱离特定的情境借助个体的努力习得，知识的产生和所处的文化环境无关，强调知识的普遍性，使科学被高度权威化，文化和社会精神在科学主义的步步紧逼之下越来越成为一种受控的相对均一和高度简化的环境。当代知识观认为，知识是个人与社会或物理情境之间联系的属性及互动的产物，任何知识的习得都离不开特定的空间、时间、价值体系和语言符号等因素。

五、职业教育教学改革价值取向探讨

综上所述，对当代知识观主要特征的种种认识，是我们推行职业教育各项改革的重要理论依据。为此，以当代知识观为指导，我国职业教育教学改革和发展应该坚持如下价值取向。

其一，确定着眼于个体生涯发展并体现人文关怀的教育价值观。在当代知识观看来，随着知识内涵的拓展及知识更新速度的加快，知识应具有意蕴丰厚的、外延宽广的结构体系，承载着对社会培养人的深层需求。无论是职业教育提出的就业导向，还是能力本位，当代知识观的更新首先体现在教育观念的革命，是一个由教育知识观牵动整个教学体系的全面改革。从未来职业岗位的发展来看，岗位变更频率的加快和新型复合的岗位不断涌现，不仅对技术水平要求的程度不断提升，而且对工作岗位责任制度、安全技术意识直至对整个社会系统产生何种影响都要给予关注。这些不是靠传授技能知识所能了事的。教学绝不能仅局限于以传授书本知识和提升针对特定职业岗位所需要的职业技能为目的，应以实践活动为学习载体，培养个体在特定的情境中如何获取、生成新知识的能力，从而为个体的生涯发展做准备，使教育的重心从原来的知识、能力转变到情感、态度、价值观、个性和创造性，同时，知识的"主动建构"、

"主客体交互作用"等特征也要求职业教育要更多地调动个体的主动性和积极性，强调培养学生的人文素养，强调学习过程中的交流与合作，动手与探究，以人为本，体现人文关怀，促使个体在学习知识的过程中学会学习、学会合作以及学会关心，并培育个体的批判、反思和探究精神。

其二，建立体现非理性因素参与并关注默会知识的教学知识观。长期以来，由于受传统知识观的影响，人们始终把知识理解为显性的学科知识，提起实践知识也仅局限于视其为理论知识的应用层面，如实验、实习。这种理念指导下的教学观，必然突显理论教学在总课时中的比例，而实践教学仅处于验证理论、依附性角色。不仅如此，在教学的安排方面由于过多地注重理论教学，往往是先学习理论再进行实践训练，这样就会导致由于缺乏实践活动的感性认识、体验而使理论难以被消化吸收，而实训之后如果没有紧跟的理论强化则难以将实践经验转化为职业能力。

隐性知识的提出对于我们认识和探索职业教育教学论，包括工作过程知识的重新选择、组织、评价，并在新型教学理念、模式、方法的指导下进行教学体系的重构提供了全新的视野。在当代知识观看来，知识不仅仅局限于事实知识，所有的知识都是渗透着价值的，并反映价值和追求价值；知识的获得离不开个体主观意识的参与，是人与世界交互作用的产物，人的非理性因素如情感、意志和兴趣参与其中；任何知识不仅有明言成分，而且有默会成分，并认为默会知识在知识总量中所占的比例和重要性更为突出。为此，在对课程知识的认识上，我们应该意识到书本知识不是课程知识的全部，而仅仅是被简单化和割裂开来的文字符号，是公共知识，更重要的课程知识是个体知识和默会知识，因此应该给予这类知识在课程知识中的合法地位。目前，在职业教育课程中有一种普遍的趋势，那就是低估了默会知识的范围和重要性。[①] 实际上，在职业教育的教学中，存在大量的隐性知识（默会知识），而这些隐性知识对于学生将来的职业发展是极为重要的。工作过程的知识是隐含在实际工作中的知识，不仅包括显现的指导行为的知识，如程序化知识，也包括相联系的隐性知识，那些物化在工作过程中及产品和服务中的诀窍、手艺、技巧和技能等是最宝贵和最昂贵的工作过程知识。它们不像显性知识那样容易被模仿、复制和传递，但它们对工作过程的进程是非常重要的。它们不仅是个人在实践中获得成功的重

---

① 徐国庆. 职业知识的工作逻辑与职业教育课程内容的组织 ［J］. 吉林工程职业技术学院学报（教育研究版），2003（8）.

要因素，而且是企业核心竞争力的重要基础和源泉。①

于是，在重构职业教育教学知识观的过程中，我们就必须更多地关注如何在实践中实现教师以经验形态存在的知识向学生个体经验的转化，并通过特定情境的设计和个体的亲身实践促使学生生成新的知识；权衡理论教学与实践教学两者之间的比例，使显性知识与隐性知识能够有效地耦合；积极促进陈述性知识向程序性和策略性知识转化。

其三，重构能够进行民主、平等对话并积极互动的师生合作观。教学是教师与学生以课堂为主渠道的交往过程，是教师的教和学生的学的统一活动。通过这个交往过程和活动，学生掌握一定的知识技能，形成一定的能力态度，人格获得一定的发展。教学既是科学又是艺术。② 在当代知识观看来，基于对知识的个体"主动建构"、"主客体交互作用"、"情境关联性"及"默会性"等特征的认识，我们不应再视学生仅仅为接受知识的"容器"，而应充分调动学生的主动性和积极性，鼓励其依据自身的经验、兴趣和条件并按照自身特有的方式进行学习和认知。因此，在当代知识观的视野中，教师不应该再自视为所谓"知识的权威"、"学生的主宰者"、"课程的掌控者"及"学习结果的唯一评判者"，而应该更多扮演"知识的促成者"、"学生的导师"、"课程的创造者"及"学习结果的共同评判者"；相应地，我们不能仅仅视学生为被动接受知识的"容器"、什么也没有写的"白板"，而是"知识的主动建构者""具有潜力的积极学习者"。安德森（Anderson，1983）提出了陈述性知识向程序性知识转化的理论。这一理论研究表明，若将教学局限于某一课题的理论，即仅侧重于陈述性知识的教学，不利于知识类型的转化，让学生有机会参与问题的解决，通过内部会话（反省）与外部会话（与他人的交流）将有助于学生将理论（陈述性知识）转化为问题解决的程序（程序性知识）。因此在职业教育课程教学实践中，不管是理论学习还是技能培养，师生之间应该是积极互动的合作关系，相互之间能够进行民主、平等对话。

其四，确立体现个性化、发展性及形式多样化的教育评价观。从知识观的角度来看，当前我国职业教育评价基于对知识的"客观性"、"确定性"深信不疑，无视职业教育的性质和特点及学生个性化条件要求，采用追求标准答案的

---

① 壮国桢. 高职教育"行动导向"教学体系研究 ［D］. 华东师范大学博士论文，2007：65.

② 张华. 课程与教学论 ［M］. 上海：上海教育出版社，2000：73.

所谓"标准化测试"。这是与当代知识观的理念相悖的，亟须转变。在当代知识观看来，知识是不确定的，是动态生成的，呈现出开放性特征；知识的生成和积累与特定情境相关，具有情境关联性和个性化色彩；我们不仅要关注对明言知识的学习和掌握，而且更要重视默会知识的习得。因此，在当代知识观视野中，我们应该确立体现个性化、发展性及形式多样化的教育评价观。具体来说，它应该从关注结果转向关注过程，重在从生成、批判反思和发展的视角来考察学生的变化；从依据固定标准和追求唯一答案转向重视个体对知识的独特理解和意义阐释、反思和方法能力的培养，体现个性化色彩；从一元化评价转向多样化评价，针对职业教育特点及具体的课程教学目标要求，综合采用书面测试、实际操作及实践体验等多种方式。必须重视与工作过程相关的隐性知识的获得，并在此基础上选择与隐性知识测量相匹配的评价手段、方法。这也正是知识分类的意义所在，即它不仅能指导不同知识类型的学习过程，而且可以测量不同类型知识的习得结果。

第三节　实践教学体系的学习论基础

目前，教学的一个转型是从以教为中心到以学为中心。这个转变明示：教学论应以学习论为基础和核心来探讨知识学习和行为塑造的理论机制，并作为课堂教学方法、原则的基础。

从最初的行为主义心理学创建的"刺激—反应"学习的理论，到认知主义心理学家们对人类认知过程和相关因素的研究，人们对学习的探讨从未停止过。其中比较有代表性的包括布鲁纳提出的学习的认知—发现说、加涅的信息加工理论、奥苏伯尔提出的课堂知识学习的认知结构同化论。随着对学习研究的深入，社会因素和个体心理因素逐渐成为学者们关注的焦点，如班杜拉的社会认知学习理论，皮亚杰的儿童认知发生、发展理论，特别是其建构主义学习理论对教育界产生了深远的影响，还有维果茨基从心理发展的文化视角对人类学习问题做出了新的诠释。这些心理学理论的发展揭示了人类学习发生机制，扩展了人类学习的功能，有利于人们在更好地理解学习的同时，指导教师更好地教学。

一、格式塔的"顿悟学习说"

20 世纪上半叶，格式塔心理学是对当时占统治地位的行为主义做出的认知反应。格式塔（Gestalt）的德文意思是"形式、形状"，格式塔心理学被赋予"形式在感觉中生成"之义，强调事物形式的整体性。① 格式塔理论对学习理论的贡献在于首次提出了人类学习的顿悟说。

所谓"顿悟"是指突然间领会到什么，或者可能是一种"全或无"的经验，或者是部分经验。② 格式塔学派把顿悟看作尝试性的答案或假设，这种答案或假设"有时可能或者有时不可能协助一个人达到他的目标"③。从这个层面来讲，包括不可能达到目标的"试误"在内也是一种顿悟。如施良方在《学习论》一书中写道："通过试误进行逐渐学习的过程，也可以被解释成一系列小的、部分的顿悟。"④ 多数认知研究公认顿悟有三个特征：（1）顿悟是清楚地抓住一种情境的核心或本质；（2）顿悟至少部分地包括一种自动的无意识加工过程，而没有逐步地进行推理。（3）解决方法获得的突然性。⑤ 可见，顿悟是瞬间、全方位、发散性的思维方式，是一切创造性活动中最基本、最有效的思维方式。一些创造性的活动确实是靠顿悟实现的，相关研究表明，顿悟通常包括四个阶段：（1）认真思考研究（智力准备）；（2）一段无效期（酝酿期）；（3）顿悟时刻（启发）；（4）思考，包括精心组织得出的解决方法（验证期）。⑥ 格式塔关于问题解决的观点集中体现在五个方面。（1）强调顿悟。这与行为主义所强调的试误形成鲜明的对比，它形成了关于思维和问题解决的独特观点，强调了顿悟有利于解决问题，并且依据格式塔理论探讨了如何才能产生顿悟。（2）重视对问题的重新建构。特别是在惠特海默创造性思维研究中，他特别强调在问题解决中进行重新建构才容易解决问题，因为旧的思维和习惯可能会束缚人们的创造性思维。（3）普遍认为定势会阻碍顿悟的产生。对此研究较深入的有

---

① 王文悦. 论"格式塔"顿悟学习观［J］. 教学与管理，2000（8）.

② ［美］Margaret E. Gredler. 学习与教学——从理论到实践. 张奇，等译. 北京：中国轻工业出版社，2007：48.

③ 张敷荣等译. 学习的基本理论与教学实践［M］. 北京：人民教育出版社，1991：124.

④ 施良方. 学习论［M］. 北京：人民教育出版社，1996：149.

⑤ ［美］Margaret E. Gredler. 学习与教学——从理论到实践［M］. 张奇，等译. 北京：中国轻工业出版社，2007：48.

⑥ ［美］Margaret E. Gredler. 学习与教学——从理论到实践［M］. 张奇，等译. 北京：中国轻工业出版社，2007：50.

陆钦斯、梅耶及邓克尔等。实际上是强调过去经验对问题解决的消极作用。(4)注重目标的设置和对问题情境的整体把握及了解。苛勒认为，如果问题的元素中涉及目标，那么这个问题就容易解决。邓克尔对此讨论也较多，认为个体在整体把握问题情境后，就会设置一个总目标和一些分目标直至问题解决。(5)强调个体在解决问题中的主动性。这有别于行为主义的试误中的个体只能由刺激引起盲目行为，是一个有智慧参与在内的积极活动。①

基于对顿悟学习说及其特征的理解，并结合职业教育教学的特点，这里认为格式塔学习理论中关于顿悟的观点对教育领域的贡献主要有两点。其一，虽然顿悟是不可预测的，但可以肯定，长期的知识积累是顿悟产生不可或缺的先决条件。教学应帮助个体储存大量相关的专业知识，并保持与专业领域同步，使学生拥有丰富的知识背景，为顿悟的实现奠定基础。其二，注重将问题或学习任务置于具体的、实际的情境中。职业技能的形成具有一定的积淀性，它的学习既不能一味地靠硬记知识点，也不可能进行严密的逻辑推导，它是感性与理性统一的感悟过程。职业教育专业的技术性特征较明显，且存在大量无法靠传授解决的默会性知识，因此，技能的形成必须靠学生在体验中顿悟，在实践活动中不断摸索、习得、积淀，进而形成职业能力。在这一阶段，教师不仅要精心组织和设计教学，还要为学生提供必要的帮助，包括为学生创设一个解决具体问题的情境，在解决问题的过程中，不要给学生提供那些学习了一系列机械的步骤就能解决的老一套问题，要彻底摆脱那些复制的或重复的步骤，否则就会走进思维定式的格局中。因为顿悟学说并不是在刺激与反应之间建立联结的机械过程，它强调以暗示或提示的方式提供引导发现，帮助学习者重组对问题的看法，克服对问题不充分的或不正确的看法，是刺激——组织——反应集合的学习过程，它需要学习者全身心的投入，是一个需要理解、智慧参与的过程。

二、建构主义

建构主义是兴起于欧美国家的一种社会学理论，随着心理学家对人类学习规律研究的不断深入，建构主义思想逐渐被心理学家纳入研究视野，成为学习理论中暨行为主义后，认知学习理论的进一步发展，被视为 20 世纪 90 年代学

---

① 潘光花. 完形视域与认知范式——论格式塔学派关于记忆与问题解决研究对认知心理学产生和发展的促进 [D]. 山东师范大学硕士学位论文，2004：28.

习领域的一场革命。这场学习理论革命实现了从建构主义学习观到原有的客观主义学习观的转变，是对学习本质理解不断深入的过程，它抛弃了原有的以知识复制的传输为学习过程的理解，逐步走向个体通过意义建构获取知识的心理过程，并赋予学习社会性的特点。

从心理学角度讲，早期对建构主义思想的发展做出重要贡献，并将其应用于课堂和儿童学习与发展的是杜威、皮亚杰、维果茨基。杜威提出了经验性学习理论，强调经验的生成和改造。杜威在《民主主义与教育》中明确地谈到："经验包含一个主动的因素和一个被动的因素，这两个因素以其特有的形式结合着……在主动的方面，经验就是尝试——这个意义，用实验这个术语来表达就清楚了。在被动的方面，经验就是承受结果。我们对事物有所作为，然后它回过来对我们有所影响，这就是一种特殊的结合。经验的这两个方面的联结，可以测定经验的效果和价值。单纯活动，并不构成经验。这样的活动只是分散的、有离心作用的、消耗性的活动。作为尝试的经验包含变化，但是，除非变化是有意识地与变化所产生的一系列的结果联系起来，否则它不过是无意义的转变。"① 可见，杜威的经验学习论中经验指有思维参与的做、行为等活动，正如杜威所说，没有思维因素便不能产生有意义的经验。② 杜威的经验论抨击了19世纪末学校教育的弊端，是对传统教学中知识注入式教学的一种批判。在杜威看来，经验是人的有机体与环境相互作用的过程和结果，是人的主动尝试行为与环境的反作用而形成的特殊结合。这就与以外界刺激为主导的行为主义学习论区别开来。

瑞士著名心理学家皮亚杰被认为是当代建构主义的先导。他认为，作为认知主体的人，在与周围环境相互作用的过程中建构关于外部世界的知识，离开了主体能动性的建构活动，就不可能使自己的认识得到发展。认知主体将外部信息纳入已有的认知结构（同化）或重组认知结构以吸收新的信息（顺应），在这个处于动态发展的矛盾体中，通过不断地建立认知结构与外界的平衡，实现认识的发展。这就是皮亚杰关于儿童的认知发展理论，即活动内化论。

俄国心理学家维果茨基认为学习是一种社会建构，个体的学习是在一定的历史、社会背景下进行的。他还特别强调社会交往在人的心理发展中的作用，

---

① ［美］约翰·杜威. 民主主义与教育［M］. 工承绪，译. 北京：人民教育出版社，2001：153.

② Dewey（1915），the School and Society，inJ. A. Boydston（ed.）（1976）. John Dewey's Middle Works, The Southernlllinois University Press, p. 24.

并认为人的心理过程结构，最初必须在人的外部活动中形成，然后才有可能转移并内化为内部心理过程的结构。维果茨基的研究不仅为当代建构主义的形成奠定了一定的思想基础，而且其从学习的社会性意义出发，强调知识合作建构的过程本身就是对建构主义的进一步发展。

建构主义思想来源驳杂，因而流派纷呈。甚至有人说有多少个建构主义者，就有多少建构主义理论。① 如布鲁纳的认知学习理论主张特别关注知识的结构、学习者的内部动机、多种认知表征方式、探索与发现未知、直觉思维、从多重观点中建构知识和价值等。② 科尔伯格研究了认知结构的性质和发展条件，斯滕伯格探讨了个体建构认知结构的主动性问题。此外，维柯的"历史"概念、康德的"为自然立法"等理论都对建构主义的发展具有一定的影响。

建构主义理论是在否定和扬弃客观主义的基础上产生的，是对理性主义和经验主义的综合。尽管众多的建构主义者对学习的理解不尽相同，研究的角度也不尽一致，但从总体上在对待知识、学生及学习的基本看法上还是一致的。建构主义有关学习的基本观点有：知识是个体内部通过活动，特别是创造性、形成性、建构性的活动，形成具有个人意义的真实知识，在这一过程中，它关注过程和意义的重要性，而不是结果；个体学习过程是学生在已有经验基础上，主动地选择、加工、建构信息的过程；认知主体的认知发展会受到个体内部和社会情境的影响，也即它更关注个体内部的建构或社会建构；知识不可能以实体的形式存在于个体之外，只能由学习者个体基于生活中形成的经验背景建构起来。

三、建构主义有关学习的观点

（一）建构主义知识观

知识并不是对现实的纯粹客观的反映，也不是对客观现实的准确表征，它只是一种理解、一种假设，所以不应由外在力量施加、传递给学生，而是需要学生自己主动地建构知识。因此，建构主义强调学习不是被动接收信息刺激，而是主动地建构意义，是根据自己的经验背景，对外部信息进行主动地加工和处理，从而获得自己的意义的过程。课本中的知识只是一种接近有关现象的更

---

① 严云芬. 建构主义学习理论综述 [J]. 当代教育论坛，2005 (8).

② 钟志贤. 面向知识时代的教学设计框架—促进学习者发展 [M]. 北京：中国社会科学出版社，2006：107.

可靠的假设，而不是解释所有现实的模板，知识具有真理性，但不是唯一正确的答案。建构主义的学习活动观认为学习是个体对客观世界意义的建构过程。基于每个人不同的经验、背景，便自然有不同意义的建构，也就是说个体本身决定了对世界理解和意义赋予的不同。这就批判了传统的把知识当成绝对真理的行为主义的知识观。因此，这些知识只有在被个体建构时，它对个体才有意义，把知识作为预先决定了的东西教给学生，让学生接受它，实质是用教师权威来压服学生的表现。

（二）建构主义学习观

建构主义强调，学生不是空着脑袋走进教室的，学生是带着已有的经验和背景来建构对知识的理解的。这表明学生是学习的主人，是自己知识的建构者，这正是学习者的主体性的内在依据。这样的学生观意味着知识的获得既非来自主体，也非来自客体，而是学生主体的认知结构（图式）与环境相互作用，通过同化或顺应机制而纳入自己的认知结构中，并对自己的认知结构加以重组的过程。所以，教学应以学生为中心，以学习者的原有认识结构为基础来建构对新知识的理解，这就要求充分尊重学生的主体性和个体差异性。正如奥苏贝尔（Ausubel）所说，影响学生学习的最重要的因素，就是学习者已经知道什么。在明确学习者具备的学习基础的前提下，创设、提供与学习者原有经验接近的真实情境，信息的呈现要与学生的实际生活贴近，以积极促进学习者对知识的主动建构，这是强调建构学习的真实性。同时，学习也应该是整体性的，即不能强调孤立的"技能"训练，而是应该在情境、协作、会话和意义建构的环境中促进学生主动学习，实现对知识的意义建构。

（三）建构主义的学习环境设计

既然建构主义的学习观认为知识是学习者在一定的情境下，通过借助他人的帮助，利用必要的学习材料，进而获得自我意义的建构过程，那么在教学过程中必定涉及对学习环境的设计问题。在建构主义看来，学习环境是在教学过程中，通过提供具体的情境以便学习者对原有知识进行再加工和再创造，进而完成知识的建构的过程。因此，建构主义把学习环境概括为一种支持学习者进行建构性学习的各种学习资源的组合。从这种意义上来说，建构主义学习活动的实施必然强调对学习环境的设计。学习环境应当包括情境、协作、交流和意义建构四个部分。其中，情境强调应该批判传统教学的"去情境化"的做法，学习环境必须有利于学习者对所学内容的意义建构，而且这种情境必须与真实世界即学生的生活经验情境接近，即指知识能在这种环境背景和活动得以生存和应用；协作主张学习者在人际互动中通过社会性的协商进行知识的社会建构。这也是学习者认知、理解世界的一种方式，它应贯穿于整个学习活动过程中，包括从资料的收集与分析、假设的提出与验证、学习成果的评价，直至意义的最终建构；交流是协作过程中最基本的方式或环节；会话（交流）是协作过程中不可缺少的环节，建构的学习的过程也是交流的过程，它包括师生间、生生间的交流；意义建构是指学习者通过建构最终要达成的教学目标。学习不是知识经验从外到内的输入过程，而是学习者通过主动建构而生成自己的知识的过程。

基于对建构主义基本观点的把握，可以寻找人类学习的真谛，借此反观现有的学习，并尝试归结出建构主义的教学隐喻，具体来说有以下几点。

其一，既然学习是学习者个体知识的建构过程而非知识的那么传授，教学就要提供有利于学习者认知发展的认知工具，要尽可能地创设有利于学生学习的情景，构建以学习者为中心的教学环境，激发学生的内在潜能去自主探索。

其二，在建构主义看来，知识是具有社会属性的，它必然会受到一定社会文化环境的制约。因此，学习是在一定的情境脉络下，知识的社会协商、交互和实践的产物。学习过程的发生、发展是一定意义的社会建构，这些特性必然决定了教学要有助于学习者交流，提倡在真实的情境中通过建立实践共同体，达到个人与团队之间观点、经验的交互，进而提升个人的知识理解；重视学习者的社会参与，强调真实的学习活动和情境化的教学内容，如基于问题的教学、基于项目的教学、基于案例的教学都是以个体的社会性为特点的教学模式，都把知识的学习与解决具体的实际问题结合起来，能使学习者所学的知识、能力具有更强大的生命力。

其三，在实际的教学过程中，我们会发现对于问题的解决往往不是一种方法，这就涉及知识问题的劣构。劣构问题的特点是具有多种解决方法并附有少量确定性的条件，其解决途径是基于建构主义和情境认知学习理论的。事实上，在解决具有劣构性的教学问题上，由于问题求解活动往往包含某些不确定因素，因此，对于"复杂知识"的解决需要掌握系统的知识，重视知识的多元表征。从这种意义上讲，教学意味着在一定的情境脉络下，为了支持学习者问题求解技能的发展，应创设有助于学习者形成明确的概念表征和问题的领域情境，提供认知工具，鼓励学习者对劣构知识进行探求、建构并通过实践共同体完成意义协商。

不同的学习理论，对教师和学生在专业教学中的地位和作用影响甚大，主要有以下三种模型。①

模型一：行为理论把教师作为专业教学中的主体，学习被视为一个被动的客体。学习者只有一种被动和反应的功能，学习过程是一个黑箱，知识的传递是按照教师的控制和愿望自上而下地进行。

模型二：认知理论把学生从被动的反应中解放出来，具有相当的主动性，能与外界进行交流，可根据自己的兴趣爱好，利用自己原有的认知结构，对外部刺激提供的信息主动地选择信息加工过程，从而产生新的学习机会。

模型三：行动导向/建构主义理论认为教学主要是学生的学习行动，学生是认知的主体，是学习活动的积极参与者，而不是被灌输的对象；教师从知识的传授者的角色成为一个咨询者、指导者和促进者，学生的学习不再是一个外部控制过程，而是一个自我控制过程。

（四）情境学习观

随着以多媒体计算机和网络技术为核心的智能化的现代信息技术的发展，人们对脑科学中关于认知机制的研究不断深入，学术界对人的学习本质尤其是对建构主义的理论研究也逐渐深入，从而催生了有关认知与情境学习的理论。情境学习理论不仅是当代西方学习理论领域研究的主流，也是继行为主义"刺激—反映"学习理论与认知心理学的"信息加工"学习理论后的又一个重要的研究取向。它昭示着人们对学习理论的研究正逐渐从社会学、人类学、生态学等不同视角给予探讨，同时也对"人如何学习"这一问题做了新的诠释。

从国内外学习理论领域的研究来看，有关学习的理论研究大致经历了三个主要范式的转变。世纪之初，以行为主义"刺激—反应"学习理论在心理学界占主导地位。直至20世纪60年代，以强调学习者内部认知的心理学对学习研究取得了突破性进展，从此，认知心理学便取代了行为主义心理学，成为一个世纪以来学习研究的主流。然而，人们对学习的研究仍在继续，20世纪80年代末90年代初，由于受认知科学、生态心理学、人类学及社会学等学科的共同影响，再加上对当时的学校教育脱离实际、知识惰性化等状况的不满，学习的研究取向逐渐从认知转向了情境。

美国的格里诺等人（1998）做了这样的概括："行为主义原则倾向于根据技

---

① 姜大源. 当代德国职业教育主流教学思想研究理论、实践与创新［M］. 北京：清华大学出版社，2007：70.

能的获得看待学习。认知原则则倾向于根据概念理解的发展和思维与理解的一般策略看待学习。情境原则倾向于根据更加有效地参与探究和对话的实践看待学习，这里探究和对话包括了建构概念的意义和技能的运用。我们认为，通过概念的理解和技能的获得，将认知和行为主义的观点纳入学生学习认知的重要方面。"行为主义技能指向的观点和认知派理解指向的观点均对教育实践的发展显示了积极的意义，但它们在现有的研究文献中总是表现为直接的对立，一种观点下的学习排斥另一种观点下的学习。我们认为，行为主义与认知实践重要的优点和价值均包含在以情境原则为基础的实践中，情境原则使学生学会参与到意义探究和形成的过程之中，并能够提供在大的情境中评价行为主义和认知实践的贡献的有效框架。我们还认为，在情境理论模式中形成的教育原则能够提供一种对行为主义和认知教育原则的综合，保证一种比现有的情况更具一致性的课程设计、学习环境和教学实践的基础①。

情境学习是一个意义丰富的理论体系，其基本观点可概括如下。

首先，情境学习理论对知识有独特的看法，它认为知识不是一件事情，也不是心理内部的一组表征，更不是事实和规则的集合，而是个人和社会或物理情境之间联系的属性及交互的产物。这就从本质上规定了知识的特征：知识是一种基于情境的活动，而不是一个具体的对象；它总是基于情境的，而不是抽象的；知识是个体在与环境交互过程中建构的，不是客观决定的，也不是主观产生的；知识是一种动态的建构与组织，而不是静态的事实。总之，情境学习认为知识是个体在与环境交互过程中建构的，学习者在情境中通过活动获得了知识，同时认为，学习是情境性活动，学习被理解为是整体的、不可分的社会实践，是现实世界创造性社会实践活动中完整的一部分。② 它强调学习是日常生活中的参与，是在实践中改变理解的过程，这就突出了社会实践在人类获得知识过程中的重要性。

其次，情境学习还融入了社会建构主义与人类学观点，从参与的视角考虑学习，认为学习者应是完整的人，这不仅表明了与特定活动的关系，还暗示着与社会共同体的关系，即意味着要变成一个充分的参与者、一个成员、一种类

①　J. 莱夫，E. 温格. 情境学习：合法的边缘性参与［M］. 王文静，译. 上海：华东师范大学出版社，2002：16.

②　J. 莱夫，E. 温格. 情境学习：合法的边缘性参与［M］. 王文静，译. 上海：华东师范大学出版社，2002：3.

型的人。① 提出学习是实践共同体中合法的边缘性参与，人们在现实情境中通过实践活动不仅获得了知识与技能，还形成了某一共同体成员的身份，即称为"实践共同体"。它既强调学习是通过参与有目的的模仿活动而构建的，同时也强调实践与共同体的重要性。该概念的提出表明，在情境认知中知识被视为行动与成功的实践能力，意义可以理解为一种社会单元的构建，该单元共享着某一共同情境中的支柱，学习作为一种结果，可看作一种增强对共同体验的情境的参与能力。② 因此，学习实质上是一个文化适应与获得特定的实践共同体成员身份的过程，通过实践，共同体不仅把学习意义从作为学习者的个体建构转移到作为社会实践者的参与的学习，而且实现了从个体认知过程的概念到社会实践的转移，更使得学习理论从被动获得隐喻走向主动参与隐喻。

最后，合法的边缘参与是情境学习理论的中心概念和基本特征。个体通过合法的边缘性参与获得实践共同体成员的身份。其中，"合法"是指随着时间的推移与学习者经验的增加，学习者合法使用共同体资源的程度；"边缘性"是指学习者不可能完全地参与所有的活动，而只是作为某些活动的参与者。它强调基于情境的学习者必须是共同体"合法"参与者，而不是被动的观察者，正如人类学家莱夫在其著作《情境学习：合法的边缘性参与》中所指，"学习应该从参与实际活动的过程中学习知识，但是学习历程是由周边开始再不断向核心推进，逐渐深入参与真实的活动的过程"。③ 这样看来，边缘性参与是学习者在实践共同体中对有价值活动的参与程度与成为核心成员距离的程度的表征，意味着新手（初学者）可以先以合法身份边缘性参与，通过对专家工作的观察，模仿，甚至少量参与来获取经验进行学习。因此，合法的边缘性参与的学习不仅是新手获得成员资格的重要途径，更是从新手成长为专家学习过程的关键所在。

通过上述分析，可见情境学习理论是建构主义进一步发展的印证，它有助于我们反思和审视传统教学领域，重新认识学习的本质特征，实际上，情境学习理论的提出企图将传统行为理论与认知信息加工理论整合，尽量弥补两者的不足，其与传统学习理论的差异如表 3－2 所示。情境学习理论的基本观点和主要特征对于高职实践教学具有重要的参考价值。从情境学习理论中我们可以获取几点启示。

---

① J. 莱夫，E. 温格. 情境学习：合法的边缘性参与［M］. 王文静，译. 上海：华东师范大学出版社，2002：16.
② 高文. 情境学习与情境认知［J］. 教育发展研究，2001（8）.
③ 王文静. 人类学视野中的情境学习［J］. 外国中小学教育，2004（4）.

表3-2　情境学习理论与传统学习理论的比较①

	行为学派	认知学派	情境学习理论
学习目的	行为的改变与养成	获取客观、结构化的知识	自我建构有意义的知识
学习过程	被动地外在增强与反应、尝试错误与练习	积极地处理与建立知识结构和知识记忆库	积极地、主动地与互动地建构有意义的知识
知识论	知识是客观存在的	知识是客观存在的	知识是主观建构形成的
心智论	不可观察的黑箱	可观察学习的中介	可观察学习的主宰
学生与环境的关系	消极被动	积极主动	积极主动与互动
影响学习的主因	刺激的增强、练习	认知策略、知识基础	有意义的社会情境脉络、理解
学习迁移	行为相似性	知识结构相似	情境脉络相似、结构相似
教学策略	提供练习与反馈	教导有效认知策略与技能	安排有意义的情境与引导
教师角色	指导与训练	教导与启发	引导与近侧启发
学生角色	被动吸收知识练习	主动联结与产生结构知识	主动、互动与合作学习
情境角色	不被重视	有强调与处理	强调并重视

　　首先，要积极地促进知识向真实生活的情境转化。布兰思福特认为："要创造一种能够让学生在'做中学'，能够及时得到反馈和不断地提炼个人理解的学习环境。"② 技术实践知识与工作过程知识的情景性，决定了这类知识的掌握依赖于工作情景的再现。③ 这种情境关注的不再是教师应以什么样的方式最有效地传递信息以被学生所理解，而是能够为学习者提供足以影响他们进行意义建构的环境创设，使学习者在解决结构不良的、真实的问题的过程中有机会生成问题、提出相关假设，并有助于学习者对类似问题产生迁移。最重要的是，能力特征和教学处理（不同的教学方法）之间存在明显的交互作用：处于与自身能力模式相匹配的教学情境中的学生，其表现好于处于不相匹配情境中的学生。换句话说，如果学生接受了一种适合其思维的教学，那么他们在学校就会做得

---

① 徐明志，张加育．情境学习理论在技职校院实习课程的应用［CD］．2000年海峡两岸技职"高等职业"教育学术研讨会论文光盘．

② 约翰·布兰思福特，等．人是如何学习的——大脑、心理、经验及学校［M］．程可拉，等译．上海：华东师范大学出版社，2002：5．

③ 徐涵．项目教学的理论基础、基本特征及对教师的要求［J］．职教论坛，2007：3．

更好。①

　　然而在实践教学中，学习情境终究与实际的工作环境有别，这就要求根据课堂教学、实验、实习、实训的教学要求，尽量将学习内容的选取贴近现实的问题情境，创设与本专业的就业岗位（群）的真实情境相一致的职业情境，使学生通过虚拟或仿真的情境来积极主动地学习和探索，通过合法的边缘性参与，获得可观察、模仿、少量参与的机会；或者安排学习者到实际工作岗位顶岗实习，让学生大量参与职业角色，这个环节是个体由边缘参与到熟手的重要转换途径。

　　其次，在实际的教学尤其是职业教育的实践教学中，会存在大量的默会知识，这些难以进行明确教学的隐性知识，仅隐含于知识与人、情境产生互动的共同体的实践之中，因此，要特别关注设计支持隐性知识发展的情境，使学习者通过"合法的边缘参与"让隐含在人的行为模式和处理事件的情感中的隐性知识内化为自身活动的能力。在情境学习中，一定要让学生"动"起来，不仅仅要动手去做，关键是要通过"活动"把隐性知识内化为自身的能力并外显于行动，因为"做"不是目的，只是实现学生扩充学习的手段而已。在学生主体性活动的进程中，教师要在学习者处于最近发展区的最佳时机提供必要的指导和支撑，以促进学生从新手到专家的转变。

　　最后，情境学习理论认为，个体通过参与共同体的实践活动，取得具有真实意义的身份，逐步从合法的边缘性参与过渡到实践共同体中的核心成员，这个过程是动态的、协商的、社会的，是共同体成员之间通过各种互动与联结传递学习共同体的经验、价值观与社会规范，使个体不断地建构实践能力的过程。在实践教学的方法上，可采取项目中心或任务中心的情境教学法，学习者通过实践共同体对具有典型意义的工程问题或项目任务进行探讨。为了完成任务，共同体内的成员既需要一般的认知能力，也需要成员间积极的互动、协商、交流等社会交往能力。至此，个体在与来自不同文化背景、具有不同能力倾向的共同体进行理论与实践、思维与行动策略的碰撞过程中，掌握了知识、发展了能力、形成价值观念，加速了个体的社会化进程。

　　在情境学习理念的倡导下，曾涌现出许多教学策略，如我们比较熟知的认知学徒制、抛锚式教学、交互式教学及合作、探究学习。从教育理论与实践来

---

① RobertJ. Sternberg, Elena L. Grigorenko. 成功智力教学［M］. 张庆林，赵玉芳，译. 北京：中国轻工业出版社，2002：17.

看，建构主义及情境学习的许多观点的提出开阔了人们的视野，不仅符合时代发展对教育提出的迫切要求，而且对教育改革特别是职业院校的教学改革实践具有重要的借鉴意义。它提出了新的知识观，使我们重新理解知识的内涵，让我们懂得专业知识的重要性，影响了我们对知识观念的重新建构；它提出的学习观，使人们从教师中心、教材中心和课堂中心的传统教育教学观的束缚中解放出来，促进了教学观念的不断更新，促使了学生学习方式的转变。

四、关于智力的研究

智能理论越来越引起众多学者的关注，它对人们重新认识智力的实质、类型提供了新视角。尤其是加德纳的多元智能理论及斯腾伯格的智力理论也为实践教学的探讨提供了一定的支持。

首先，加德纳的多元智能理论承认人的个别差异，认为人的智能是多元的、开放的，人的智能只有领域的不同，而没有优劣之分，轻重之别。每个学生都有各自发展的潜力，只是表现的领域不同而已。它关注学生起点行为及个体优势，强调学生潜力的发挥。

多元智能理论不仅有利于我们深入认识职业教育的特点，而且为实践教学领域的发展了注入新的活力，从某种意义上说，实践教学符合职业教育的人才培养特点，它是实现开发潜能、发展人的个性的主渠道。对于职业院校的培养对象，他们中的多数具有较强的形象思维智能，也就是说形象思维智能是优势智能，他们经常能较快地获取经验性和策略性的知识，懂得"如何做"和"如何做得更好"，而对回答"是什么"的陈述性知识表现得相对弱势。因此，针对这类学生的教学，要考虑到教学目标的定位必须明确化、教学内容的传授方式必须转换、教学方法必须适合形象思维而非逻辑思维、教学场所也应该实现多功能化。

其次，美国学者斯腾伯格在 20 世纪 80 年代中期提出了"人类智力的三元理论"，认为人类智力可从三个亚理论来理解："情境亚理论"、"成分亚理论"和"经验亚理论"。情境亚理论涉及个体现实的外部世界，与智力行为的内容有关；成分亚理论则与个体的内部世界相联系，考察构成智力行为基础的心理机智的潜在模式；经验亚理论同时涉及主体的外部世界和内部世界，因为经验是联结主体内部心理世界和外部世界的桥梁。由情境亚理论确定的智力行为对具体的个体来说，必须处于一定的经验水平上，它才能算得上是智力行为，而

"实践性智力"是其重要组成部分，是人的一种相对独立的智力形式。①

相隔十年后，斯腾伯格在提出智力三元论后又再次发展了智力理论，提出了成功智力说。在他看来，成功智力是个人获得成功所必需的一组能力，它由分析性智力、创造性智力和实践性智力三部分组成。他还认为成功智力尤其是实践性智力与传统的学业智力有明显不同，学业智力和成功智力所展现的领域不同：学业智能以传统的测评呈现，它通常给出一个明确、具体的问题，凭借语言智能、记忆智能加以完成；而实践性智能与人们的日常生活紧密相关，其主要特征是：需要识别问题、概念定义模糊、需要寻求信息、多种解决方案、紧扣日常生活、主动参与投入等。也就是说个人解决实际工作和生活中问题的能力，可以从个体应对或完成某项任务的表现来评判，在解决实际问题的过程中，其问题往往不是已知的，这就要求在完成任务之前去发现问题，进而解决问题。斯腾伯格认为，实践性智力的一个重要表现形式就是默会知识。因此，如何获得默会知识就显得尤为重要了。从斯腾伯格的这些论述中，我们不难发现实践教学具有类似的特性。

高职教育具有明显的生产性、职业性和实践性等特点决定了其培养的人才除了具有学业智力以外，还要具有良好的职业能力，而对其职业能力的发展起重要作用的是实践性智力，而经验又是实践智力的重要影响因素，因此，我们要在了解学生原有经验的基础上，尽可能发挥经验对智力发展的积极影响，在兼顾学生学业能力发展的基础上，更应强调具体工作和生活中实践性能力的培养，建立以开发多元智力为基础，以发展学生的实践性智力为重点的教学体系，这不仅是高职教育的应有之意，更是高职学生的有为之处。

第四节　实践教学体系的教学论基础

实践教学体系在获得了哲学、知识观及学习论的支持外，还汲取了教学论的精华。20 世纪末以来所涌现出的新的教学理论与思想，对我国教育领域，尤其是职业教育教学的影响比较深远。对几种先进教学理论的介绍旨在对目前教学思想的基本内容、特征有所把握，进而归纳出当代教学思想的基本特征和发展转向。

---

① 姜美玲. 教师实践性知识研究［D］. 华东师范大学博士学位论文，2006：69.

一、主体性教学

受 20 世纪 50 年代人本主义思潮的影响，以及对传统教育思想和教学实践中表现的"重讲授轻学习、重知识轻能力、重理论轻实践、重教师轻学生"等现象的反思，加之，知识、信息社会的到来，人才素质被赋予了更高要求，所有这些都客观要求教育必须给予回应，即坚决摈弃对人的个性的压抑，高扬以主动性、能动性、创新精神和实践能力为特征的主体性为教育价值取向。因此，倡导人在教学中主体地位的主体性教学便自然成为 20 世纪 80 年代教学领域的新宠儿，成为我国当前教育理论和教育实践中主流的教育思想。

实际上，主体性教学借用了哲学"主体性"术语，这其中自然暗含着哲学对主体性的释义。马克思主义哲学把实践活动看作人的主体性生成的主要依据。它认为，实践是把人与自然统一起来的桥梁，社会实践活动把人与自然、社会联系起来，使人成为自然的主体、社会的主体、自我的主体。人的主体性规定离不开构成社会实践的本质内容的双重关系——人与自然的物质改造关系和人与人的社会交往关系。马克思的现实实践的主体性理论找到了人的主体性的根本根基，提出了探寻人的主体性本质特征的正确道路，超越了以往唯物主义和唯心主义、科学主义和人文主义的传统对立。这说明把握人的主体性的内涵，不能仅从主体的特性出发，还要从主体与客体的关系中来把握，从社会实践活动中来把握。① 这就为我们深刻理解主体性教育提供了思想支持。下文对主体性教育教学要义的探讨也正是遵循这一点。

（一）主体性教学理念：整体性、独特性

与其说主体性教育是一种教学活动，不如说其是一种教育理念。如上所述，它的提出是纠正和克服以赫尔巴特为代表的传统教育的弊病，是对传统教育的部分否定、批判和超越，它代表的是一种与时代特征和人的个性发展相统一的教育理念。传统的教育实际上背离了人类发展的本质属性，使教育走入了歧途，因此，主体性教育的提出是对原有教学理念发起的冲击，是一个具有鲜明的价值取向和时代要义的教育理念。这种教育理念，旨在教育工作者通过教育实践的体悟，唤醒其主体意识、价值意识与创造意识，而并不提供具体的教学框架和行为指导。因此，作为教育工作者要把握主体性教育的理念，注重在教育实践中形成自己独

---

① 和学新．主体性教育视野中的主体性内涵、结构及其存在形态［J］．教育理论与实践，2004（9）．

特的教学风格，通过对教学思想的理解达到对教育实践的影响。此外，作为一种教育理念，主体性教学有其鲜明的价值取向，即它不仅着眼于学生的眼前发展，更关注学生的未来发展；不仅在于对学生进行文化知识的传递，更重视学生的个性发挥和情感体验；它承认学生的差异，并关注每个学生的成长。

（二）学生主体性的生成机制：活动过程

主体性教学是在现代教学观念指导下，以学生为主体，通过学生主动学习促进主体性发展的一种思想和教学方式。主体性教学的核心概念是"主体性"，人们不禁要问，如何贯彻主体性的教学理念呢？从哲学层面来考量，马克思认为"自由自觉的活动是人类的特性"①。即自由自觉的活动是人的主体性的存在方式，是在具体的历史的社会关系中从事现实实际活动的人。所以，主体性是作为现实活动主体的人所具有的根本属性，是人的主体性在具体的活动中的表征和确证，而且个人的实践活动水平的发展重演着类主体实践活动水平的发展状况，并随着类主体实践活动水平的发展而不断发展和提高。② 总之，活动是人的主体性的生成机制。③ 这意味着，在教学中，学生的主体性要通过教学活动来实现，即学生的主体发展是以活动为中介的，也只有通过参与各种活动，学生的主体性才能得到最好的体现。因此，主体性的教学思想把人作为教学的主体，把受教育者真正视为具有能动性、独立的、能够自我管理的个体，尊重学生的主体地位，最大限度地发挥受教育者的主体能力。把教学看作教师通过创设有意义的教学情境，摈弃传统教学中教师"霸权地位"，充分发挥学生的主动性、参与性，通过师生的互动活动构建自身主体性的教育活动。

（三）关于师生关系

作为认识发展的主体的主动参与，体现了教学过程中科学实践观与主体能动性的统一。因此，主体参与的目标在于通过构建学生的主体活动，完成认识和发展的任务，促进学生主体性发展。所以，主体参与教学策略的实施，核心问题是学生主体参与状态、参与度的问题。④ 为了达到学生有效参与，而不是低效、无效参与，在教学中主体性教学更多地是注重教学的互动性和学生积极

---

① 马克思. 1844 年经济学哲学手稿［M］. 北京：人民出版社，1956：50.
② 和学新. 主体性的生成机制与教学设计［J］. 教育研究，1997（11）.
③ 和学新. 主体性教育视野中的主体性内涵、结构及其存在形态［J］. 教育理论与实践，2004（9）.
④ 金中，裴娣娜. 教授谈主体性教学［J］. 四川教育，2001（7）.

主动的构建，倡导平等、和谐的师生关系，反对教师的"独角戏"，这与传统教学观有显著的不同。教育家叶圣陶曾说："教师当然须教，而尤其致力于'导'。导者，多方设法，使学生能逐渐自求得之，卒低于不待教师教授之谓也。"① 这样说并不是否认教师的指导，也不是无视正确的知识的存在，而是强调教师的指导要建立在尊重学生的基础上。它表明，在教学过程中，教师不再是知识的权威和课程的主宰者，而更多地成为"顾问""指导者""意见交换者"，从而引导思路，展示思维过程，从多方面培养学生的参与意识，并不断提高他们主动参与的能力。学生一旦作为主体积极地参与教学过程就有可能实现与教师的相互理解与对话，实现与其他学生的交流与合作。

反观我国高职教育教学，教师对自己的角色仍然比较模糊，常常弱化了学生在教学中应有的地位，表现出的依然是单向的知识传递，师生间缺少交流和互动。如果说，在理论课中，这种情形表现得尤为明显，那么在实践、实训课中，虽然学生被赋予一定的"自主权"，有机会"动手"，却缺乏教师有效的指导，因此，主体性教学的主体绝不是指不要教师指导、学生"过于自由"的主体，而是在教师一定程度的介入指导下，学生主体能够对自己的需要、心智、行为方式等进行自觉控制和调节，以便更好地完成师生互动的教学活动。

（四）对主体性教学的评价：学习体验

对教学的评价应采取何种方式对于主体性教学尤为重要。目前从我国职业院校评价学生的学业成绩来看，实践中忽视学生的主动性，压制学生的个性的现象仍比比皆是。在评价内容上，仍注重考查学生对学科知识的识记能力；从评价所采用的方法来看，仍主要采取纸笔形式，即便是职业资格证书考试，也主要是应用纸笔测验；从评价的主体来看比较单一，主要是学校、教师对学生的评价，企业、社会还没有纳入评价体系中。可见，这种简单、僵化的评价模式仍是学科导向的，它过于偏重学术性学习的结果，主要关注学生对知识掌握的状况，很少顾及学习者的实际工作能力，忽视学生对具体问题实际解决的能力和技术实践能力，并没有发挥评价的激励、反馈的导向功能，实质上背离了主体性教学初衷。因此，这种评价所导致的连锁反应便是学生对学习失去信心，把学习视为畏途。基于此情况，对学生主动性的渴望成为一种奢求。因此，对主体性教学的评价应持有这样的认识，即不要为了评价而评价，评价只是一种手段，不是最终目的。评价的意义旨在通过采取个别化的评价方式，掌握学生

① 叶圣陶. 叶圣陶语文教育论集［M］. 北京：教育科学出版社，1980：718—719.

完成实际工作任务的能力，即解决相应工作任务的能力；在于学生通过学习过程获得积极的感受与体验（包括认知、技能、情感等方面）；在于培养学生探究的态度和能力、注重学生思维方法的训练，使学生体验到学习的乐趣。因此，评价是进一步激发和维持学生学习主动性、积极性的保证。

二、活动教学

从历史发展看，活动教学思想经历了一个长期演变和发展的过程，其源头可以追溯到古希腊著名的哲学家苏格拉底的"助产术"。此后，到了文艺复兴时期，以维多利亚、拉伯雷和蒙旦为代表的一批人文主义教育家，他们反对摧残儿童身心发展的强制性教学，反对纯书本学习，主张让儿童通过观察、考察、游戏和劳动等活动来理解事物，获取经验。第一个自觉地、较为全面地阐述活动教学基本思想的教育家是卢梭。他主张自然主义教育："让儿童从生活中，从各种活动中进行学习，通过观察获得直接经验，反对让儿童被动地接受成人的说教，或单纯从书本上进行学习。"卢梭认为教师的职责不在于教给儿童各种知识和灌输种种观念，而在于引导儿童直接从外界事物和周围环境中进行学习，同时必须十分审慎地对儿童接触的事物加以选择，从而使他们获得有用的知识与合理的教益，避开可能导致无知或谬误的东西。① 自然主义教育的后继者裴斯泰洛齐和福禄倍尔则继承了自然教育思想。裴斯泰洛齐强调教学与手工劳动相结合，视学习为自我活动的过程，认为没有活动，学生就难以获得生动的感觉印象，难以理解文字、符号所代表的实际意义。因此，他反对教师以教条的讲解来展开教学，强调多感观学习，认为"追究一个事物的性质或外表所用的感观越多，你对这事物知道的也越正确"②。福禄倍尔也主张教育要以儿童经验和活动为基础，因而十分重视儿童的自我活动。可见，裴斯泰洛齐和福禄倍尔都强调外部感观活动的作用，而赫尔巴特则更重视内部理智活动的意义，赫尔巴特认为只有通过积极的思维活动，认识才能把握事物的实质。在一定程度上，赫尔巴特弥补了单纯强调感观的活动的不足。然而无论是裴斯泰洛齐还是赫尔巴特，两者对活动教学的探讨都只强调某一方面，这实际违背了活动教学的真谛所在。随着人们对活动教学研究的深入，现代教学对活动教学的探讨则强调其整体性，如我国学者田慧生认为："学生的主体活动具有整体性，这是当代活

---

① 宋宁娜. 活动教学论［M］. 南京：江苏教育出版社，1999：28.
② 宋宁娜. 活动教学论［M］. 南京：江苏教育出版社，1999：308.

动理论研究的一大进展。"历史上虽有不少教育家自觉或不自觉地关注过学生的活动，但他们大多只强调了学生活动的某个或某几个侧面，实际上这样或那样地肢解了完整的学生主体活动。完整的活动是由外部活动和内部活动两部分构成的。所谓外部活动，主要指实物性的操作活动、感性的实践活动。内部活动是针对外部活动而言的，它主要指内部心理活动。主要包括知、情、意 三个方面，① 这就把活动教学在外部感知与内部认知两个方面整合起来了。以列昂捷夫、赞可夫和达维多夫为代表的一批教育家和心理学家将马克思主义认识论的实践概念引入到教学理论中，把人的发展基础定在主体对客体的主动实践活动上，认为人的发展是在他完成某种活动过程中实现的。列昂捷夫活动理论的基本观点是：（1）活动总指向一定的对象；（2）需要是具体活动的内部条件；（3）活动可分为外部活动和内部活动两种，从发生来说外部活动是原动的，内部活动来源于外部活动，且是外部活动的结果，并通过外部活动而外化。②

对活动教学的理解也应该遵循整体的观念。首先，活动教学旨在克服传统教学中单一的采用抽象的符号形式学习的弊端，它是以探究性、实践性、建构性的学生主体活动为主要形式，以学生内在的学习需要和兴趣为基础，把内部认知与外部实践操作结合在一起的新型的教学观和教学模式。这意味着，无论是"理论"课还是"活动"课都应该渗透"活动"的教学思想，即它既不意味着单纯通过理论之后展开各种活动，也不代表先进行活动再完成理论，无论是"理论—活动"模式，还是"活动—理论"模式，其实质都是狭义的教学观，都不是对活动教学的正确领悟。实际上，对活动教学的解读应从更丰富、更广泛的层面来把握。其次，这种活动的教学必须通过活动主体的内部和外部活动来体现。在表现形式上，这种活动既包括内在的观念和心理活动，也包括外在的实践操作活动；既有思维、观念的涉及，又有行动相伴。再次，对活动教学特征的探讨中，有一点是值得注意的。活动教学侧重以问题性、策略性、情感性、技能性等程序性知识为基本学习内容的教学。活动教学作为一种具体的教学形式，必须有其特定的对象内容。作为特定内容的知识块会以其特有的性质来限定、规定学生主体的"消费"（对知识的占有）方式，它迫使学生主体以知识块所包含的人类活动方式进行"消费"。或者说，学生"再生产知识"必须以"生产知识"的方式来进行。如电学的基本定律欧姆定律是德国物理学家

---

① 田慧生．活动、活动教学的基本概念［J］．湖南教育，1998（9）．
② 吴立岗．教学的大原理、模式和活动［M］．南宁：广西教育出版社，1998：425.

欧姆经过长达 10 年的实验探索才提出来的，学生对这一定律的学习也必须采用实验的方法，而不能单纯地进行语言讲授，这里"生产知识"的方式是实验，而"消费"也是必须遵照"生产的方式"来进行。当然，依照"生产的方式"来进行并不意味着重复原始过程，而是根据经过教材和教师简化了的、典型化的方式来进行。由此可以看出，以学生的主动学习为特征的活动教学是要受知识本身特点所制约的，因而是有特定的对象内容和适用范围的。① 活动教学的这一特点似乎为职业院校实践教学的研究提供了新视野。它同样要求，职业院校中以技能为主要形式的教学活动必须与这种知识的特定生产方式相匹配。既然技术、技能的生产方式主要通过实践操作来实现，那么学生对技能的学习也必须通过"实践"的方式来进行。此外，对于知识形态中占有相当比例的默会知识而言，其占有方式也必然通过"实践"的环节来实现。因此，无论是明言知识还是默会知识，从教学活动的内在运行机制来看，都是学生主体外部活动与内部活动的双向转化过程。学生在学习活动中，通过外部感知、操作活动对知识不断概括化、言语化，这是外部物质感性活动向内部的心理活动（表象、思维）的转化过程。同时，内化的知识必然通过操作和言语再次展开、呈现出来，这个过程又是从内部向外部转化的过程。在这种螺旋上升的循环过程中，促进了学习者的学习。所以，无论是知识的何种表现方式，实践活动都起到桥梁、中介的作用，通过内外活动的相互转换完成真正意义上的学习。最后，活动教学具有建构性。活动的建构性是活动主体在活动过程中自主、能动、创造特性的集中体现。主体活动在本质上是一种指向活动对象的合目的性的主动建构、积极探索、不断改造的过程。学习主体指向学习对象的主动建构活动，是学习者占有、内化人类文化成果，实现主体能力发展的必然途径。从这个意义上讲，学习主体探索、改造活动对象的过程，是一个实现对象与自我双向建构的过程。正是在这一过程中，学习者的主体性才得到充分显示，主体力量得到了不断丰富与发展。②

三、合作学习

随着经济全球化和科学技术的发展，现代社会对人的合作素质的要求越来越高，在生产和生活中都提出人们要具有团队意识和团队精神，为此，教育领

---

① 田慧生. 活动、活动教学的基本概念［J］. 湖南教育，1998（9）.
② 田慧生. 活动、活动教学的基本概念［J］. 湖南教育，1998（9）.

域也逐渐将社会心理学的合作原理纳入教学中，由此形成了合作学习理论。国际 21 世纪教育委员会向联合国教科文组织提交的报告《教育——财富蕴藏其中》把"学会合作"看作面向 21 世纪的四大教育支柱之一，强调"教育应在其计划中留出足够的时间和机会向青年人传授这类合作项目"。国际 21 世纪教育委员会在向联合国教科文组织提交的报告《学会生存》中指出："合作能力是教育中的重大问题之一，我们要让学生懂得人类多样性，同时还教他们认识地球上所有人是具有相似点又是相互依存的，从幼儿开始，学校就应在教学计划中留出足够时间向青年人传授合作的知识，对学生进行交往合作训练。"可见，合作能力已经作为一项重要的能力要求被写入了世界教育报告中，由此决定了在教育实践活动中，必须摈弃那种把教学看作一种单一功能的知识传递活动，而忽视如人的情感、道德、信念等方面的培养。

合作学习理论的主要创始人美国的约翰逊兄弟认为，合作教学是建立在行为—社会学习观、认知发展观和社会互依观基础上的，它强调人际交往对认知发展的促进功能。目前学者公认的合作学习的五方面内容包括：积极互赖（positive interdependence）、编组（team formation）、责任制（accountability）、合作技巧（social skill）、小组自审（group processing）。1930 年，梅依和杜伯斯（M. May and L. Doobś）在《竞争与合作》（*Competition and Cooperation*）一书中指出："竞争或合作，至少两个人以上，直接导向相同的社会结果。在竞争中获得这个结果的只是一些人而不是所有的人。在合作中，却是大部分人或所有的人获得了这个结果。"这表明了合作方式有利于学习成果的分享，其强调整体性意义。

勒温（K. Lewin）的田野理论（field theory）集中在用现在的情境（非历史的）来分析行为。他研究领导方式与团体目标行为的关系，结果发现学生不喜欢权威式的领导者，比较喜欢民主的领导方式。勒温的学生多伊奇（M. Deutsch）研究合作与竞争团体在不同教学方式下的表现，并将研究结果分析如下：1. 良好的表现和组织生产力源自合作的互动关系；2. 当为了某种外在的目标而采取竞争方式时，团体的和谐和效率会中断；3. 合作较竞争产生更多的人际互动。可见，勒温及其弟子将心理学取向的重心从个人移向团体，进而推动了群体动力学的发展。群体动力学是指来自集体内部的一种"能源"。在一个合作性的集体中，具有不同智慧水平、不同知识结构、不同思维方式、不同认知风格的成员可以互相启发、互相补充，在思维碰撞中，产生新的认识。而且，合作的集体学习有利于学生自尊、自重情感的产生。据此，勒温总结了群体动力学的特征：①群体的本质就是导致群体成为一个动力整体的成员之间的互赖，在这个动力整体中，任何成员状态的变化都会引起其他成员状态的变化；②成员之间紧张的内在状态能激励群体达成共同的预期目的。勒温的弟子道奇在 20 世纪 40 年代末提出了合作与竞争的理论，他认为在合作性的社会情境下，群体内的个体目标表现为"促进性的相互依赖"，而在竞争性的社会情境下，群体内的个体目标则体现为"排斥性相互依赖"，合作性群体的工作效率明显高于非合作性群体的工作效率。①

从群体动力理论角度来看，合作教学的理论核心可以理解为，通过合作教学使小组成员处在一个互勉、互助、互爱的团体中，通过核心凝聚力把他们牢牢地绑在一起，并为了共同目标而奋斗。小组成员间由于受不同个性的影响，往往会表现出差异的促进与互补，即那些动机、毅力、责任心相对较弱的学生由于受群体力量的影响和感染，常常会产生积极的群体压力，从而促进其产生学习的动力，提高学习的效果。所以教师要善于制造积极的群体动力，如正确的舆论动力、真诚的情感动力，通过这些积极的群体动力为教学创造有利的心理环境。

合作学习的动机理论主要研究学生活动的奖励或目标结构。社会心理学家多伊奇（1962）曾界定了三种目标结构：合作的目标结构（个人与群体的目标一致，在其他同伴达到目标的前提下自己才能达到目标，且个人的努力可助他人达成目标）、竞争的目标结构（个人与群体的目标互斥，在其他同伴未达到目标的前提下自己才能达到目标，即个人的努力妨碍他人达成目标）、个人的目标结构（个人与群体的目标分离，自己与其他同伴不相干，个人的努力与他人达成目标无关）。约翰逊兄弟进一步研究发现，合作的目标结构能促进小组成员的相互作用，提高彼此间的心理接纳感；相反，竞争的或个人的目标结构会引发人际间的对立或孤独感，人与人之间彼此拒绝或回避。因此，他们认为，"同竞争的目标结构、个人的目标结构相比，在合作的目标结构下，学生的学习会产生更多的人际吸引"。因而在合作学习中小组成员只有彼此激励、互相帮助才能达成共同的目标。②

综上所述，合作学习在于通过实践活动进行主体合作与交往，促进学生主体性的发展和培养学生的社会适应性。其中，合作学习中有几个要素应给予关注：合作性学习目标的达成，依赖于成员间的互相信任，取决于个人对组织的

---

① 屈君. 合作教学理论在思想政治课教学中的实践研究 [D]. 华东师范大学硕士学位论文，2006：7.

② 秦洁. 基于合作的高中语文教学模式研究 [D]. 华东师范大学硕士学位论文，2006：12.

自我责任意识，客观要求成员掌握社交的技巧。为此，为保证合作学习有较高的实效性，教师应注意按照最近发展区理论，创设具有一定挑战性的任务；鼓励小组成员积极地交流、讨论，注意小组研讨的民主性；处理好集体教学、小组合作学习的时间分配。

四、当代教学思想的特征

当然，如果仅从教学论角度对实践教学进行理论基础追寻，还可以探视出许多教学理念的踪影，如发展性教学、探究性教学、项目教学、交往教学等。但这些从某种意义上说，都是上述教育思想的派生和教学观的再现。因此，这里只选取了几种最具代表性和引领价值的教学理论加以阐述，旨在能够大致推导、寻求出教学领域发展的轨迹和价值取向，探明其主要特征，以期为实践教学的研究提供理论基础和实践智慧。总体上讲，随着社会的发展，社会对教学不断提出新的要求，教学理论也在不断发展变化。尽管如此，我们还是可以从中找寻其共有的特征和发展取向。

（一）从边缘地位到主体地位的确立：时代的召唤

随着我国经济和社会的飞速发展，人类已步入了知识经济、信息社会，全球的一体化趋势更加凸显了知识经济的创新特征。教育的发展客观上受社会发展的制约，社会时代的发展潮流必然对人才素质提出更高的要求。如国际 21 世纪教育质量委员会联合国教科文组织在提交的重要报告《教育——财富蕴藏其中》中指出，未来的人必须要"学会学习、学会做事、学会共同生活、学会关心"。教育四大支柱的提出似乎向教育界昭示着：如何在教学中实现人的全面发展，达到智力与非智力因素、知识与能力、理论知识与实践操作技能的统一，最大限度地满足、实现人的多元需求和多维价值，最终实现人的可持续发展，成为教育界普遍关注的热点问题。也正因如此，"以人为本"的思想观念深入人心，弘扬人的主体性、实现人的全面发展成为现代社会教育发展的主旋律。我国教育界对这一时代的要求做出了反应，由此主体性、个性便自然成为教育研究者和实践者力求探讨的焦点，成为 20 世纪 90 年代以来，在教育话语体系出现频率较多的术语之一。如主体性教学思想从马克思"关于人的全面"学说中吸取精华，以元认知理论、活动心理学、人本主义心理学、社会发展理论等多学科视角作为建构理论的基础。它主张理想目标就是发挥和建构教师和学生的主体性，整个教学活动围绕人的主体性开展。活动教学思想是对教学认识过程的变革和超越。它以马克思认识论的"实践观"为哲学基础，对教育进行重新审视，创建了以主体性教育理论为指导，以皮亚杰的认识论及列昂节夫的活动心理学为基础的活动教育论，活动教学中的活动，意指强调学生自主参与的，以学生学习兴趣和内在需要为基础，以主动探索、变革、改造活动对象为特征，以实现学生主体能力综合发展为目的的主体实践活动。同样，活动教学的实施离不开学生个体的积极参与和自主活动。合作教学理论吸收了群体动力学、动机理论、建构主义理论及认知精制理论的思想精华，主张合作实现的前提是基于个体的自主学习，在合作学习中，小组成员要各负其责，尽量独立完成自己的学习任务，在合作学习过程中如果遇到个体不能独立解决的学习问题，就需要进行合作的探究共同解决。因此，合作学习中必然包含和体现着主体性学习。

实际上，无论是上面提到的教学理论也好，还是当今比较流行的教学模式也罢，这些理论无不是把发展学生的自主性能动性、创造性，放在中心地位，当然在强调学生的主体性的同时，也不忽略教师的作用和角色，充分发挥教师在教学活动中指导、咨询的作用，努力激发和调动学生的自主性和个性的张扬。

（二）从知识本位到能力本位：一种职业教育教学能力的整合观

主体教学、活动教学及合作教学三种教学思想的提出，是人们对能力的内涵、外延认识逐渐深入的过程，也是教育逐渐摒弃知识本位的能力观，走向全面发展的能力本位观的转型。现代教学思想中对人的全面发展的关注尤为迫切，对于教育培养人特别是职业教育作为培养高技能型人才的类型教育来说，单纯地掌握某种技能已经不是教学的唯一追求，相伴而来的是对人的整体性能力的诉求，它是专业能力、方法能力与社会能力的高度统合。具体而言，是由个体可观察到的行动、语言及态度的"表层结构"向思维模式、行动模式等不能直接观察到的"深层结构"转化；从根本上消除了狭义或单一的岗位或职业的概念，实现广义的岗位（群）的职业行动的转变；突破对明确界定工作的胜任（职业技能），着眼于对灵活、弹性的工作界面甚至是可以自在发挥的工作的胜任，即是从特定的职业情境的行动训练向非确定的、超脱情境的训练转变。它代表着从职业技能——职业资格——职业能力的三个不同发展水平的培养阶段，其中，职业技能的训练是基础和前提，职业资格是过渡阶段，而职业能力的培养则是职业教育教学所追求的目标所在。由此可见，现代教学已不再是针对技能进行简单培训的初级阶段，它已经超出掌握专业能力的诉求阶段，转而强调方法能力和社会能力的获得与提升，对知识、技能以外的附加值的追求已成为教育理念的新取向。正如赞可夫所指："单纯以掌握知识和技巧为目的的教学，不可能在学生的发展上带来较好的效果，必须注意到发展的任务而对教学过程进行专门的思考和安排。作为我们的行动指南的始终是一条不可动摇的即发展的任务不是通过着眼于某些心理品质的什么特殊练习的途径所能完成的，而是在掌握知识和技巧的过程中完成的"。①

（三）从客观主义到建构主义：职业教育教学认识论的变革与超越

客观主义的认识论要求人们在获得知识的过程中摒弃所有的个人的主张、意见、偏见、经验、情感、常识等，无视甚至否定学习主体能动地参与认知的过程，以便确保获得精确的和确定的知识。在客观主义认识论的视野下，知识的客观性和科学知识的真理性成为认识的前提。对知识性质的看法是教学认识论的根本问题。关于现代知识的性质的看法最基本的表述是"客观性"，对知识客观性的内在信仰和追求，便产生了认识论上的客观主义。客观主义主要表现为：在知识与认识对象方面，认为知识是唯一正确的、经过验证了的解释，是不以人的意志为转移的、放之四海皆准的真理。这样的知识也是价值无涉的。就知识与认识主体而言，客观主义认为，知识是外在于个体而存在的，学习者的任务仅在于接受既成的、经过认证的真理，学习者与知识的关系只是一种被动的反映而已，对学习者原有知识、经验、情感、体验等都不给予考虑；从作为认识基础的实践——教与学的活动及其关系来看，教学过程就是传递客观知识的过程，作为学生则要精确地复制和接受这种知识。学生在这种情形下完全没有自主性可言，只能被动、机械地复制、识记、存储，并在必要的时候提取出来。传统教学领域中占支配地位的认识论，无论是行为主义还是认知主义，都属于客观主义的范畴。现代意义上的认识论，则是在维果茨基、皮亚杰和布鲁纳教育思想基础上创建的建构主义认识论。它是继行为主义和认知主义之后，学习理论的进一步发展，是向与客观主义相对立的另一方面的发展。建构主义形成了与客观主义截然不同的观点：建构主义认为知识并不是对现实世界绝对正确的表征，也不是人脑对客观事物简单的复制过程，它是学习者通过实践活动所获得的相对的、暂定性解释和假设，是学习者通过新旧经验之间的相互作用建立起来的。在此过程中，学习者原有的经验、背景都会对知识的建构产生影响。在知识与认识主体关系上，建构主义认为，知识不是外在于我们的，而是个体以自身的原有经验为基础建构起来的。换言之，"知识离开了知识主体与客体的能动关系就不复存在；知识本身是一种行为，知识不是习得的，而是实

① 赞可夫．教学论与生活［M］．北京：教育科学出版社，1984：19.

践的，而'参与'起决定性的作用"①。知识是学习者在"对话性实践"中主动建构起来的，外在信息最终只有通过学习者的主动建构才能成为自身的知识。它表明了学生与知识关系的转变，使得学习将以内在体验的方式参与教学生活，从而超越了主客关系的外在认识的方式。② 这就从本质意义上揭示了，对知识建构的主渠道是通过在实践活动中学习者的主动探究、参与、体验来完成。它强调的是一种主体性意识、活动意识。

从教与学的关系来看，建构主义认为学习应该是学生在教师的指导和帮助下通过实践活动，在原有经验、背景基础上以自己独特的方式进行意义的建构。教师的角色，不再是知识传递员，而更多的是扮演咨询员和指导者，并为促进学者的建构创设有意义的情境。建构主义与以往的学习理论相比，突出表现了三方面的重心转移：从关注外部输入到关注内部生成，从"个体户"式学习到"社会化"的学习，从"去情境"的学习到情境化的学习。③ 此外，建构主义教学强调的是一种交往和对话的关系。课堂的学习实践是三种实践的统一，即与客观世界对话的认知性实践、与他人对话的社会性实践和与自身对话的伦理性实践，形成了三位一体的对话性实践。④

---

① 钟启泉. 知识隐喻与教学转型 [J]. 教育研究，2006（5）.
② 迟艳杰. 教学本体论的转换——从"思维本体论"到"生存本体论"[J]. 教育研究，2001（5）.
③ 张建伟. 从传统教学观到建构性教学观 [J]. 教育理论与实践，2001（9）.
④ [日] 佐腾学. 学习的快乐——走向对话 [M]. 钟启泉，译. 北京：教育科学出版社，2004：65.

第五章

高职实践教学体系的构建

古人论道：颜氏家训（卷三）勉学第八"有学艺者，触地而安。自慌乱以来，诸见俘虏，虽百世小人，知读《论语》、《孝经》者，尚为人师；虽千载冠冕，不晓书记者，莫不耕田养马。以此观之，安可不自勉耶？若能常保数百卷书，千载不为小人也。夫明《六经》之指，涉百家之书，纵不能增益德行，敦励风俗，犹为一艺，得以自资。父兄不可常依，乡国不可常保，一旦流离，无人庇荫，当子求诸身耳。颜云：'积财千万，不如薄技在身'。"

第一节　高职实践教学体系的驱动系统

如果把高职教学划分为实践教学与理论教学，那么这两种不同的教学类型，不仅表现在教学内容、结构的变化、教学方式的差别上，更确切地说，是思维方式的转变。正如托马斯·库恩所说，"从旧范式产生出来的新范式，远不是一个累积过程，即远不是一个可以经由对旧范式的修改或扩展所能达到的过程。宁可说，它是一个在新的基础上重建该研究领域的过程，这种重建改变了研究领域中某些最基本的理论概括，也改变了该研究领域中许多范式的方法和应用"[①]。这意味着，理论教学与实践教学是两种不同的研究范式，它决定了两者在知识观、课程观、师生关系、教学过程等方面必然存在本质的不同。

---

① ［美］托马斯·库恩. 科学革命的结构［M］. 金吾伦，胡新和，译. 北京：北京大学出版社，2003：78.

一、教师观：从知识掌控者向交往促进者转变

受以夸美纽斯和赫尔巴特为代表的传统的教学理论的影响，我国传统的学校教学在长期的发展过程中，慢慢形成了以教师为中心、以教材为中心和以课堂为中心的特点，以"三个中心"为基础的课堂教学逐渐在学校教学中占据了主导地位。在以"三个中心"为基础的课堂教学中，教学被看成单向的信息传递过程，而不是师生双向交互的过程。在课堂教学中，教师围绕教材进行知识传授成为主要的教学方式，教师是教学活动的控制者和发起者，教师对教学内容、流向和流量及学生的反应起着重要的控制作用。教师教学的主要任务就是选择一定的教学工具，对教学信息进行筛选、过滤、加工后再传输给学生。学生被视为接收信息的客体。在这种教学观下，学生的思维与活动的权利被无形剥夺，个性和才能发展被压抑。由于受理性主义思维方式的影响，传统教学理论强调通过对教学目的、教学任务、教学内容和教学过程等规律的探寻建立一套完整的、普遍适用的理论体系。教学理论以确定的、永恒真理形式存在，追求教学的同一性和确定性，忽视教学的丰富性和差异性，这种僵化的教学理论体系不允许任何的改变和超越。相比较而言，在实践导向的教学观下，教师的知识垄断地位被打破，学生通过自身的主动建构获得了学习的主动权，学生成为知识的传播者和创造者，每个学生都是独一无二的个体，他们的经验与生活经历背景的不同决定着对知识的构建也各异。而教师在学生积极的建构活动过程中则扮演促进者、协调者的角色。

二、课程观：从预设性思想到生成性思想

基于学科中心的课程观把课程视为学科，认为课程的价值在于为学生未来生活提供充足的知识和理性准备。这种基础主义的课程观认为，具体的、个别的素质是"一般素质"在具体情境中应用的结果，如果"一般素质"得到了发展，那么具体素质就会自然而然地得到发展，学生在将来的职业生涯中便能游刃有余，适应多变的职业环境，因此，职业教育的目的应当是发展学生的"一般素质"，增强学生可持续发展的后劲，而不能局限于发展个别能力。[①] 基础主义的课程观以满足一种最基本的生存发展要求，或者说以"不变应万变"的一

---

① 徐国庆. 实践导向职业教育课程研究：技术学范式［M］. 上海：上海教育出版社，2005：59.

般素质作为培养人的目标。在此理念下，存在一种假设，即认为，存在脱离具体内容的一般素质，只要发展一般素质便意味着能够在此基础上发展"与情境相关的具体素质"。要素主义课程观、以赫钦斯为代表的永恒主义课程观和以布鲁纳为代表的结构课程论都是学科中心或基础主义课程观的具体表现。虽然它们具体的教育主张各异，但本质上都是典型学科主义中心的代表，即他们都认为教育的任务便是传授永恒的真理的知识和一定的基础学科。在他们看来，经受了长时间历史考验的、具有一般意义的、普适性的要素和经验，比个人经验更重要；主张按知识的逻辑体系来安排课程，注重学科体系的完整性；在课程内容的选择上，关注的知识不是为了未来生活的具体知识，而是去追求一种对学生来说具有普遍意义的，对学生认知发展具有终极价值的一般能力。有学者认为，学科中心主义课程观创造了许多"现代性的神话"，如中心性、基础性、唯一性、精确性、直线性、独霸性等，而这些神话又借助"科学"的光环获得了不可动摇的神圣性与合法性。① 由于受这种强调以掌握系统的理论知识，发展理论思维的学科中心为导向的课程模式的影响，长时间以来，我国职教课程模式仍未跳出学科体系的怪圈，在课程模式上表现为：按照学科分类进行课程门类的划分，让学生掌握系统的、完整的学科知识体系；围绕学科展开教学，只有在必要的时候才辅之以实践过程，当然这种实践过程并不是对自明的或给定的真理质疑而是进一步对那些已经得以确定的原理予以验证、强化，如此，使得理论知识更加稳固，而实践过程只不过是作为对理论知识检验和巩固的手段罢了。在课程内容上，学科中心强调以理论知识为主体，主张通过大量的理论学习来充实学生头脑中已有的理论知识结构。在课程评价上，主要采取书面形式的考核来检查学生对理论知识的识记情况。

如果说追求永恒的、确定不变的要素是学科中心或现代主义课程观的代表，那么在之后悄然兴起的后现代主义课程观，则以复杂的思维方式和宽阔的理论视野对现代主义课程观给予了无情的解构、批判与超越。后现代课程观关注课程的"多元对话"及"过程性"的特征，以过程的观点重审课程的价值，强调事物"不确定性"和"流变性"，认为课程是非预先设计的，即生成性的。1975年，美国后现代主义教育理论家威廉·派纳（Pinar）发表了《课程：走向再概念化》一文，强调课程是一种活动，是内心世界的旅行，是个体在自己经验基

---

① 邬志辉. 课程全球化的四种哲学观评析［J］. 东北师大学报（哲学社会科学版），2003（6）.

础上的"奔跑"从而引发了课程概念重建运动。1995 年，派纳出版了《理解课程》一书，进一步指出课程是一个具有高度象征性的概念，它内在地具有政治、人种、性别、现象学、自传、美学、神学和国际化的意义。为了显现课程的丰富性，体现它与参与者及其所生活世界的联系，他又把课程实施视为一种复杂的对话过程。① 这就以全新的视角论证了课程的开放性、非线性、复杂性和生成性的特征，否定了课程的预定性、静态性。在这种理念的关照下，课堂教学过程自然是师生间开放性对话的活动，而非教师个人的知识霸权，它尊重每个学生的个性发展，接纳学生的问题、冲突和矛盾，倾听每个学生的内心独白，寻求观点的多样性而不是一致性，注重不同参与者之间的理解，而不是相互宰制。

由于生成性的课程观否认具有永恒不变的真理，强调知识的生成性特点，并认为知识的生成必须通过个体的实践活动获得，它的目标是"行"而不是"知"，因此，我们把具有生成性特征且强调"行"的课程模式称为"实践导向的课程模式"，以和学科导向的课程模式相区别。从这种意义上讲，实践导向的课程观决定了课程组织从预设性走向学习者，在实践活动中通过师生、生生间的对话来建构世界的意义，通过行动获取知识，强调在职业实践活动中以获取直接经验的形式来掌握各项实践行动中的知识、技能和技巧。从课程内容来看，实践导向课程观认为应把时间用于对实践知识的学习，虽然它不排斥理论学习，但此时的理论知识已不具有核心意义，而是依附于实践知识而存在；在课程组织方面，实践导向明确以任务为中心展开教学，而不是以学科本身的逻辑体系为中心来组织课程内容；对于课程评价，则以多元化为指导思想，它意味着评价内容以工作任务或项目产品为主，兼顾其他形式的考核，评价标准则以标准参照，强调"能做"、"会做"。可见，预设性的学科中心课程观和生成性的实践导向的课程观在课程目标、课程内容、课程组织及课程评价等方面具有不同的主张，实践导向的课程观代表着未来课程改革的方向，是一种符合我国高职发展需要的课程观。

虽然各级学校教育中的课程都在进行改革，出现了很多新的课程观，但学科中心的课程观依然是最流行的课程观，特别是在高等学校学科中心的课程观占据主导地位。在课程理论上，固守"课程即学科"或"课程即教学科目的总

---

① 邬志辉.课程全球化的四种哲学观评析［J］.东北师大学报（哲学社会科学版），2003
（6）.

和"的观念。在课程价值上，把知识的重要性推向极致。在课程实践上，标准化、统一化支配着课程设计和课程实施。① 在职业教育课程体系中，学科中心仍占有一席之地，有学者指出："理论是实践的基础"的观点发展到一定程度，便把"基础"置于整个职业教育课程的核心，表现为"一般素质观"，或者说"一般能力观"，也就是职业教育课程中的基础主义。②

三、学习观：从获得表征到参与实践的转变

对什么是学习，学习的本质的回答，往往决定着对课程的认识和对教学的看法。因此，这里倾向于先对学习领域的研究做一考察。

从心理学角度考察，对学习本质的回答往往是学习理论主要分歧所在。认知理论认为，学习是发生在个体内部的活动，学习的实质在于获得并应用符号性的表征或结构的过程。在这一观念引导下，课堂常表现为教师是知识的传授者，学生是被动的接受者。学生的学习方式主要是在文字等符号层面进行书本知识的学习，相应地辅以一些实验、参观等实践过程。虽然，认知理论也承认情境因素的作用，但往往把情境与个人活动看成互不关联的存在。认知理论的学习观认为，无论从事何种职业活动，个体首先必须系统地掌握该领域的理论知识，个体学习的终极价值在于认知能力的发展，这就决定了其相应的学习过程也必然是获得符号层面的表征而已。由于受社会学、人类学的影响，人们对学习本质的认识不断深化，加之对学校教育脱离教育实际的现状的不满，人们开始反思究竟什么是学习，通过什么途径的学习是有意义的。为了解开谜团，学者们纷纷把研究视角转向情境认知理论，以期获得新的解释。情境理论认为，学习的实质是个体参与实践，与他人、环境等相互作用的过程，是形成参与实践活动的能力、提高社会化水平的过程。学习更多的是发生在社会环境中的一种活动。③ 它意味着个体的学习活动是个体主动参与实践活动，与环境保持动态的适应，而不是以某种认知表征来准确地匹配客观事物的过程。也就是说，学习结果的产生既非个体或环境某个单一方面决定，也非个体对外部客观世界的被动反映。因此，情境理论强调个体参与实践活动达到对意义的建构，可以

---

① 郭元祥. 课程观的转向［J］. 课程教材教法，2001（6）.
② 徐国庆. 实践导向职业教育课程研究：技术学范式［M］. 上海：上海教育出版社，2005：58.
③ 姚梅林. 从认知到情境：学习范式的变革［J］. 教育研究，2003（2）.

说，情境理论内在地隐含"建构"的思想。

四、知识观：确立实践知识观

知识观是人们对知识的总的看法和观点。它关涉人们对知识价值的判断、选择和组织，其中人们对知识本质、性质和知识价值的看法，将直接影响教学内容和组织方式的选择，这样来看，知识观是课程观和教学观的基础。

对于什么是知识的问题，由于研究视角的不同，观点也各异，很难找到一个统一的、普遍认可的解释，因此，这里不再过多地对知识的内涵作赘述，但为了研究的需要，有必要对存在偏差的理论知识与实践知识的认识问题做一分析。

一直以来，人们非常热衷承认"知识就是理论"这一观点，认为知识的最终源泉是对清晰明确观念的理智直觉，它追求最终的本源，寻求一种确定性的真理。如笛卡尔从确定性和理性思维出发，提出理性的理智主义原则，认为心灵是可以从身体中分离出来的，并且心灵可通过内省和几何推断获得确实性，这实际上是把心灵与身体置于两分的领域之中。罗素在笛卡尔的主客二分基础上认为"知识就是属于正确的信念"。按照这种观点，知识被认为是被证实的、确定性的真理，是主体对客体的正确的认识，并且这种知识观认为知识仅以"符号"或"静态"的形式存在，这就从本质上割裂了知识与实践、知识与学习者的关系。这种知识观外显于学校的教学中，便表现为学生必须接受既定的真理性知识，遵从和被控于以书本、教材、光盘为载体的静态知识符号，不得有所"发挥"，确信理论就是知识，根本不存在超越这一领域的其他的知识类型。这给职业教育的发展带来了过于重视理论知识而忽视实践知识的灾难性后果。不仅如此，由于脱离了生活的经验和智慧，知识成为分离的、孤立的量。①对理性的、确定的崇尚更将人视为理性工具和储存知识的器物，在相当程度上忽略了人的情感体验、欲求、需要等非理性的存在，压抑了人作为个体的行为和自由。因此，这种知识与实践分离的二元知识论的局限性日益暴露出来。实用主义知识观首先对它进行了批判，认为知识不是对外部客观世界的反映，而是改造和组织经验、解决问题的工具。实用主义知识观的提出，意味着判断知识"可靠性"的标准从知识来源的角度（经验主义和理性主义）转向了知识功

---

① ［美］小威廉姆.E. 多尔. 后现代课程观［M］. 王红宇，译. 北京：教育科学出版社，2000：160.

能的角度，这确实是知识观的重大变革。尽管实用主义本身也存在缺陷，但它对消解认识与实践的鸿沟发挥了重大作用，影响了我们对知识性质的理解。① 实际上，无论从知识来源还是知识功能的角度，知识与实践都密不可分。从知识来源的角度看，我国古代以墨子为首的墨家学派，曾把知识的来源归纳为三种：由传授得到的知识称为"闻知"；由实践的经历和感受得到的知识称为"亲知"；由已知推论未知称为"不瘴"。墨家学派的这种知识分类方法，已经清楚地揭示出知识与实践的关系。② 从知识功能的角度看，知识从一开始就是源于人们的生产、生活的需要的，"古代科技文明最先发展起来的是与人们的生产、生活密切相关的学科或技术，其特点是经验性、技术性、实用性，其目的和价值就是满足当时人们最朴素的生活和生产的需要"③。"许多现存的专门学科是从日常生活的实际关注中发展出来的，对此没有严重异议：几何学发源于土地测量和勘定；力学产生于建筑和军事技术中提出的问题；生物学起因于人的建康和家畜饲养问题；化学肇始于冶金和印染工业提出的问题；经济学发端于家政和政治管理问题，等等。"④ 因此，从实践功能的角度理解知识性质成为以后知识论的重要观点。⑤ 建构主义认为，知识不是有关绝对现实的知识，而是个人对知识的建构，亦即，是个人创造有关世界的意义而不是为了去发现已经存在于某处的实在；个人所建构的知识是用个人的经验所获得的较合理的或实用的解释，使它能被用来适应生活的环境。在建构主义看来，与其说知识是一个名词，不如说是一个动词，知识是一个不断认知、体认和建构的过程，是一个在实践活动中行动的能力。

对作为学校教育应该选择哪些知识作为教学内容，如何组织这些知识才能达到教学目标等一系列问题的回答自然涉及知识的分类。最早把"实践"从人们日常生活中的概念提升为哲学范畴的当属亚里士多德，他认为，实践、制作与理论沉思是人的活动的三种主要形式，并对实践与制作进行了区分：实践是

---

① 徐国庆．实践导向职业教育课程研究：技术学范式［M］．上海：上海教育出版社，2005：10.
② 陈洪澜．论知识分类的十大方式［J］．科学学研究，2007（2）.
③ 林慧岳，孙广华．后学院科学时代：知识活动的实现方式及规范体系［J］．自然辩证法研究，2005（3）.
④ 欧内斯特·内格尔．科学的结构——科学说明的逻辑问题［M］．上海：上海译文出版社，2002：33.
⑤ 徐国庆．实践导向职业教育课程研究：技术学范式［M］．上海：上海教育出版社，2005：19.

一种德行的实现活动，而制作在于依据自然的原理去制作；实践重在"行"，制作重在"知"；实践和制作依据的是两种不同的思考与理性，实践的理性是"明智"，制作的理性是"理智"；实践是一种以自身为目的，或者说目的内在于自身的活动，制作则是以外在的事物为目的，结果是高于活动的；实践是无条件的、自由的活动，制作则是有条件的、非自由的活动；实践的目的是终极的、完满的，本质上是一种终极的道德关怀，制作则是片面的、手段性的东西。在此基础上，亚里士多德把知识分为三种，即理论知识、技术知识和实践知识。理论知识是关于事物的永恒不变的知识，能够被教。技术知识是建立在某种经验基础上的活动，常表现为一定的技巧或技能，它基于特定的时空情境，是可以被教的。实践知识是针对个别问题解决的，它并非永恒不变，而是具有一定的灵活性、情境性。在某种程度上它是不可教的。

哈耶克（F. A. Hayek）则认为，知识分为"知其然（know what）"和"知其所以然（know how）"，对于人类来说，"知其所以然"的知识更为重要，这些知识是"分立的个人知识"，它只有在一种自由的秩序中，通过人们相互交往才能获得。"只有在个人可以按照自己的决定运用他的知识时，才有可能使任何个人所拥有的许多具体知识全部得到利用。没有任何人能够把自己的全部知识都传达给别人，因为许多他能够亲自加以利用的知识，是在制定行动计划的过程中才变得明确起来的。① 同时，他明确指出，许多知识都是融于实践、共有技能、建制及习惯中的，因此，现有知识不仅仅局限于我们在统计年鉴中找到的资料。由此可见，哈耶克把实践知识理解为与特定时空相联系的，具有默会性质的知识。② 真正明确提出默会知识概念的是匈牙利哲学家波兰尼，他按照知识形态，把人类的知识分为言传知识与意会知识两种：前者是指可用书面文字、图表或数学公式表达出来的知识；后者是指个体或组织通过实践积累起来的并大多要通过行为表现的，以信仰、领悟、个人经验、直觉、感悟、默契和诀窍等形式存在的，难以用语言、文字、符号、图像和公式等表达清楚的，不容易传递的知识。它具有情景关联性、个人性、行为或行动关联性等特征。这种分类方式既揭示了人的内在认识与人类活动的关系，也把人自身的活动看作知识动态生成和表达的源泉。在波兰尼的知识分类的基础上，经济合作与发展

---

① ［英］F. A. 哈耶克. 致命的自负［M］. 冯克利，等译. 北京：中国社会科学出版社，2000：86.

② 徐国庆. 实践导向职业教育课程研究：技术学范式［M］. 上海：上海教育出版社，2005：23.

组织（OECD）在 1996 年发表的《以知识为基础的经济》报告中，把人类的知识分为四大类：关于事实和现实的知识、关于自然规律和原理方面的知识、关于技能和诀窍方面的知识、关于人力资源方面的知识。其中前两类可以归为理论知识范畴，后两类则关涉实践知识领域。

　　然而，实践知识更多见于教师教育研究领域。如日本学者佐藤学认为，实践知识具有如下特征：①教师的"实践性知识"是依存于有限语脉的一种经验性知识，同我们研究者拥有的理论知识相比，尽管缺乏严密性和普遍性，但极其具体生动，是功能性的、弹性的；②教师的"实践性知识"是作为"特定的儿童的认知"、"特定的课堂语脉"所规定的"案例知识"加以蓄积和传承的；③教师的"实践性知识"是不能还原为特定学术领域的综合性的知识，是旨在解决问题而综合多种学术领域的知识所获得的知识；④教师的"实践性知识"不仅作为显性知识，而且作为隐性知识发挥作用；⑤教师的"实践性知识"具有个性，是以每个教师的个人经验为基础的。① 从上述观点，我们可以比较清楚、全面地理解实践知识：首先，与理论知识相比而言，它是一种不确定性的情境性知识，关涉特定情境问题的解决；其次，它是以每个教师的个人经验相结合的案例知识，与教师的实践智慧有关；再次，实践知识既可以是隐性的，也可以是显性的，作为显性的实践知识可以通过语言来传授，而隐性的实践知识则与行动相联，通过行动习得；最后，实践知识具有整体性，它需要整合多种立场与解释的熟思审处。总体而言，实践知识具有"个体性"、"情景性"、"缄默性"、"非结构性"等特点，这些特点对构建职业教育教学体系具有重要意义。

第二节　实践教学体系的主导系统

　　主导系统是实践教学体系的核心系统，它由课程、教学目的、教学组织形式、教学方法和教学环境等组成。

一、实践导向的课程体系

我国高职在近 20 年的发展过程中，学者们对职业教育发展探讨历经了不同

---

① ［日］佐藤学．课程与教师［M］．钟启泉，译．北京：教育科学出版社，2003：228—229.

程度的改革，其中，能力本位理念是对传统知识本位体系的革新。在此后的十几年中，无论在研究理念、研究对象、研究方式还是研究领域，能力本位都成为人们争论的焦点。面对此景，我国学者在借鉴国外教育理念的基础上，对目前高职的教学理念也进行了反思：究竟国外的先进理念能否顺利移植过来为我所用？到底有没有适合高职教育的模式存在？这些都是学者们极力想要作答的问题。针对这些问题有学者也提出了自己的看法。

从国外高职教学理念发展趋势来看，第二次世界大战后至20世纪90年代后期，世界高职课程取向经历了从学科式的普适性到岗位式的专业性，到关注迁移能力的专业性，再到强调继续学习能力的普适性发展路径，课程取向在较大程度上表现为在专业性和普适性之间来回震荡的运动。从长远发展来看，这种震荡仍将继续存在，但摆动幅度有所减小，并趋向于寻求两者间的平衡点。从时间维度来看，我国高职课程趋向普适性是符合世界潮流的，但从其实质来看，我国高职课程目前的普适性实际上还停留在学科式的普适性阶段，而不是强调继续学习能力的普适性阶段。而且我国高职由于起步较晚，且受传统文化因素的影响，一直没有经历向专业性一端摆动的过程，因此专业性的缺乏是我国高职课程的主要缺陷。所以，在我国高职课程发展的过程中，不能随世界共同的趋势一直往普适性发展，而是更要讲求专业性的发展。① 可见，国外高职的"延伸、拓荒、高移"的教学理念对我国现阶段并无多大借鉴意义。②

针对国际上高职课程普适性的发展趋势，结合我国对专业性发展阶段的要求，立足于我国就业导向的职教发展理念，在满足社会、企业发展需要和个人发展要求的同时，把提升就业质量作为高职内涵发展的重要途径，真正实现以实践为导向的理论与实践的融合，这既是目前高职发展的迫切需要，也是当前高职改革的关键。一直以来，我国高职课程"两张皮"现象比较严重，学科本位观仍深植于高职课程体系中和传统观念中，实践常作为验证理论的手段而存在，而且"理论是实践的基础，实践是理论的应用"这一观点已成人们共识，似乎没人对此提出异议。实践知识一直以依附、服务于理论知识的角色存于我国教育体系中，而缺乏独立存在的意义。为此，必须转变现有观念，彻底打破学科体系的学问化倾向，确立实践教学观，以实践活动为导向建构理论课与实

① 匡瑛. 战后世界高等职业教育课程的演进及发展趋势［J］. 河南职业技术师范学院学报（职业教育版），2005（5）.

② 壮国桢. 高职教育"行动导向"教学体系研究［D］. 华东师范大学博士学位论文，2007.

践课的整合模式，这应成为我国高职课程改革的方向。

当我们进行高职教育课程改革时，首先应该确定我们的教育理念，实践导向课程观的确立往往需要正确回答如下问题：理论课与实践课在现实中应如何定位？如何把握课程的整体性、科学性和开放性？不同课程类型的功能、局限性及其整合的可能性如何？课程与教材、考试、评估、教师，以及学生的关系是什么？确定课程内容和难度的标准是什么？对课程改革应建立何种反馈、调节、评估和监控的机制？高职课程应该具有哪些特征？对课程目标的确定、内容的取舍、难度的设计、资源的安排、质量的标准等，都应有一个比较深入和成熟的思考，并有大量和长期的实验研究作参照。

如果不确定正确的教育理念，不厘清上述重要问题，就会使方兴未艾的课程改革迷失方向，而给高职教育发展带来不可估量的损失。时至今日，我们应在借鉴国外先进教育理念的基础上不断探寻适合自身特点的课程基本理念，使课程的发展更加适应本国的现状。

在我国高职教学体系中，目前一致的看法是，高职应该加强实践教学，这一观点促使实习、实训、实验得以加强。然而，存在的问题是，在现有三段式课程模式的基础上，单纯地增加实验、实习、实训的课时量，是否意味着真正意义的实践教学？暂不探讨实践教学体系的内涵，仅从目前职业教育课程来看，仍是以理论知识为主的三段式课程。它表现为六个方面。①从课程分类来看，基本是以学科为划分标准，这些课程往往是由普通本科专业或是工程学科移植而成，尤以专业基础课表现更为突出。②从课程内容来看，三段式的课程模式中，理论知识占了较大的比重。其中，文化基础课、专业基础课、专业理论课的学时数占高职总课时的 60% 左右，有的院校在文化基础课方面过于偏重，就专业基础课和专业理论课而言，也存在过于强调基础理论知识的倾向，甚至以本科专业知识的标准来要求，使理论学习过难。在三段式模式下，理论知识的学习处于重要的基础地位，实践知识只是理论知识的附属品而已，多数情况下实践知识仅处于对理论知识进行验证的应用地位。总体来看，理论知识有相对完整、自成体系的教编和质量考核体系，相比较而言，实践知识的内涵研究较少触及，甚至认为只要增加实习、实训课时量就万事大吉了，因此，对实践知识或实践教学的研究基本是零散的、薄弱的、不成体系的，这在某种程度上便加大了理论知识的独霸地位。③从课程结构来看，三段式以学习理论知识作为学习起点，实践课仅作为理论课的应用和延伸，它的存在是服务和依附于理论课程的。从具体展开形式来看，目前高职院校的课程基本按照文化基础课—专业基础课—专业理论课—实践课这样的顺序依次展开，不仅如此，具体落实到每门课程的学习也遵循这种路径。这种框架采用以理论知识为核心向外围发展的结构，专业知识学习常常在感性认识之前进行，这样学生获得的理论知识与实践知识往往是分离的、孤立的，因此，对理论知识的学习也仅仅是获得一系列脱离实践意义的知识点而已。④从课程内容的组织来看，三段式课程以学科知识本身的逻辑为中心，而不是以实践任务为中心来选择和组织课程内容。由于学科知识体系的完整性，学校组织课程内容相对比较容易，而且这种模式的支持者也声称，职业教育要为学生的长期发展作准备就必须掌握牢固的理论知识以备他用。可见，这种课程模式与企业对劳动者素质的要求差距是比较大的，忽略了人才培养的针对性。⑤从课程实施过程来看，三段式课程以学生课堂学习为主，以书本知识学习为主要形式，通常实行教师讲授、学生接受的授课模式，即使学校有安排学生去企业见习，但多数情况是只看不练，并不是真正意义的顶岗实习。因此，可以说，这种课程并没把实践过程作为一种学习形式来看待，知识的实践价值并没有得到认可。⑥从课程评价来看，三段式对应的评价是对学生"知"的考核，并以书面考核为主要形式，属于单一的"知识型"评价标准，即使是职业资格证书的考试也是以试卷考试的形式为主。

从目前高职课程的现状来看，面对社会对高技能型人才的需求，加强实践教学已成为学者和实践者们的共识，在实践教学呼声如此高涨的同时，为确保实践教学的时间，实习、实训、实验课时数相应地增加了。此时的课程模式基本上是在传统学科体系基础上附加"实践"的形式而已，这也是目前高职院校实践教学的主要内容。从取得的成效来看，学生简单动作技能的熟练程度会有一定的改善，但如果认为实践教学就是单纯技能的训练的话，不仅会使职业教育陷入狭隘的训练主义，而且与知识经济对社会人才素质的全面、复合性要求也相悖。由此看来，在传统学科导向的基础上，靠简单地增加实践的学时，并不能带给职业教育教学质量的提升，同时也证实了，在学科导向模式上修补的努力并未给职业教育课程带来明显的改观。在此种情况下，众多学者对学科导向的三段式课程模式提出了质疑。实际上，对学科导向模式的批判早已有之，但大量的研究在把矛头指向学科模式的同时，并未给职业教育课程指明具体的发展方向，因此，这些批评也没有对学科导向的课程体系产生根本性的触动。大量的研究和实践表明，传统职业教育课程体系已到了无法实施的地步，因此，需要迫切破解的路径是，彻底打破传统学科导向的课程模式，重构实践导向的课程。

（一）实践导向课程的内涵

实践导向课程与传统的学科导向模式相比具有如下特征。①课程目标着眼于整体性能力的提升，即不仅包括简单的动作训练，还含有智慧技能，解决复杂、多变情境问题的能力。如果说学科体系的目标是让学生掌握系统的学科体系的知识，那么实践导向课程则旨在解决学生学会如何"做"的问题。②课程门类划分打破原有学科知识的逻辑体系，按照企业实际工作中为完成一个完整的工作任务，根据不同的工作内容、组织方式、劳动工具及具体工作要求来划分课程。③课程结构的展开始于实践过程，即学生首先要对所学专业的内容和工作环境有感性认识，获得与工作岗位和工作过程相关的实践知识，然后再学习专业理论。这里需要强调的是，实践知识与理论知识关系的正确解读并非意味着先实践后理论或者先理论后实践，使两者保有分明的界限。恰恰相反，实践导向的课程结构是基于理论与实践、知识与技能的完美结合，它在某种程度上追求的是理论与实践的相得益彰。④课程内容以实践知识为主体，而非系统掌握学科知识，但并不意味着理论知识可有可无，只是实践导向的课程不再视理论知识为整个课程的核心，而是服务于实践知识。理论对实践的指导作用也只有通过实践过程才能发挥出来，这样看来，实践知识和实践过程在实践导向的课程中具有明显的核心地位。⑤课程实施的关键在于把工作过程转化为学习过程，实现工作本位学习与学校本位学习的整合，确立工学结合的学习观，根据完成工作任务的需要确定知识并组织教学，强调学生通过参与、体验的职业行动获得有关工作过程的知识，掌握融合于各项实践行动中的整体性知识。⑥实践导向的课程评价摒弃传统只注重书面评价的弊端，以解决实实在在问题的能力去进行考评，评价不是最终目的，而只是作为一种促进学习的手段而已，且所选择的评价内容必须与所完成的实际工作任务密切相关。

通过对实践导向课程特征的了解，我们明确了学科导向与实践导向是两种不同质的建构思维和方法，职业教育的本质决定了必须摆脱学科导向课程的束缚，拥有并形成能够彰显自身特色的课程体系，它客观上要求重构实践导向的课程体系，这不仅是职业教育的应有之意，也是实践教学体系对课程的诉求。因此，视实践导向为职业教育课程的核心，把实践的理念渗透到课程的各个环节便成为实践导向课程开发的关键所在。在传统观念中，理论知识与实践知识长期处于割裂的状态，似乎只要强调一方便自然意味着舍弃另一方，而实践导向恰恰要求整合两种知识，不仅仅是两类知识的简单叠加，更不是在传统理论知识的基础上附加实践的拼凑产物，虽然我们能够意识到整合两类知识的必要性，但在实际中往往易流于形式，因此，在具体操作中也必须遵循整合的思维，从课程开发的角度予以系统考虑，它包括课程目标的确定，课程内容的选择、组织，课程的实施及课程的评价等相关步骤的综合配合。不仅如此，在实践导向课程开发的大框架下，还需要具体探讨教学相关的实现。

（二）实践导向职业教育课程的目标：着眼于整体性发展

课程目标是课程开发的首要环节，确立明确的目标是进行课程组织、实施等一系列环节的关键所在。一般来说，不同时期对人才素质的要求往往折射出相应的时代特征。如以大机器生产为特征的工业经济时代，主要体现以经验技术为主、以掌握生存技能为中心的人才要求，它所造就的是能够熟练进行操作、具有动作技能的劳动者，而 20 世纪 80 年代末以来，世界正进入以信息技术为特征的知识经济时代。知识经济不仅影响着生产方式和组织形式发展的变化，而且也对教育培养人提出了全新的要求，正如知识经济与传统的工业经济之间表现出巨大的差别一样，知识经济时代对人才的要求也有别于工业经济时代。尤其是知识经济的发展使工作性质发生了根本性的变化：较多地依赖于机器的机械式生产向更多地依赖于知识型生产转变，这种生产使单纯的技能劳动成为历史，使知识要素在生产过程中所占份额增加；弹性工作逐渐取代固化的工作模式，并且完成工作更多地依赖劳动者对问题的把握和解决上；技术革新使得原有岗位的个体解放出来去从事更宽泛的工作，此外，完成工作更多地依赖群体的头脑风暴，强调合作而非单打独斗。

知识经济及其带来工作性质的变化对现代社会和教育产生了极大的冲击，并已越来越明显地对教育培养人的目标产生巨大而深远的影响。知识经济时代不仅重新定义了知识的内涵，而且对什么知识更有价值、如何获取知识做出了新的阐释。人们明确了知识不再是具有确定性、终极性的概念和事实的集合，而是随着人的行为、思维、信仰不断变化，趋于流变性、多元化的综合体，它一般与人的经验或行为相结合，表现为一种理解的行为或状态、结构化的经验、价值，还包括专家独特的见解，它能够为人们的决策与行动提供具有最高价值的信息。从知识的获得途径来看，既包括通过语言、书面形式进行传输的显性知识，也包括难以被正规化和言传的隐性知识，它通常具有个人化的特征，与个体的经验、体验相关。对知识性质的重新定义使得在活动过程中形成的实践知识得到了新生，人们认识到在知识领域存在的实践知识对促进经济发展同样具有重大的作用，这客观上要求职业教育课程目标也必须实现相应的改变，即从学科理论知识指向技术实践知识的获得，当然，技术实践能力包括具体问题的解决，涉及知识、技能、态度在内的整体性能力的发展，它要求实现从单纯的动作技能向解决复杂、灵活的情境问题的智慧技能转变，从传统的体力劳动向关涉心智技能的脑力劳动转变，不仅如此，知识经济极力推崇教育的社会性要求，强调人与人之间的合作性发展，是对教育功能进一步扩展的再现。因此，职业教育的培养目标既有别于学者纯粹的理论沉思，又不同于专家以设计为内容的能力诉求，它是知识、技能、态度等多要素所体现的综合态。

（三）实践导向职业教育课程门类开发：课程功能的审视

如果把职业教育课程划分为普通文化课程和专业课程，那么各课程门类在人才培养体系中的作用如何及如何审视课程的功能问题就是进行课程开发的关键问题。对职业教育课程定位和功能理解的偏差也严重影响了实践导向课程的确立和实施。突破传统的学科导向，建构实践导向的课程体系不仅是职业教育本质的再现，而且符合职业教育长远的发展要求。实践导向课程的特点及职业教育课程目标客观上要求确立相关的课程门类并实现相应的课程功能，这既是课程开发的关键环节，又是影响课程实施及教学效果的重要因素。

目前对高职院校文化基础课的看法有一定争议。一种观点认为，在社会经济不断国际化的今天，对劳动者的素质要求不仅体现在应熟练掌握精湛的技能，而且更重要的是具有一定的知识、文化底蕴，尤其是终身学习与学习化社会的来临，更需要劳动者具有可持续发展的后劲，这样一来，普通文化课在高职院校的地位进一步得到了巩固，并占据了高职课程的相当比例。另一种观点则认为高职的普通文化课应该职业化，主张普通文化课的开设应与专业知识密切相关、为专业知识学习服务，促进教育与学生未来工作的衔接，试图达到学术课程与职业课程的整合，这似乎可以看成是人们对职业教育职业化发展的认同，毕竟这是寻求职业教育整合发展的一种尝试。

针对上述两种观点，笔者认为问题的关键并不在于是否把普通文化课纳入职业教育课程，而在于对普通文化课功能认识的偏差上。可以肯定的是职业教育需要普通文化课，因为国际上对人才基本素质的要求越来越高，对人才社会性发展的呼声不断提高，而在我国和谐社会的构建过程中也同样需要具有深厚社会文化底蕴、高素质的劳动者，这一点毋庸置疑。就目前高职文化课现状来看，由于过于强调学生的基础性发展，往往把普通文化课视为能对学生一般能力发展起到"基础性"作用的课程形式，并希望通过加强普通文化课来促进学生专业知识的掌握，这种认识无疑使普通文化课成为职业教育课程内容的主体。然而，就职业教育人才培养的特点而言，无限扩大普通文化知识不但有碍于职业教育人才特色的彰显，而且从课程地位来看，普通文化课的主体地位无形中弱化了专业课程的发展，使专业课成为依附于普通文化课发展的课程形式。因此，有必要重新审视普通文化课的功能，决不能夸大文化基础课的"基础性"功能，更不能从纵向的基础发展角度来理解普通文化课的重要性，而应从社会发展对人的全面发展角度来把握，把普通文化知识视为与专业知识并列发展的关系，而非从属、依附关系。基于这种观点，这里认为，对普通文化课应从以下两方面来把握：一方面，应该看到，普通文化知识作为一种课程类型有其自身的独特性，如果把普通文化知识全部进行职业化改造，那么其本身的特色将丧失殆尽。对于这部分无法职业化的普通文化知识内容应力求宽泛性，即在原有语文、数学、物理等科目基础上，添设关涉人际交往、环境保护、审美知识等富有人文精神的学科，以独特的视角审视关于生命、自然和整个人类的发展的状态，促进健康人格和人文精神的养成。另一方面，普通文化知识的部分内容可以作为专业知识学习的必要准备。如物理学中的力学是学习汽车维修的必要准备，几何学知识能增强学生空间想象力，为艺术设计打下基础。从这个意义上看，有必要把这些知识纳入职业教育课程中。

职业教育课程中除了普通文化课以外，还包括专业课，它是职业教育课程体系的主体。传统"三段式"课程从纵向看，遵循从基础到应用，把专业课程划分为专业基础课、专业课和实践课；从横向看，按照知识体系而非工作逻辑体系把专业课程进一步学科化，而且专业课程开发也存在混乱性，如专业基础课通常按照学科逻辑开发，而实践课则以工作过程进行组织，从而使专业知识体系内各门课程缺乏共同的逻辑基础，不利于专业知识的内在统一，从根本上致使理论知识与实践知识的二元化。为了避免专业课程体系的分化现象，建立内在一致的实践导向课程体系，就必须寻求新的专业课程开发方式。可以考虑的做法是：按照工作任务的"广域"性原则建立课程开发标准，这意味着工作任务大类要宽，避免由于划分过细造成知识的零散，难以充实到课程当中去；从专业课程所要实现的功能来看，实践导向课程并非停留于对简单技能的操作或完成上，它着眼于未来工作的要求，超越固定化问题的解决，强调在新情境中对问题的创造性解决，旨在更好地帮助学生对工作任务中所需的综合能力、整体性素质有所把握。无论是工作领域范围的宽泛性还是对专业课程所要实现的整体性功能，都是为了促进理论知识与实践知识的整合，为工作任务与技术知识建立联接。当然，实践导向的课程并非排斥学科课程。由于高职的人才培养既不同于普通高等教育的学术型、工程设计型，又有别于中职教育的操作型技能，是介于两者间的高技能型人才培养，其在知识结构、技能类型和能力要求的特点决定了在专业性方面要顾及职业岗位所需的通用技能和智慧性技能，即具备较强的综合职业能力，这意味着专业课程中允许学科课程存在具有一定的必要性，其存在的意义在于为专业知识服务，便于学生对专业知识更深刻地理解。可见，实践导向课程的本意在于：以工作任务为逻辑开发专业课程，其中学科课程既要在整个课程体系中有所体现，又要掌控学科课程在整个专业课程体系中的结构，这是理解实践导向课程的关键所在。

实践导向的工作任务并非单项技能的叠加，往往是知识、技能、能力、态度等多素质的统一，这客观上要求维系知识横向上的系统性，而不是强调学科知识纵向上的完整。基于对高职课程这一特征的认识，为了促成理论知识与实践经验的统一、实现学科知识与实践技能的整合，实践课也应综合化，即构建综合实践课程，其基本思路是：以职业岗位所需要的某方面的职业能力要求为主线，以工作过程为导向，以实训为主要教学环节，将职业技能和能力培养所涉及的学科知识，技术理论、劳动过程知识、操作技能有机结合，作为一个整体按计划、有步骤地分段进行，旨在形成关于工作任务的整体认识，养成深刻理解和灵活运用知识解决现实问题的能力。① 在具体的课程中，综合实践课程可以从"见习"到"模仿"再到"独立实践"，设计由低到高逐步发展的若干具体课程。②

（四）实践导向职业教育课程结构：从应用型转向建构型

在明确各课程门类功能后，接下来就要考虑职业教育课程应按何种顺序展开？这涉及究竟先普通文化课再专业课，还是先专业课再普通文化课，抑或两种课程同时共进？在传统三段式课程结构中常常把文化基础课视为专业理论课学习的"基础"，因此课程安排也是按照先文化基础课然后专业理论课再实践课的顺序展开，这种"应用"模式试图以"基础"打底，逐渐切入到专业课，再过渡到实践课，其遵循先基础再应用的思维逻辑，隐喻着普通文化知识的掌握会对专业课及后续学习打下良好的基础，暗含着从一般能力会演绎出具体能力的发展，是从一般到特殊、从理论到实践的哲学观在课程领域的表现。这种观

---

① 汤百智，范庆林. 对构建高等职业教育综合实践课程的研究［J］. 河北师范大学学报（教育科学版），2006（1）.

② 徐国庆. 实践导向职业教育课程研究：技术学范式［M］. 上海：上海教育出版社，2005：176.

点和做法长久以来没有遭到争议，因为在人们看来，哲学是最具普遍意义的结论，这意味着它同样适用于教育。虽然，教育的许多问题受哲学观的启发，把哲学观点移植到教育似乎无可非议。许多哲学观点，如"理论指导实践""实践是理论的应用"成为多年来主导我国课程领域的思想渊源，经由精英化教育的培植，这种思想已在我国教育领域占据了核心地位。以课程为主线的改革一直是高职院校教育改革的核心内容。然而，目前的职业教育课程设置不合理，缺乏完整性，影响了职业教育的课程质量。从当前学校最需改进的调研数据中可以获悉（见表5-1）：超过1/3（34.82%）的教师表示，有必要改革那些不实用的课程；26.19%的教师主张，应该加快专业调整速度以适应劳动力市场，需要设置一些新专业；如果把上述两项加起来则有超过半数的教师希望从课程方面着手加快学校各方面改革。同时，人们也期望以实践教学课程设计为抓手进行实践教学改革（见表5-2）。由此可见，目前高职课程结构不合理已经严重制约了实践教学的开展。高职教育中应突出实践教学的观点已逐渐成为共识，但由于传统学科体系的影响广泛而深刻，导致在现实教学中难免有以往学科体系的痕迹，高职院校在短期内仍无法摆脱三段式的课程结构，造成实践教学体系的地位不清晰，对其体系的执行还未落到实处。随着社会、经济和技术的不断调整，高职的办学规模、人才培养的模式、专业设置及课程结构都要随之进行相应调整，以适应社会经济结构调整，满足行业、企业用人要求。

表5-1　当前学校最需改进的方面调查结果①

因素	人数	比例
加快专业调整速度适应劳动力市场需要设置一些新专业	88	26.19%
改革那些不实用的课程	117	34.82%
促进教师改变落后的教学方法	28	8.33%
提高专业课教师的教学水平	28	8.33%
更新和添加实习实训设施，使其紧跟职业岗位变化需要	71	21.13%
其他	4	1.19%
合计	336	100%

---

① 数据源于调研。

表5－2 当前制约我国实践教学的主要因素①

因素	权重值						合计总分
	6分	5分	4分	3分	2分	1分	
行业、企业的主体作用难以发挥	100	44	16	19	11	4	967
师资队伍建设有待加强	30	26	34	38	33	19	645
实践教学设施投入严重不足	28	40	51	33	13	8	705
实践教学课程设计不合理	9	25	41	38	48	11	564
政府相关配套支持不够	43	30	23	30	34	18	676
生源素质太差	5	12	17	19	21	101	358
其他	0	0	0	0	0	0	0

然而，伴随着社会、经济的发展，人们对职业教育的认识不断深入，职业教育业已成为与普通高等教育并驾齐驱的教育类型。职业教育人才培养特点不仅要求打破"从理论到实践"应用型课程模式的束缚，而且从实施情况看，这种课程模式在实践中已遇到难以解决的问题。从学习者特点来看，职业教育院校的学生不少是理论知识学习的失败者，单纯性理论知识的学习常使他们苦不堪言，使原本就难以接受的理论知识，学习起来更加艰难。有些学生感到理论知识学与不学一个样，没有理论知识照样可以进行实践操作，理论知识的学习似乎不影响后续的技能操作。而且，从学生的访谈中发现，他们对理论课的学习兴趣不高，学习动机不强，单纯的理论知识并不能激起他们学习的兴趣。对他们来讲，这些理论知识只是些毫无生机的、简单的符号而已。从知识类型和特点来看，职业教育的课程内容主要是技术知识，可以把它定义为：生产某种物品，或是提供某种服务所需的知识，不仅包括用于理解技术过程的技术理论知识，而且包括直接用于控制技术过程的技术实践知识。② 可见，技术知识包括技术理论知识和技术实践知识，这两种知识广泛存在于技术活动领域，即只有在技术过程中才能表现出来。因此，这些知识往往呈现出情境性、过程性等特点，这就决定了技术理论知识不可能停留于纯粹的文字、符号等静态层面，它要求技术理论知识必须与具体的实践活动情境相结合，以相关实践经验作为技术理论学习的基础，把技术理论知识的学习置于相关的技术实践情境中。也

---

① 数据源于调研。

② 徐国庆.实践导向职业教育课程研究：技术学范式［M］.上海：上海教育出版社，2005：12.

只有如此，技术理论知识才能发挥其应有的价值，否则，技术理论知识只是被肢解的文字碎片。同样，技术实践知识如果没有技术理论知识的支撑，也会显得暗淡无光，充其量只是简单机械的操作活动而已。可见，实现技术理论知识与技术实践知识的整合在于"实践"，如果脱离了实践活动，学生缺乏对理论知识应用价值的深刻体悟，就会造成技术理论知识与实践知识的割裂，不利于完整意义上知识的构建。总之，职业学校学生理论知识学习的现状暴露出目前职业教育课程展开顺序不当，这严重影响了学生的学习效果。而且通过分析职业教育课程的知识类型可以看出整合技术理论知识和技术实践知识的必要性和紧迫性，如果解决不好，则会制约我国职业教育质量的提升。

实际上，课程展开顺序应根据学习者特点和学习规律进行，而不是根据学科体系的逻辑顺序进行。当学习者通过实践活动接触和感知事物后，会对实践活动有初步的感性认识，在运用实践知识从事实践活动达到一定熟练程度后，或者运用原有的技术实践知识已不能解决出现的新问题时，他们往往会产生进一步学习的需要，即想要了解"为什么这样做"。带着种种疑问，当学习者再次进行实践活动时，此时已经超越了先前的感性认识阶段，并为学习技术理论知识奠定了良好的学习准备。如此，既能增强学生学习技术理论知识的兴趣，又会促进理论知识的获得和技能的掌握，最终实现技术理论知识与技术实践知识在"实践活动"过程中的整合。

综上所述，职业教育课程展开模式应从"应用型"向"建构型"转变，这里的应用型是指传统的三段式课程模式，它试图按从基础到具体、从理论到实践的顺序展开课程，把泛化的基础知识作为逻辑展开起点本身就忽视了学习者对技术知识学习的一般规律，对单纯、抽象的专业理论知识的学习更易造成学习者的厌倦，使后继的专业实践学习缺乏与理论知识的对应，导致专业理论知识与专业实践知识彼此间相互独立，因此，必须改变。根据建构主义理论，知识不是学习者被动接受的过程，而是个体主动、积极地运用已有的知识、经验去建构个性化的理解过程，这一观点把个体的实践活动作为认识的逻辑起点，在这种理念关照下，课程展开顺序应遵从"实践"到"理论"的原则，创建与学生的实际生活密切相关的实践活动，并以此作为课程展开的切入口，其具体展开顺序为：作为职业教育课程的大类课程，普通文化课与专业课并行展开，对专业课而言，实践课先行，其间根据需要穿插专业理论课，专业基础课作为知识的提升可以放在最后。

（五）实践导向职业教育课程组织：基于项目中心模式

目前职业教育课程内容存在着严重的"二元分离"现象，它不仅表现为知识与技能、理论与实践、技术理论知识与技术实践知识的割裂，而且从大课程观的角度给予审视，包括从课程计划的时间安排、教学地点的选取、教师的分类、考核等方面也均呈分离状。如理论知识与实践知识被安排在不同的课程中，并且分别由专业课和实践课教师承担，这两类教师各司其职，各行其是，缺乏必要的沟通，这就人为地把理论与实践割裂开来。从课堂内容来看也是"清一色"，即理论课往往是各种原理、公式的"集合"，而实践课则是让学生掌握各种简单技能的"操作场"；教学场地划分意味着教学空间上的割裂。教室和实训室分别承担着技术理论知识和技术实践知识的传授。再如，知识的考核也分为理论考和实践考。其中，理论考主要测试学生对基础知识、基本原理的识记情况，实践考则侧重学生对基本技能的操作；从管理层面看，理论课和实践课分别由教务处和实训中心负责，造成了管理层面的分割。

课程内容组织表现出来的分割现象，实质是"二元哲学"的控制性、直线性和权力性在课程领域的表现：认为知识是按照学科本身的逻辑顺序来组织的，强调知识的价值在于知识获得的结果而非知识获得的过程；关注知识在头脑中存储量的增加，忽视知识存储的具体表征形式；以为知识是由教师掌控再传给学生的简单过程，否认知识在个体的实践过程中具有的生成性特点。学科体系知识的种种特征，把知识视为孤立化、非情境化的量，忽视了技术知识的实践性特点，使学习者获得的是缺乏内在联系的知识碎片。由于"二元哲学"僵化的思想在实践中已日益暴露出诸多弊端，而且随着后现代质疑神圣，主张非线性的、多元价值观的出现，人们对课程又有了新的理解，它强调知识不应该通过灌输而应由学生在学习过程的"行动"中自我建构而获得，主张课程应贴近学生的生活，这些观点影响着课程的组织形式。由于职业教育的最终目的是形成完整的、综合的职业能力，因此，必须考虑知识与技能、理论与实践、技术理论知识与技术实践知识、专业教育与人文教育的整合问题，而整合的关键在于寻求能够整合上述内容的界面和平台。需要注意的是，整合不仅表现为横向知识之间的逻辑关系问题，还涉及纵向的不同知识之间的联系问题。按照对技术知识学习的心理认知规律，并考虑职业能力形成的过程，一般认为，活动课程为实现不同知识的整合提供了途径。活动课程是针对传统学科课程的弊端提出来的，活动是学生生命得以表现的基本形式，离开了活动，学生的潜能就失去了得以突显、生发、确证与表征的基础。活动课程贴近学生的生活实际，强调学生的自主性，容易调动学生的积极性，活动课程不仅强调"做"的结果，更关注"做"的过程及对活动的理解。对职业教育而言，技术的本质、技术知识的表征方式、学习者的认知特点等均决定了职业教育课程必须摒弃学科中心课程，建构项目导向课程，这样，以活动理论为基础的项目课程使知识整合更具可行性。

1. 项目课程的内涵

项目课程是指职业教育课程内容应当以工作项目为中心来组织技术理论知识和技术实践知识的课程内容组织形式，这些知识不是按照学科体系的逻辑关系，而是根据完成一项任务即"一个完整的工作程序"的需要来组织的，便于学生通过项目的学习，掌握并获得工作中的这些知识结构。然而，何谓项目是理解项目课程的前提。通常情况下，我们既可以把项目理解为一个即将被解决的问题，也可视为一系列具有相对独立性的工作任务模块；它既可以指向物质产品生产领域，如生产一件符合特定标准的产品，也可指向服务领域，如为某商场策划广告方案；从来源看，项目既可以来自企业的实际需要，也可源于与学生的生活实践密切相关的实践性问题。这样看来，选取适当的项目工作任务是项目课程的关键，并不是所有的任务都可以充当项目，它必须符合相关性、实践性、结构性等原则。相关性，即选择的项目必须与学生的生活实际密切相关；实践性，意指项目应源于真实的工作实践，一方面它区别于人工设计的问题情境，另一方面也意味着项目结果最好以具体的形式表现出来；结构性即项目必须具有一定的典型性，既要与工作任务基本一致，又能容纳相关的技术知识。

2. 整合的时机

在实际中，我们常遇到这样的问题：如果没有理论知识照样可以进行技能操作，如计算机的使用，小孩子虽然不具备相关的计算机基础，但可能比成人更能熟练地操作，这似乎表明技术实践知识并非需要技术理论知识。诚然，对一些技术含量偏低、操作相对容易的工作任务，可能不需要技术理论知识的配合就能解决，但对于非常规性的、不确定性的问题，往往就要寻求技术理论的辅助。如对一个常规的问题，人们习惯于从基本的操作入手，一旦原有经验、技能无法解决面临的困境的时候，就会开始寻求技术理论知识的帮助。此时，便是整合技术理论知识和技术实践知识的最佳时机。由此看来，技术理论知识与技术实践知识的整合常发生在具有高技术含量、模糊性、不确定性的问题解决过程中。这些带有"挑战性"的问题需要采取新的方法或改进原有方式、方法予以解决，这就把问题的解决由惯性操作上升为实践性思考层面，在解决过程中真正实现了"手到、眼到、心到"的结合，使知识的表征更为鲜活，意义更为深刻，有利于知识提取和存储。

3. 整合的关键

虽然项目课程突破了传统的学科知识体系，并为实现知识的整合提供了解决框架，但不得不承认，真正实现知识的整合并非易事。如果仅把项目课程看作以简单重复的技能操作为纽带来联结技术理论知识与技术实践知识的话，不仅是对整合的肤浅理解、曲解项目课程的真正意图，使课程实施陷入困境，而且使整合在很大程度上成为一句空话。

实践导向职业教育课程内容按照任务项目进行组织，促进了工作内容与学习内容的整合，使课程内容不再是毫无意义的、脱离生活情境的、孤立的知识点。由于"项目"源于并贴近学生的实际生活，反映学生认为有意义的生活实践，使技术理论知识学习成为学生的一种内在需要，而不是一种学习负担，学生在项目主题丰富多彩而又充满挑战性的活动中始终处于积极的探索状态，表现出积极的情绪体验，突破了单纯的操作技能，发展了解决问题的创造性思维能力。可见，项目课程为技术理论知识与技术实践知识的整合提供了可能性。然而，对整合的理解并不能完全停留于此，因为在职业教育课程领域中确实存在着许多人为地割裂理论与实践的做法，这些都不同程度地影响了课程内容整合的成效。以项目为核心组织课程内容，并非意味着课程内容从实践到理论的单向式建构模式，而是主张以技术实践为起点，建构技术理论知识与技术实践知识的互动、"双促"模式，最后再重新回到实践，这样既有利于加深对理论知识的理解，又可以建立一个互动循环模式，使技术理论知识与技术实践知识达到进一步整合。这种模式的实施要求调整现有课程内容的结构，先安排技术实践知识，包括具有典型的行动性、观察性的内容，再安排技术理论知识，包括基本性质、基本结构和功能等内容，最后，有必要安排学科系统化知识，如原理性的知识，以对实践能力的迁移和创造性实践能力的培养起到一定的促进作用。

前面探讨了实践导向职业教育课程的内涵、课程目标、课程结构及课程组织，大致勾勒了实现技术理论知识与技术实践知识的基本框架，然而，对课程的探讨也只是集中于文本层面，对实践导向职业教育课程的开发，还有一些问题需要解决。例如，如何把综合职业能力的培养纳入项目课程中去，实现单项能力与综合能力统筹。再如，实践导向职业教育课程开发实际上是一个客观分析与主观设计相结合的过程，如何将工作项目内容建立在客观的分析基础上，并在主观上作为一个整体化的过程进行设计并付诸实施。对这一系列问题都要有所考虑。

二、实践教学教学因素分析

虽然课程在一定程度上为实现理论知识与实践知识整合提供了文本层面的模式，但要真正实现这两类知识的整合，在很大程度上取决于如何把相关的课程框架转为学生接受的教学情境，使学生在认知结构中达到这两种知识的整合状态。这就涉及具体的教学过程。由于实践导向职业教育课程的实施与实践教学的关系更为密切，因此，这里倾向于统筹考虑课程实施与教学。这里把实践教学体系研究分为："理念的教学"（从教学思想层面探讨）、"正式的教学"（包括教学目标、教学内容、教学组织、教学环境等）、"运作的教学"（从保障机制、条件层面），按照宏观——中观——微观的逻辑分析顺序行进，遵循观念先行、过程统领、制度保障的思维逻辑。

（一）理念的确立

伴随着社会经济发展对高技能型人才需求质量和规格的提升，实践教学在高职教育教学中的地位和作用已日益突显，实践教学已越来越成为彰显职业教育特色和培养高技能型人才的重要途径。对实践教学功能和内涵的认识将是顺利实施实践教学的关键所在，对实践教学的把握在很大程度上将影响其在高职教学实践中推进的质量，深化对实践教学的理解有助于我们发挥其强大的教学导向功能，指导教师日常的教育教学行为。总之，对实践教学本质的认识支配着教师的教学行为，也是高职教学改革顺利进行的重要保障。

在高职实践教学体系的构建中，对实践教学概念的正确理解和解读是贯彻落实实践教学的前提和基础。回顾实践教学的研究状况，虽然人们在教育研究及教学实践中时常提及这一概念，然而却鲜见对它进行专门的解读，虽然少量研究触及实践教学概念，但仍没能从实践教学的本质意义给予关照，如此一来，多数教师及教育研究者仅把其视角锁定为通过实验、实习、实训，获得简单的技能训练的教学过程而已。对高职实践教学概念的模糊认识和误读，极大地阻碍了高职教学的内涵建设和发展。

1. 对实践教学理解的偏颇，制约了实践教学体系的发展

从笔者的调研资料看，高职院校教师对实践教学概念的认识有较大差异（见图5-1）：有近半数的教师把实践教学看作一种教学活动，29%的教师认为实践教学是一种教学方法，仅有23%的教师认为实践教学是一种教学理念。对实践教学内涵认识的不足在某种程度上导致了高职实践教学体系运行不畅。由于理解的偏差，我国高职实践教学仍停留在改个教学方法、换个教学空间，或单纯把实践教学看作为理论教学服务的附属体系，这个问题在调研数据中尤为明显。在实践教学体系与理论教学体系的关系上（如图5-2所示），49%的教师认为，实践教学是为理论教学服务的，仅有33%的教师支持理论教学体系为实践教学体系服务的观点，还有不到1/5（18%）的教师视两者为相对独立的教学体系。由此可见，对实践教学概念认识不清，在处理实践教学体系与理论教学体系的关系问题上也存在偏差。事实上，视实践教学为一种教学活动，从理论上讲并不无道理，因为教学本身就是一种师生互动的活动，实践教学是教学的下位概念，理应符合这一原则，但高职教育作为一种类型教育，旨在培养学生的职业能力，如果把实践教学仅从教学活动来理解，就把实践教学的丰富内涵和外延抹煞了，易导致狭隘化。从这种意义上讲，这里更倾向于把实践教学当作一种教学理念来对待，这样研究视域会更广，研究内容会更充实。而对实践教学体系地位的确立则直接关系到建构的实践教学体系模式究竟是"学科体系的变异"还是"真正意义的实践导向"。调研显示，多数教师还是把实践教学体系视为理论体系的补充，认为实践教学是为理论教学服务，这在某种程度上否认了实践教学体系相对独立性的一面，以建构实践教学体系为名，行构建理论教学体系之本，其实质仍未逃脱传统学科体系中心。尽管时下高职强调实践教学的重要性，但如果观念性的问题没有得以解决，只局限于把实践教学看作理论教学的附属品，这种认识势必会对高职实践教学的发展产生极其不利的影响。因此，教学理念先行是建构实践教学体系的重要前提和基础。

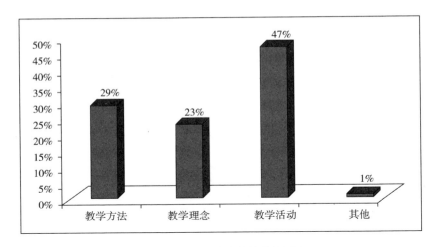

图 5 – 1 教师对实践教学的看法

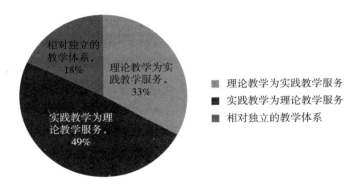

图 5 – 2 实践教学与理论教学的关系

2. 溯源——解析认识的盲区

观念是解决所有问题的先行者，对于解决实践教学体系中的问题也不例外。然而，理论教学体系在我国有其深植的土壤，导致我国教育领域长久以来遵循、奉行学科知识体系。在了解学科体系历史和现实渊源与成因基础上，正确处理理论与实践的关系，确定实践导向的教学观将有助于把握并驾驭实践教学体系。

（1）预定性哲学观

从柏拉图的"观念"、笛卡尔的"我思故我在"、黑格尔的"绝对精神"到胡塞尔的"先验自我"都建立在确定性、客观性的思维方式之上，它们追求确定的思想本源和最终真理。这种确定性思想建构了线性的、可预测和可控制的宇宙观和系统观，在这种体系中，我们习惯于用"清晰的"、"言明的"和"总结好的理论"等非生活视角来审视我们的生活世界,即使是用生活世界的视角来分析问题,我们也总是设定一种模本,以此来剪裁标准的生活。这样一些学科只追求其体系结构完整性和系统性,而忽略和脱离了生活实践。确定的理性主义思想的深植,使学术教育自然走进了学校教育的殿堂,其统治地位在教学教育领域仍占有绝对的优势,这种绝对统治权所导致的后果便是一味地强调科学理论知识,忽视甚至无视实践知识的存在与作用。此外,这种客观主义哲学观以机械的方法论为基础,隐含而又外显地表现在当代学校教学之中,主张课堂教学法并非像苏格拉底那样对假设、信念和悖论提出质疑;相反,它对那些已经得以确定和重视的原理予以强化、构建或证实。这种教学观严重压抑了人作为"自我主人"的意识、行为和自由,从而在一定程度上导致了人性的缺失。

(2)客观主义知识观

知识与教育是两个具有天然联系的逻辑概念,对知识的不同看法往往规定并影响着教学观。早在19世纪中期,英国社会学家斯宾塞就以"什么知识最有价值?"开始了知识的探讨,随后,美国教育社会学家阿普尔对斯宾塞提出了质疑,即他提出了:"谁的知识最有价值?"从此知识便由"价值中立"发展为"价值负载",标志着人们对知识的理解发生了重大改变。

从近代哲学中发展起来的客观主义,伴随着科学技术的巨大发展,成为主导整个社会发展的绝对权威。对技术理性的崇拜,更催促了客观主义知识观的主导取向,它在标榜科学的客观、超然、非个体特征的同时,认为高度抽象化、形式化的知识是绝对正确的知识,任何不符合这一标准的知识都被视为"无效"的或有"缺陷"的知识。如此,整个社会生活被理性所笼罩,人们成为知识的奴隶,而学习只不过是将固定的、形式化的概念、原理统统硬塞到大脑中去。

随着社会多元发展取向,人们逐渐打破了知识的客观性、绝对性与价值中立的神话,开始关注并探讨知识的新类型。其中,哈贝马斯的"实践知识"和"解放知识",波兰尼提出的"明言知识"和"默会知识"等都对传统的客观主义知识观提出了挑战,知识的情境性、个性等特征也渐渐进入人们研究的视阈,知识不再是权威性的绝对真理、不再是独立于人的客观实在。知识的哲学转向和时代的知识状况表明:"知识的性质正在发生变革,知识客观性的悬置与文化性的生成、知识普遍性的消解与境域性的接纳、知识中立性的隐退与价值性的在场。此时,人类不再把知识当成有待人去'占有'或'存储'的对象物,而是逐渐转向探寻知识的意义性、价值性与可理解性。"①

(3) 僵化教学观

自夸美纽斯提出大教学论以来，教育领域的一个重要任务便是试图揭示教育、教学发展的客观规律，他们力图通过对教学概念、教学目的和任务、教学过程及其规律、教学原则、教学方法、教学组织形式、教学效果评价等一系列范畴的思辨研究和逻辑演绎，建立起一套完整的、普遍适用的理论体系，以期待对教师的教学行为进行规范，这种规范性、技术性研究，到赫尔巴特，已达到系统化、形式化的阶段。这种受"技术理性"支配的教师教育和教学研究，认为存在着所有教室与所有教师普遍有效的程序、技术与原理，认为教师教育的基本任务就是掌握一般化的程序、技术、原理；寻求应用这种程序、技术、原理于各个教室之中的教学实践。② 深受理性主义思维方式的影响，以追求生产性、效率性为基础的泰勒行为科学教育研究盛行，特别是在 20 世纪 60 年代至 70 年代，"过程—产出模型"的教学研究广泛普及，借助系统工程学的技术并控制课堂中的教与学的过程来展开研究，为教学研究带来了压倒性的影响。③这种模式把教学理论视为确定性的、最具概括性和普遍性的教学规律，追求教学的同一性和确定性，忽视教学的差异性和丰富性，更滋生出教育理念与实践的游离。随着时代的变化，人们对教学的认识不断深化和发展，这种逐步僵化和封闭的教学，越来越多地受到人们的批评和责难。基于对理论与实践二元模式下技术理性应用模式的批判，教学研究也日渐趋向"实践性"，即在教师丰富的教育实践过程中寻找教学的增长点，避免陷入纯粹理论思辨性的泥沼。

教学研究范式的转型标志着人们对教学认识的不断深化，也因此实现了从僵化教学到生成性教学的转向，这两种本质完全不同的教学观在教学准备、教学成效、教学方法及教学价值方面都有明显的区别。在教学准备方面，僵化教学的教师精心备课、严守教学大纲中规中矩地进行内容传授；而生成性教学，教师考虑到学生的认知特点并运用教学智慧设计职业学习方案，建立最佳的职业学习情境，以保证学习活动的有效性。就教学方法而言，僵化教学通过教师讲解—演示—练习—评价等环节完成；生成性教学则以学生体验、参与的自我控制的学习为主，辅之以教师必要的反馈。从教学成效看，僵化教学是以教师

---

① 姜美玲. 教师实践性知识研究 [M]. 上海：华东师范大学出版社，2018.
② [日] 佐藤学. 课程与教师 [M]. 钟启泉，译. 北京：教育科学出版社，2003：333.
③ 姜美玲. 教师实践性知识研究 [M]. 上海：华东师范大学出版社，2018.

为中心的传授式教学，关心教师教授知识的多少，认为教师只要讲得好、讲得多，学生必然能学得好，注重可观察到的外在行为的变化；生成教学主张以学生为中心，更加关注学生的学习效果，学习在很大程度上取决于学生的投入，而非教师，重视学习者个体的内部变化，强调行动—思维—反省整合的整体性教学。从教学追寻的价值看，僵化的教学追求"工具性价值"，追求基于身心一元论基础上的终极价值，而生成性教学重视学生在教学中对生命的积极体验，关注教学的过程价值。

（4）思维定式——理论与实践关系理解的盲区

对实践教学理解的偏颇在某种程度上表明对理论与实践、理论知识与实践知识关系的误读。

对理论与实践关系这个古老话题的探讨人们并不陌生，在人们的思维定式中，常以为自己是生活在一个科学化、理论化的时代，认为只要有了科学，有了理论，就会有一切。"科技"一词实际上已经变成"有科学无技术"，科学知识、理论知识在实践中的作用被神化了，任何实践的、经验的、局部的、默会的、方法的知识都被嗤之以鼻。"技术是科学的应用"和"实践是理论的应用"这两个范式深深地渗透到教育领域，科学知识、理论知识成了整个教育内容的主宰。① 长久以来，对理论是实践的基础，实践是理论的应用这一观点，人们并无疑义。18 世纪大机器工业和资本主义自由贸易的盛行，进一步为科学搭建了大显身手的广阔舞台，科学与技术的联姻更使科学不仅在理论上有了重大的创建，而且还展示出其巨大的实用效应。科学知识借着工业革命与资本主义发展的东风，逐渐摆脱了附着在其上的"非科学"的混杂因素，并日益显露出其追求真理的理性和工具性的双重价值。尤其在当代，嫦娥奔月工程的成功，似乎再次向人们昭示实践活动的成功需要以科学理论为支撑，这些都是不争的事实。科学与理论也因此登上了教育的大雅殿堂，成为主导教学领域的"主流知识"。

应该看到，科学知识或理论知识确实在一定时期内推动了社会经济的迅猛发展，但如果因此把科学知识夸大，甚至看成主宰万籁的神明，则很容易陷入科学神圣论的泥潭，无视技术知识与实践知识这股巨大洪流的存在意义。事实上，问题的关键并非在于理论与实践的一争高下，而是探究：是否具备了一定的理论知识就会自然转化为实践的动力，这种转化模式是否是自动的、无条件

---

① 徐国庆. 职业教育课程的根本问题是学问化［J］. 职业技术教育，2006（9）.

的、轻而易举的。回答是否定的。在现实生活中，如果我们稍加留意就会发现，任何一项技术发明过程，绝不单单是理论知识的掌握，从科学理论到技术发明之间的转化过程并不是"一帆风顺"的，也就是说对一个问题的理解并不意味着就一定能够解决问题。我们经常会看到，能够流利地陈述具体操作步骤的人，并不一定能够熟练地将之付诸行动，这至少意味着理论知识与实践知识并非一码事。如果把理论的应用看成自然的、无条件发生的过程，就会用理论知识掩盖实践知识的重要性。这种观念渗透在职业教育领域将会带来压倒性的影响，一方面对理论知识的强调使职业教育作为教育类型与普通教育并无根本区别，无非是附带些被认为是"实践教学（实验、实习、实训）"的活动。另一方面实践教学过多地充斥着理论教学内容，实质上其"实践功能"被大大地弱化了，进而演化为理论教学的附属品，这无疑阻碍了职业教育教学质量的提升，掩盖了职业教育人才培养的特色。

正是由于对理论与实践、科学与技术关系的误读，造成了对理论与实践关系认识的盲区，而且对理论研究的匮乏导致对实践教学体系本身的解读也存在诸多偏颇。从目前人们对实践教学所持观点来看，主要表现在三个方面。①认为既然实践教学重要，那么可以忽视技术理论知识的学习，甚至弱化或取消理论学习。其实，这种观点在我国还很有市场，其盲点在于否认了理论积淀对实践知识学习的作用，割裂了实践与理论的关系，把两者对立化。②认为实践教学就是加强简单的动作技能训练。这是对实践教学很狭隘的理解，实质上抹煞了实践教学内涵的丰富性及外延的广泛性。简单的技能训练只是实践教学要达到的最基本的、较低水平的要求，而培养学生在不同情境下解决问题的智慧型技能，养成综合职业能力则是实践教学努力要实现的，在体力技能和智慧技能发展的基础上，关照人的自我实现及生命价值的体验，则是实践教学较高水平的目标。③认为实践教学可以通过大量地增加实习、实训课时来实现。这种观点也是目前高职院校探讨实践教学的主要内容。可以肯定的是实验、实习、实训是实践教学的主要形式之一，但不是唯一形式。实际上，从教学地点看，实践教学不仅限于校内的实训中心、校外的企业实习，而且课堂教学也可以有实践教学；从师资分类看，实践教学不是实习指导教师的专利，理论课教师也可以搞实践教学。

可见，诸多对实践教学的认识误区，一方面表示人们对实践教学认识和研究还很不够，另一方面也反映出人们在认识和处理理论教学与实践教学的关系时，往往容易走极端，即在肯定一方的同时，常常抛弃或否认另一方，即便有时人们极力呼吁要加强实践教学，但在实际行动中，常因缺乏系统的观点，造成"顾此失彼"、"违背初衷"，难逃理论至上的宿命。

实践教学的真正意义并非在于排斥理论知识或否认理论价值，而是如何选择和学习技术理论知识，实现理论知识与实践知识的整合，达到"你中有我，我中有你"的交融境界，尤其是发挥理论知识对实践知识的促进作用。特别在当今知识信息爆炸的时代，社会具有更大的流变性，使以往可靠、确切适用的知识变得越来越模糊、流变和弹性化，使不同类型知识间相互依赖关系强化，造成理论知识对实践知识的"寄生性"更为凸显。在某种程度上，人们甚至更看重与解决具体问题相伴的实践能力的发展，显然这种能力更加突显与具体工作情境密切相关的实践知识。在这种背景下，实践绝非是理论的简单应用，更不再是为维护理论的"神圣化"添加助力的工具，它应具有更多的自身存在的意义和价值。技术理论知识要围绕技术实践知识展开，要选择与实践任务相联系的技术理论知识作为技术实践知识的必要支撑，其中，技术实践知识作为"主角"，技术理论知识作为"配角"，二者相得益彰。正确理解理论与实践、技术理论知识与技术实践知识的关系对进一步探讨职业教育实践教学具有重要意义。

在基本厘清理论与实践关系的之后，就需要对教学目标、教学内容、教学组织、教学方法及教学环境等教学要素进行系统分析。

（二）教学目标

正如杜威在《民主主义与教育》一书中所陈述的，教育的目的就是生长："既然生长是生命的主要特征，那么，教育就是不断生长；在它自身之外没有别的目的。"在这一点上，杜威认为，生长是能力的拓展——从经验中学习和以有意义的方式指导未来体验的方向。这强调了教育应该使人们自由实践，使人们更能引导个人的和社会的生活，因为只有通过这种方式，才能产生民主生活中恰如其分的生长。①

1. 教学目标的设计取向

面对社会发展对劳动者素质要求的提高和职业教育自身提升教学质量的内在需要，职业教育培养出来的劳动者是否能在满足企业发展的基础上，实现个体的持续发展已成为职业教育迫切需要解决的问题。思考职业教育人才培养的

---

① ［美］Howard A. Ozmun, Samuel M. Craver. 教育的哲学基础［M］. 石中英，邓敏娜，等，译. 北京：中国轻工业出版社，2006：142.

规格和特点，需要从两个方面着手：一是现代企业生产究竟需要什么样的人才，二是，从人的全面发展来看，应该具备哪些可持续发展能力？本书将按照这一思维逻辑进行分析。

伴随着我国经济结构升级和产业结构的调整，第三产业和高新技术产业迅速兴起，一方面从就业岗位需要人才的层次上看，生产工艺的复杂程度越来越高，就业岗位及用人单位对人才素质也有了更高的要求。而实际的情况却是：目前我国高级职业技术人才严重缺乏，据相关资料表明，我国高级技术人才仅占各行业工人总数的 3.5%，与发达国家的 15% 尚有很大差距。而另一方面，从人才需求的结构来看，随着产业结构的调整尤其是我国加入世贸组织的程度不断地深入，不仅有些原有岗位会消失，还会出现许多新的就业岗位，如据国务院发展研究中心推测，1998—2010 年农业劳动力有 966 万将转移到其他部门，汽车业将减少 49.8 万人，机械业将减少 58.2 万人。因"入世"而就业增加的行业包括：食品加工业 16.8 万人，纺织业 282.5 万人，服装加工业 261 万人，建筑业 92.8 万人，服务业 266.4 万人。[①] 可见，产业的结构性调整加速了岗位弹性化的要求，这不仅意味着需要掌握的技术内容不断增加，而且职业教育目标已从传统的胜任现有的职业活动向综合化的职业能力转变，劳动者不仅需要完成一件任务或一项活动的某个环节，而且还要懂得相关的专业知识，甚至要熟悉或了解完成一项职业活动所涵盖的全过程，包括任务的咨询、计划、决策、实施、检查、评价等一系列环节。此外，这强调对生产全程的监控、与他人沟通协作、具有安全责任意识等。

与此同时，随着我国经济和社会的飞速发展，人类已步入了知识经济、信息社会，全球的一体化趋势更加凸显了知识经济的创新特征。一方面，经济发展、技术进步给世界带来了空前繁荣，给人类生活带夹了便利；另一方面，不可否认，技术也给人类造成空前的困境，如环境污染问题日益严重，由于滥用信息技术给人类生活造成威胁等。马克思在 19 世纪评价技术的两重性时就指出："技术的胜利，似乎是以道德的败坏为代价换来的。随着人类愈益控制自然，个人却似乎愈益成为别人的奴隶或自身卑劣行为的奴隶。"[②] 爱因斯坦曾说："科学是一种强有力的手段，怎样用它，究竟是给人类带来幸福还是灾难，

---

① 袁志刚，Nick Parsons. 经济全球化下的就业政策［M］. 北京：中国劳动社会保障出版社，2004：123.

② 陈昌曙. 技术哲学引论［M］. 北京：科学出版社，1999：245.

完全取决于人自己而不是取决于工具。"① 这些都表明技术是一把双刃剑，如果解决不好技术进步与人类发展之间的关系问题，将会给整个社会发展带来新的问题。因此，如何正确使用技术，对人本身适应信息社会自身的要求和素质的提升都提出了很大的挑战。这就要求我们既要考虑科技促进经济发展，又要考虑科技促进社会与人的全面发展，这种转向使人们开始反思教育取向问题。法国学者荣克（R. Jungk）从文化变迁角度考察了未来价值观念的变革，并归纳了处在上升和衰落两种状态的价值观（见表5－3）。

表5－3　两种状态的价值观

衰落的价值观	上升的价值观
不关心他人	团体意识
沙文主义	对人类的积极态度
唯唯诺诺	创造性与智力流动性
自我主义与自我满足	寻求归属某一团体
野心勃勃向上爬	职业流动，追求生活新经验
个人经济保险	对整个社会繁荣的责任感
私有财产	社会正义和公共服务
相信"进步"，自得其乐	追求美的价值

上升的价值观更加关注人的社会性发展，体现人在社会中的价值及贡献，这与"设计"导向的职业教育思想相吻合，它是对传统技术决定论思想的挑战，其含义在于：职业教育培养的人才不仅要有技术适应能力，而且更重要的是有能力本着对社会、经济和环境负责的态度，参与设计和创造未来的技术和劳动世界。这意味着，职业教育内容不能简单地适应技术的发展及职业工作任务一时的要求，必须更多地关注工作、技术与教育之间的相互关系及相互作用。②因此，从职业教育未来发展趋势和要求来看，人与社会关系发生的巨大转变便是由被动适应转向主动设计：人在技术发展过程中的主体作用逐渐突显，人不再作为技术发展的附庸，也不应被技术所主宰，而是作为责任主体积极地参与

---

① 爱因斯坦. 爱因斯坦文集：第3卷［M］. 许良英，赵中立，张宣三，等，编译，北京：商务印书馆，1979：56.
② 姜大源. 当代德国职业教育主流教学思想研究——理论、实践与创新［M］. 北京：清华大学出版社，2007：12.

技术设计的过程，促进社会朝着积极的方向发展。对于职业教育教学而言，面对这种未来发展的愿景，我们不得不思考，这种"设计"的教学观念如何在教学层面上予以体现？笔者认为，应该实现以下教育目标的转变：职业教育关注的焦点不再停留在对劳动者暂时性技能的培养，而是强调对人的思维模式、行动模式和态度模式的整合；人们不仅要关注职业教育功利性的任务，更要理性地追求职业教育在实现人的发展过程中的教育性要求；职业教育不仅要关注个体发展的要求，还要协调个体与社会发展的关系，着眼于个体在社会发展中的积极贡献，使人能够尽量参与一种具有积极价值取向的技术设计。

2. 目标的整合性

学科体系目标模式虽然对人的认知发展具有一定贡献，然而，单纯通过认知接受的学习内容由于与生活实际相脱离，所获得的只不过是抽象的知识片段。针对这种专业与生活脱节的碎化思维，整合教育为解决现代教育的弊端提供了新的教育理念和教育模式。它要求教育实现科技教育与人文教育、智能教育与情感教育、学校教育与社会教育的整合。需要指出的是，在整合教育中，并非强调教师从外部强加给学生的命令式集合，而是通过学生自身的体验、参与达成；教师不只是传授知识，而是教导学生一种积极的生活方式；整合的学习，不再只是停留在"知之"的层面，而是进一步提升到"好之"与"乐之"的层面。整合教育努力创造一个适合学生健康发展的共同体，在其中学生最大限度地发挥他们的潜能，做一个对社会有贡献、能够创造性解决问题的人。

3. 从技术技能到实践智慧

以培养学生的技术技能为核心目标是高职区别于其他教育类型的主要标志，它客观上要求技术技能在高职课程中占有较大比例。然而从培养层次看，高职又要与中职培养目标相区别，即不能仅仅停留在简单技术技能的训练上。从这种意义上讲，高职人才培养应定位于高技能型人才，对于高技能型我们应从以下几方面来把握。首先，高职所要求达到的技能绝非是单纯的、重复性较大的简单的操作过程。根据活动方式的内隐与外显之别，技能可分为智力技能（认知技能）和动作技能。罗米索斯基则进一步将技能分为"再生性技能"（reproductive skills，也称"再造性技能"）和"产生性技能"（productive skills，也称"创造性技能"）。再造性技能的特征是在技能活动中带有重复性质，在各种情景中运用技能时很少有大的变化，应用的是一种固定的程序。创造性技能的特征是在执行任务时表现出相当大的灵活性和变通性，它应用的是一种或几种理论和策略。① 根据这一理论框架，高职教育的培养目标，应突破以再生性操作技能训练为主的中职人才培养模式，强调在一定的再生性操作技能训练的基础上，侧重发展学生创造性、智慧型技能。其次，高职教学目标通常是知识、态度及技能三者的有机整合。随着生产过程复杂程度及工作岗位复合程度的提高，对劳动者素质的要求也不断提高。如就观察能力而言，不仅要能够识别简单的、结构单一的静态特征，而且要全面掌握结构复杂、动态的内部特征；既要对局部或某一环节有所了解，又要清楚地了解局部与整体的关系（如仪器设备的组装、使用、调试及排除故障等方面）。从精确性和敏锐性来看，既要了解明显的、呈现时间较短的过程，还要对细微、隐蔽的、呈现过程短暂的事物有所感知。从理解的深度来看，不满足于对简单现象做出解释等表面、肤浅的理解，而是能对观察到的现象进行归纳和分析，能全面预示可能的变化，能识别超出观察者知识范围的新异现象并合理推测。最后，"实践智慧"与我们通常所说的以智力高低作为衡量标准的智慧含义是不同的，它不同于一般的规则或技能，是一种能引导人们在具体情境中发现问题、审慎思考与明智选择的智慧类型，它既源于主体的生活实践又高于知识和经验。此外，它是一种将道德知识与行为倾向结合起来的行为方式，即求善行为。② 这意味着主体在知识的获取、运用和生产过程中，必须保证技术行为的合理性与合法性，它要求人在实践活动中既要合乎自然法则，谋求与自然界的和谐发展，又要遵循与人交往的合作性，实现人类与社会的和谐发展。

（三）教学内容的"实践性"

从教学要素的角度来看待教学内容，关注的重点是教学内容的选择和组织方式，即选择哪些知识作为教学内容，由谁来选择这些知识，这些知识如何组织才能有效地达到教学目标。影响教学内容的选择和组织的因素很多，既有教学环境、教学媒介方面的因素，又有教学对象方面的因素，还有教学内容本身的因素。

职业教育教学内容与实际工作过程割裂的现象已严重阻碍了教学改革成果的推进。在职业教育教学实践中，就专业课而言，教师传授的多是专业技术的基础性知识，这类知识在技术更新的过程中较少发生变化，所以相对比较稳固，

---

① 黄克孝，严雪怡. 职教课程改革研究 ［M］. 北京：科学普及出版社，1997：46.
② ［英］w·卡尔. 技术抑或实践——教育理论的未来 ［J］. 华东师范大学学报（教育科学版），1995（2）.

它一般可以脱离个体经验而存在，由于这部分知识与现实中的职业工作缺乏联系，学生通常对这类知识的学习没有太大的兴趣。然而，在专业学习中，还存在一种建立在经验之上的知识，这类知识常随技术活动的变化而发生改变，我们称之为技术知识，其中包括技术理论知识与技术实践知识。对于这部分知识，实际教学活动应如何呈现呢？如何与现实中的职业工作过程建立联系，强化教学的职业针对性，这也是实践教学亟需解决的。

此外，从实践课来看，实践教学的内容多以演示或验证性实验为主，而且实验缺乏与工作过程相关的设计过程、工艺要求，还停留在简单的验证性阶段，与具体的工作情境关联不大。如电工培训的照明电路实习，教学内容多被简化到具体的电路元件及其连接上，根据已有定律和给定的各种物理量，测量并验证电路通不通，电流、电压是否符合某一定律，但在实际职业活动中对这项工作的工艺标准要严格得多，涉及的工艺内容要广泛得多，如亮度、灯具位置、照明与布线质量、节能的可能性甚至灯具及其安装的审美标准等都是有讲究的。虽然电路本身对外并没有实际的功能应用性，但在实训项目里或真实的工作过程情境中，往往会有明显的对外的应用性功能，如同样做一个电工实训，要求给一个六层楼的民宅安装电灯，既要求每一层楼梯都要有电灯，还要保证每一层楼的开关既能控制当层又能控制上层或下层的，这种开关应该如何联接，这个线路就明显带有功能应用性。即使在一些学生动手机会较多的实验甚至进行技能训练的实习教学中，实践培训与实际工作过程的联系也很少，传授实践性的知识和工作过程知识，目前还没有提到议事日程上（赵志群，2000）。

为了提高学生学习的积极性，促进学习内容与工作内容的衔接，工学结合的教学日渐获得普遍认同，它强调通过工作而学习，即学习内容不再是脱离具体工作情境和工作过程的点状的专业知识和操作技能，而是反映某一职业（或专业）的最重要的专业能力的、综合性的"典型工作任务"。① 这在某种意义上规定了，能够成为学习内容的工作任务并非来源于工作实际的简单的知识或技能，而是从工作内容中提取出来的能涵盖工作任务各个方面的整体性任务，是理论与实践一体化的综合性学习任务。

实际上，教学内容关注的重点是如何选择与组织知识，这就涉及选择什么类型的知识作为教学内容，哪些知识可以作为教学内容进入学习领域，哪些知识对学习工作任务有帮助，不同类型知识的功用何在。工学结合的教学要求彻

---

① 赵志群. 职业教育工学结合课程的两个基本特征 ［J］. 教育与职业，2007（10）.

底打破传统的学科体系，建立任务驱动的工作过程体系；教学内容不再是抽象的、与工作情境无关的事实性知识，而是与企业生产情境紧密结合的实践性知识，其中包括企业具体的实际生产技术以及与技术工人有关的经验性知识；教学内容不再是专业性较强，难度较大的描述客观现象的概念和定律，而是内容较宽泛，难度相对小的企业具体的生产任务；从教学内容知识的功用看，陈述性知识不再承担客观世界的解释功能，更多的是作为深化对技能的理解或促进迁移能力的获得，承担手段功能，当然这并非否定陈述性知识存在的意义，只是我们更加关注和倾向于把事实性知识放在程序性知识的背景下得以呈现，因为只有当学生在实践过程中遇到无法借助一般方法解决问题的时候，陈述性知识才有被真正需要的价值。"在遭遇这些障碍的时候，意识被唤醒并集中注意力，同时，它使一个人更敏感地察觉到这种情境。"杜威认为，只有在处理这些真实生活问题的时候，创造性才智才能得到发展。① 也只有对"如何做的知识"进一步产生疑问，希望知道为什么这样做的时候，承担着解释功能的陈述性知识与具体工作情境中的知识"联袂"才能发挥其真正效用，彰显其存在的意义。

从教学内容呈现方式看，由于实际工作的知识，有些以经验的形式内化于个体中，多不能用明确的公式表达或言明，只有通过学生体悟、参与等默会形式获得。与学科体系培养逻辑思维能力不同，高职教育教学在于提高学生与具体的职业有关的能力，如及时有效地处理生产现场的技术难题，排查、分析故障，维修设备的能力，熟悉职业规范和章程，具有严谨的职业态度和操守等。

（四）教学组织的转变

教学组织形式，是指为完成特定教学任务，师生按一定要求组织的活动结构，是师生间的相互关系和合作形式。进一步说就是关于教学活动应怎样组织、教学的时间和空间应怎样有效地加以控制和利用的问题。教学组织形式的意义在于如何使教学活动更好地适应每个学生的需要、兴趣、能力和发展潜力。

1. 从以教师为中心转为以学生为中心

对于教学组织模式的分类，存在不同的看法。如果按教学的活动重心不同，分为以教为主的教学和以学为主的教学。

以教为主的教学体现为以教师为中心的教学方式，教师在整个教学活动过程中始终处于主体地位，控制和掌管教学过程的各个阶段，这一模式教师主要

---

① ［美］Howard A. Ozmun，Samuel M. Craver. 教育的哲学基础［M］. 石中英，邓敏娜，等译. 北京：中国轻工业出版社，2006：132.

采取讲授、演示的教学方式，其呈示行为包括语言呈示、文字呈示、声像呈示和动作呈示。由于传授式教学强调教师单方面的信息输出，缺乏信息的及时反馈和学生的积极参与，因此，教学效果并不理想。这种教学方式以教学目标和内容为导向，自然对教师的要求也不高，仅需教师具备必要的"本体性知识"，即从事教学所具备的专业知识，以此决定教给学生什么。在实际教学中，教师围绕特定的专业知识展开教学，学生只能获得孤立的、专业知识点状的增量，至于方法和社会能力则无从体现。因此是一种不完整的模式。

然而，针对传授式教学的弊端，一种以"提问、讨论、问答"为特征的"对话"教学模式进入人们的视野，这种以学生为中心的教学模式在某种程度上突破了教师单方面的教学控制，允许学生部分地参与教学活动，是一种从以教师为中心向以学生为中心过渡的模式。对教师教学的要求也从仅具备"本体性知识"向"条件性知识"转变，条件性知识涉及教师对"如何教"问题的理解，即如何将本体性知识以学生易理解的方式表达、传授给学生，如何激发学生学习动机、在课堂中如何组织、设计和实施测评等。

随着主体性、个性教育在我们教育的话语系统中频频出现，以学生为中心的教学模式逐渐受到关注。这种模式以学生独立的学习活动为主，教师则起到辅助学习作用，只提供必要的指导和帮助。以学生为中心是对课堂中教师权威的挑战，代表着课堂中的权利发生了重要改变，即由教师完全掌控到权利的"分享"转移，虽然教师仍然对学习有关键的决定权，但是他们已不再做全部的决定，而是允许有学生的参与。

以学生为中心的教学方式分为自我开发式学习和自我控制式练习。① 自我开发式学习是在没有教师直接帮助的情况下，学生围绕已明确了的学习目标独立完成学习任务，包括独立地制定、实施计划并检查其结果。这里的独立学习本身就是职业教育的重要目标。采用自我开发式学习，可以使学生在多变复杂的工作环境中，独立选择劳动工具、设计工作方法、控制工作过程和保证工作质量，因此能够促进职业能力和关键能力的发展。自我控制式练习一般发生在所有学习方式之后，是对学习内容的复习、记忆或系统化加工。这里学生的活动占主导地位，教师的任务是对学习过程进行控制以保证质量。

以学生为中心的教学往往需要教师具备"实践性知识"。这类知识是以课堂教学中的学生和情景为定向的，具有明显的情境性，它来自于教师个人的教学

---

① 赵志群. 职业教育与培训学习新概念［M］. 北京：科学出版社，2003：66.

实践，是教师教学经验的积累。专家型教师面对内在不确定性的教学条件能做出复杂的解释与决定，能在具体思考后再采取适合特定情境的行为。一名优秀的专家型教师不能仅仅具备本体性知识，因为他面临的是教学这样一个交互过程。条件性知识可以解决处理问题的原则，而实践性知识则可以解决教学过程中处理问题的方式方法。①

以学生为中心是现代职业教育培训的主要方式。但这一模式成功实施的关键在于学习者已具备自我管理的学习素质，并且要求学习者必须清楚学习目标和达成目标的方法和手段，这些条件限制了以学生为中心在教学中的应用。因此，从理论上讲，这一模式在目前职业院校实施仍然需要借助一些辅助手段来过渡，而不能一蹴而就，如可通过参与、体验学习让学生逐渐向独立学习发展。

2. 教学行为的转变

其实，上述提及的"教师中心"、"向学生中心过渡"及"学生中心"三种教学组织模式，如果从教学行为角度探讨，则对应以下几种教学行为：着眼于教师呈现知识与演示技能为主的行为，称为呈示行为，对应教师中心模式；着眼于师生之间的相互作用的行为，称为对话行为，对应过渡模式；着眼于学生自主的学习活动，教师则采取辅导或指导的行为，称为指导行为，此阶段也属过渡模式；着眼于学生参与、体验学习，属于学生中心模式；着眼于学生自我管理的独立学习模式，是学生中心模式发展的理想阶段，后两者则是真正的学生中心，因为学习者在这两种模式下，完全"沉浸"于自我管理的学习氛围中。

表 5 - 4　课堂主要教学行为分类及具体方式②

课堂主要教学行为类别	教学行为的具体方式
呈示行为	语言呈示、文字呈示、声像呈示、动作呈示
对话行为	讨论、问答
指导行为	阅读指导、练习指导、活动指导
控制、保证、教练行为	参与、体验学习
无直接指导、咨询	独立学习

① 陈向明. 实践性知识：教师专业发展的知识基础 [J]. 北京大学教育评论，2003（1）.
② 施良方，崔允漷. 教学理论：课堂教学的原理、策略与研究 [M]. 上海：华东师范大学出版社，1999：149 - 150.

此外，教师的教学行为依据阿多诺（Aderno）的研究，可以分成民主型、权威型及放任型三种①。民主型的教师能够注重学生的个别差异和需要，允许学生有不同的意见，鼓励学生积极发问并给予反馈和辅导，由师生共同参与教学活动的安排，共同研究过去的工作成果，共同决定未来的计划。② 权威型的教师完全控制课堂活动，不喜欢学生发问或发表意见，教师按照教学计划安排所有的活动，包括教学目标和工作进行的程序，视自己的看法为权威性的、不容改变的，是一种授—受过程。放任型的教师以自由方式教学，不大重视课程组织与教学程序，凡事让学生自己摸索，很少参与学生的活动，而让学生有充分活动的自由。这种非指导活动的极端就是放任式的教学行为，虽然说这种模式学生有较大的自由，容易受启发，但也容易陷入放任自流的境地。

3. 教学组织的社会性要求

按教学活动的个体性和群体性，分为集体讲授、独立学习和合作学习。集体讲授是与传统班级授课制相对应的典型的教学组织形式，它有利于保证学习的系统性、可控性，有严密的教学组织和教学计划，便于发挥教师的主导作用，如普通文化课、专业基础课和实验课基本上采取这种模式。

独立学习在上述分析中已提及，主要是学生自我组织学习的一种形式，主要在于促进学生的独立工作能力。独立学习的优点是学生的自由度较大，可以根据自我需要和兴趣灵活掌控学习的进度。但局限性也是明显的，由于这种学习形式要求学生具有较强的自我管理能力，因此不适合顽皮学生，如果把握不好，便很容易导致学生放任自流，而且它不利于合作能力、沟通能力等关键能力的培养。这种形式可以看作教学组织有益的补充形式。

合作学习是较独立学习要求更高的、与以学生为中心的教学方式相对应的组织形式。合作学习的优点在于，可以通过"头脑风暴"促进复杂问题的解决，学生通过合作交流促进关键能力的养成，在合作学习中，学生通常要承担不同的责任，每个人在不同角色中得到锻炼和提高，系统培养分析、协调、检查、评估等多方面的组织和管理能力，便于正确评估自己并确定自己的学习需求。在合作学习中，教师只提供具体的问题供学生解决，并提供必要的咨询。职业院校的专业理论课和部分实践课可以采取这种教学形式。教师可以把一个项目任务分为几个教学模块，每个模块以合作学习的形式进行，小组成员把学习模

---

① 虞美贵. 教师教室行为对学生学习的影响［J］. 师友，1969（156）：17 – 18.
② 陈昭雄. 技术职业教育教学法［M］. 三民书局印行，1984：11 – 12.

块分为若干部分，学习者在对任务进行分配后，便根据各自的角色各负其责，除了必须完成各自的任务外，每个成员还必须为小组的集体成果负责。学习小组对学习成果和学习目标进行比较，找出不足并分析原因，在此基础上教师做最后总结，并针对每个小组给予合理性建议。

合作学习改变了传统教学中的师生关系和学生间的关系，这种交流不是单纯的传授知识和学习知识的关系，而是具有一般的社会特性和社会品质的角色之间的交流；师生间不是一种制度上的支配—从属于关系，而是构成一种富有感情体验的精神协调关系，可以建立一种真实的接受和理解的关系，由此而产生和谐、积极而充满活力的学习气氛。①

4. 教学组织范式转变

职业教育的教学组织，从现代教育观的意义上说，就是学习过程的组织，可以看作社会组织的子系统。与普通教育不同，职业教育是一面镜子，其教学组织是应对社会发展，包括经济和技术的变化，特别是劳动组织的变化。伴随着经济结构、技术手段、劳动组织的演变，职业教育学习过程的组织至少经历过四种基本的范式变化。②

按照学习与工作关系的不同，可以把其分为：工学一体化模式及工作导向型学习。工学一体化模式强调工作与学习高整合性，即学习与工作的场所是同一的，它按照企业的生产活动组织学习，学习与企业岗位紧密相连，采取合作学习的形式从事真实的职业活动，甚至要完成企业部分的订单要求，为企业创造真正的价值，它培养的是良好的专业能力、方法能力和社会能力。本质上来讲，这种模式是一种校企合作的范式，强调学校知识的学习与企业形态中学习的一体化，学习地点主要表现为职业院校教室功能的扩充，如教学车间、实验室可以模拟真实的职业情境，或者通过企业的学习岛、学习角等形式。学习是在一系列问题解决的过程中完成的，其中包括先前从未接触过的问题情境，这种情况下，需要先辨别问题进而寻找解决问题的路径，通过结合已有的知识和经验重新建构问题解决的手段，借助相关问题解决的策略并迁移到新情境中。

工作导向型学习指的是学习地点与工作地点分开，但在学习地点里的学习内容是指向工作的，它尽量按照企业真实的工作结构来学习。工作导向型学习又可分为学校理论主导模式和学校实践主导模式。其中，学校理论主导模式的

---

① 赵志群. 职业教育与培训学习新概念［M］. 北京：科学出版社，2003：70.

② 姜大源. 职业教育教学组织的范式说［J］. 中国职业技术教育，2006（1）.

学习内容是有关职业工作中所需的具体和原理性的知识，即关于设备组件的特点、功能描述与工作原理。其学习地点多为与企业分离的职业院校的教室、教学车间、实验室。这种学习模式按照由简单到复杂、由浅至深、由基础到具体的顺序展开学习，是一种线性的、封闭的、人为控制的学习过程，学习目标在于使学生具有较高的专业发展所需的基本知识与技能，强调专业能力的发展，学习内容为抽象化工作内容知识的线性再现，以课堂进行的专业学习为主。学校实践主导的学习虽然也是学习与工作地点相分离，但与理论主导的学习有着显著区别。它的学习地点是对原有职业院校教室功能的改进和扩充，如职业院校的实训中心。这种学习模式模拟或再现企业工作情境的劳动组织形式，通过浸润在开放的、参与的学习空间里，使用实设的生产设备，营造一种社会形态的工作氛围，有利于学习者感受到次真实的企业工作环境，培养除专业能力以外的方法能力和社会能力。它的学习活动是一种非线性学习，主要通过项目教学、角色扮演等形式进行，学习发生在问题解决的过程中，其过程充满不确定性，是一个由不适应到调整再到适应的过程，是知识从无序走向有序的过程，是混沌与有序相生共存的过程，也是一种可控的活动过程。

其实无论是企业学习还是学校学习，这两种实践活动模式从整体考查都有优势和不足之处。例如，到企业去实习，对于学生了解企业是有好处的，但从实际情况看，学生的企业实习效果并不理想，多表现为"走马观花"式的实习，因此，作为一个教育实践的环节，达到某种教学要求就很难。

如果学生是顶岗实习，从理论上讲需要知道某种产品从设计、工艺、调试、产品质量检验、测试的很多环节，但企业往往出于生产成本和经济利益的考虑，不愿意让学生接触真实的生产活动，多数时候学生虽然跟工人一样三班倒，但实际上并未从事真正的生产操作，即使把学生安排在企业里的某一岗位，也多是让他们做简单的、重复性的工作，这对于完成教学任务同样也是比较困难的。可见，企业学习在当前还存在一定的局限性，是一种学校很难控制的学习过程。如果从学校可控的角度看，实验可以进入教学计划，也可以根据教学要求来安排，因此是可控的。但这种模式的弊端在于它游离于企业的实践活动之外，与真实的企业活动相去甚远。由于实验学习是对所学内容的理论抽象，它多以验证性或模拟环境的活动为主，这与真正的生产现场是两码事。

可见，从职业教育教学来讲，我们应取实习、实验两个活动的长处，尽量弥补这两个实践活动的短处。例如，在企业实习实际上学校是不可控的，这一弊端应该避免，但我们要取它是在企业里面进行的真实的职业技术活动这一长处。对于实验来说，我们取它实践能控制的长处，避免它比较侧重或一味地进行验证性实验的短处。

比较理想的做法是在学校的能控条件下，为学生从事真实的职业活动创造条件，而实训则吸取了实验、实习的长处，规避了两者的短处，这个变化的根本就是在学校能控的条件下，更多地贴近生产实际，接近我们人类自然的实践活动，结合企业的生产实际来做，而不是科学家、理论家脑子里构思的某种理论。

（五）行动导向的教学方法

1. 从教育目标分类探寻教学方法

教学目标通常可以作为教学方法选择的依据之一。布卢姆把教育目标分成三个领域，即认知领域、情感领域及技能领域。每一领域又分为不同的层次，如认知领域包括知识、理解、应用、分析、综合及评价。情感领域包括接受、反应和价值化、组织及个性化。动作领域包括模仿、控制、精确、连接及自动化。可见，在这种分类标准中，每一目标领域都是由"低水平"向"高水平"过渡，由"不真实"逐渐走向"真实"的发展层次。职业教育教学作为职业教育的一项主要活动，其目标也必然包括以上三大领域。

根据由行到知、由特殊到一般的认知规律，职业教育教学方法也相应地从动作领域着手，从低向高、从具体能力向一般能力发展，这里以动作领域目标为切入点，试图通过动作技能的发展实现认知与情感的整合。动作领域的目标分类描述了五种水平的动作技能，代表着从简单到复杂、由不真实到真实、由粗糙到精细、由体力操作到智慧操作等不同目标要求的动作等级，学生技能水平的发展同样遵循着这种发展模式。

从动作技能领域最低的模仿水平目标要求看，主要通过教师演示，向学生展现可观察的动作，进而让学生学习模仿。在这一水平上，只是期待学生能够通过观察重复，再现演示过的行为，是一种简单的观察学习。班杜拉将观察学习过程分为四个主要的组分部分：注意过程、保持过程、动作再现过程和动机过程。观察学习强调榜样的示范作用，整个观察学习过程就是通过学习者观察榜样的不同示范进行的。由上可见，观察学习与模仿水平的目标基本上吻合。这一阶段所使用的教学方法主要是传统的四阶段教学法或为"示范—模仿"教学法，它把教学过程分为准备、教师示范、学习模仿和练习等四个阶段。在实际教学实践过程中，第二、第三阶段可能会在教学过程中反复多次进行，具体次数视学生理解、掌握的情况而定。这种教学法适用于初级入门的、较简单的技能操作阶段，学生一般能在短时间内掌握学习内容，但由于此种方法忽视了学生的主动性，不利于学生创造性的发挥，因此也遭到诸多的质疑和批评。

控制阶段的目标不像模仿阶段那样借助观察或视觉的榜样，而是通过书面或口头指导进行行动，但它同样停留在粗糙的行为阶段，头脑中关于行动模式的建构仍比较模糊。它可以用于引导学生就某一主题展开讨论，允许学生发表不同意见，在学生间互相启发和头脑风暴的连锁反应后常常会有意外的收获。值得强调的是，由于它没有明确解决问题的方案，因此多适用于文秘专业、营销专业、法律专业等创造性的分析问题上。

精确阶段、连接阶段及自动化阶段都是对动作技能水平不同熟练度和精确度的要求。精确阶段要求脱离教师的示范或书面的指导，能够准确、有效地控制行为，并把错误减少到最低限度。连接阶段则是在精确阶段的基础上，能够在规定的时间内迅速、协调地完成相关操作。自动化阶段的目标在于形成一种常规化、自发的行为模式，如练习打字在最初的熟记口诀与键盘后，便进入盲打阶段，此时具体打字的原则可能不再清晰，更多依靠的是直觉与习惯。其实，这三个阶段的目标均可以通过反复的练习达成。

可见，从教学目标分类看，为了达到动作领域中较高水平的目标要求，就需要教学设计者对教学活动做整体的设计和考虑，思考通过何种途径让学习者积极、主动地参与教学活动。

2. 行动导向教学法的发展背景及分类

在技术快速发展和劳动组织方式日益变革的时代，劳动者在熟练掌握专业知识技能的同时，还需具备较强的方法能力和社会能力等整合的能力观。不仅如此，职业教育的教学不应再停留在简单的技能操作与熟练阶段，更不应满足于机械地模仿学习，因为现实的职业实践中往往伴随着难以预测的、非良构的问题，它的解决没有现成的方法可以借鉴，只能根据已有的经验和相关的知识进行尝试性解决。如此，教师的职责也应该是帮助学生学习如何识别问题、解决问题，建构那些现象解决的心智模型，培养迁移能力，使学生在遇到类似的或面临新情境时能够从容地解决。从这一意义来讲，职业教育教学在于培养学生如何学会学习的能力，旨在促进并实现综合职业能力的持久发展，而这些能力的培养单凭传统的灌输式教学方法已无法实现。在某种意义上，教学活动绝非简单的培训过程，更不是机械的模仿。教学方法自然不应被理解为针对孤立的、简单的操作过程做准备的授课技术，而应倾向于对它做整体的考虑和设计。这样，行动导向的教学方法便应运而生了，它意味着由师生共同确定"行动"

方案，旨在为学生的行动创造条件，通过行动实现学生的自主学习和发展，从而达到脑力劳动与体力劳动的统一。行动导向教学不强调学科体系知识的完整性，而是关注学生实际问题的解决及学生自我管理。

有意义的学习应该是真实的、复杂的、情境的。以往我们为了能便于传授给学习者知识，常常把知识从所产生的情境中分离出来，剥离了知识赖以存在的情境和背景，把知识过分地简单化了，甚至荒唐地认为只要把知识提取成最简单的形式便有助于学生学习。然而，事实并非如此。知识与情境的割裂导致学生无法在理念与现实世界建立联系，面对复杂的问题常常不知所措。

随着对学习领域不断从多维视角进行解读，人们对学习的含义、特征及发生过程有了新的理解和认识，并已取得一些共识。

从学习者建构的关于现象的知识及形成的智力技能的内容看，不仅包括具体的观点，也包括知识所在的境脉信息，即知识发生的建构背景。如果把学习嵌入境脉，当学习者在新境脉中重新应用这一知识时，对知识的回忆往往包含它所发生的境脉信息，知识从具体情境中被提取出来，表明新的学习发生了。建构主义认为，学习是学习者积极建构的过程，是根据外界环境的变化不断地调整自己的行为并作用于环境的行为过程，也就是说我们根据环境的变化调适自己并以某种方式作用于环境。它意味着不同的环境会产生不同的思维和行为，当学习者对环境感知能力发生变化时，表明学习发生了。

我们需要引导学习者在真实、有用的情境中学习知识和技能并且促进他们把这些理念习惯地迁移到新情境的问题解决中去，而不是把学习内容抽象成规则做简单化处理，再让学生应用到预设好的问题情境中。由于科技的高速发展和社会的不断变迁，在实际的工作岗位过程中可能会遇到各种各样的问题，有些是以前接触过的，有些则是按照常规的办法无法解决的新问题。为此，任务驱动中的教学既要让学生解决简单的、结构良好的问题，也要让他们接触复杂的、结构不良的问题，以提高学生综合解决问题的能力。

需要说明的是，在行动导向教学的指导下，动作水平的学习通常要关注学习的情境性、学生的参与性及协作与反思，这三个要素在学生技能学习方面将具有重要意义。学习者通过对真实环境的感受、体验，以及对问题的思考和决策来达到对事物性质、规律及与其他事物之间关系的深刻理解，从而完成对所学知识的意义建构。

行动导向教学正是实现了学习的情境性，做到了学生的参与性及协作性，强调反思性等职业教育教学活动中应该重视的三要素，行动导向教学法把学习镶嵌在有意义的真实工作过程中，创设与当前的学习主题相关的、尽可能真实的学习情境，通过解决贴近生产实际的案例和问题来学习。基于行动的学习环境不仅易于调动学生学习的积极性，比较快地进入"角色"，也便于激活学生原有知识和经验来解决问题。行动导向教学法通常由创设问题情境、确定问题、解决问题及结果评价等环节组成。行动导向的教学包括问题导向的学习、项目学习。

（1）问题导向法

情境学习表明，有意义的学习最可能发生在一些真实任务的情境中，在境脉中建构的知识更有意义、更持久，也更具迁移性，也就是说问题为学习者提供了最有意义的情境。

问题导向学习是以学生为中心的教学方式，其通过小组讨论进行以个案问题为基础的发现问题、分析问题、解释与解决问题，从而获得实际的应用能力和相应的知识。它主要包括如下学习步骤：①遭遇问题情境；②分析困难所在；③把困难表述成有待解决的问题；④提出可能的解决方案；⑤着手解决问题，发现并表述解决方案的有待改进之处；⑥总结解决方案；⑦评价解决方案。[1]

问题导向教学中学生的学习与思考被置于真实的、丰富的、复杂的学习境脉中，此时，教师的角色多为鼓励学员参与讨论，避免讨论离题，确保小组讨论符合学习目标。这意味着教师在学生解决问题过程中并不直接给出解决问题的方案和途径，而是在学生遇到困难时，教师通过适当的提示来促进学生思考，引导学生继续完成任务，也就是说教师在问题导向教学中不直接主导学生学习的流程，而是起激发引导作用，充当一个提供支持、鼓励、提示的教练。

（2）项目教学法

项目教学法是行动导向学习形式的典型代表。项目教学法是围绕一个实践性的和接近生活实际的工作活动设计教学过程；在完成工作任务的过程中，学生要在尽可能高的程度上自行完成确定目标、设计和实施工作过程，以及评价工作效果等环节。因此，项目教学法的一个基本特征就是学生自我调节学习。[2]

项目教学强调学生的自主学习，教师不再主导教学过程，而是让学生在单独或协作完成工作活动的过程中取得进步。在职业教育中，项目是指以生产一

---

[1]　姜大源.当代德国职业教育主流教学思想研究：理论、实践与创新［M］.北京：清华大学出版社，2007：238.

[2]　姜大源.当代德国职业教育主流教学思想研究：理论、实践与创新［M］.北京：清华大学出版社，2007：253.

件具体的、具有实际应用价值的产品为目的的工作任务。可以成为"项目"的任务需要符合以下条件。

①该项目应该具有整合理论知识与实践知识的典型的工作任务。

②它既可以来源于企业实际生产的需要，如制作一个具体的产品或机械，也可以与商业经营管理活动相关，如为企业发展及决策提供咨询意见。

③项目的一个典型特征便是强调学生自主性学习，学生可以独立地规划自己的学习并处理工作中的困难和问题。

④须有可展示的成果。既可以是一件具体的、具有实际应用价值的实物，也可以是一个方案、计划书或设计图。

⑤项目应有一定的难度，而不是极为简单的任务。它要求学生综合运用各种能力，包括专业能力、方法能力和社会能力来解决过去从未遇到过的问题。

⑥学习结束时，师生共同评价项目工作成果。

需要说明的是，虽然项目教学要求在学习结束时提供可展示的教学成果，但这并不意味着它只注重最终的结果，相反，项目教学的实质在于创造一个学生参与、体验的实践氛围，在完成项目的实践过程中，再现知识技能的应用价值，培养学生分析和解决问题的方法，通过项目的学习，学生可以掌握完成相关任务的一系列流程，包括产品的设计、生产、检验等各个环节，整合各种不同的能力。

项目教学法一般分为五个教学阶段。

①确定项目：通常由教师提出一个项目任务设想，也可由师生共同确定、选取一个项目。

②制定计划：学生分组对项目进行讨论，写出各种计划书，确定具体的工作步骤和程序。

③项目实施：学生在小组中角色分工完成后，按照已确立的计划进行工作。

④检查和评估：由学生演示并阐述项目结果，先由学生对工作成果进行自评，再由教师进行评估。最后师生共同协商、探讨应注重的问题和相应的解决方法。

⑤归档或成果应用：项目成果最终应体现其实践价值，可以应用到企业的生产过程中或为企业发展提供决策或参考。

（3）体验学习

体验学习理论，是由美国组织行为学教授大卫库伯（David Kolb）于20世纪80年代初提出的。在其发表的《体验式学习——体验是学习和发展的来源》一书中，库伯从体验的角度看待学习，认为学习是"通过转化体验而创造知识的过程"，我们应关注学习和适应的过程而非内容和结果。知识就是一个转化的过程，它被持续不断地创造和再创造，而非被获取或传输的独立实体。凡是以活动为开始的，先行而后知的学习方式，都可称作体验式学习。它由"具体体验"（Concrete Experience）、"反思性观察"（Reflective Observation）、"抽象概念化"（Abstract Conceptualization）、"主动实践"（Active Experimentation）四个既独立又密切关联的环节组成，这也就是著名的体验学习圈模型。库伯（1984）认为，"学习是一个通过体验的转换来创造知识的过程"，在此过程中，新的体验被整合到先前体验中，并转化为适用于学习情境的相关、持久、可提取的知识。学习是个体与其体验或情境之间的持续互动。① 在库伯研究基础上，也有学者指出了反思在体验过程中的重要性，如华纳麦吉尔（1989）非常强调在原始体验之后的反思和推理，认为体验式学习是人们单独或与他人合作，投入到直接接触中，然后有目地反思、验证、转换、赋予个人内涵、寻找整合个体所知的不同方式。因此，体验式学习能够发现某些潜在的可能性，如果只有单独的直接体验，是无法发现这些可能性的。② 这表明体验学习与一般的情境刺激学习有着本质的不同，在某种程度上，体验学习更加关注学习者深入的、持久的、全身心的投入过程。也有学者从一个更为生态、更加整合的角度来理解体验学习，如 Colin Beard 和 John. P. Wilson（2002）在《体验式学习的力量》一书中，强调体验式学习应该包括"全人"（whole person）的卷入，要关注个体"思想、感觉、情感、身体活动等各个方面。无论在个体外部还是内部，都要创设'完整的环境'（whole environment）"。为此，他们构建了一个体验式"学习组合链"（Learning Combination Lock），包括周围环境（The Milieu）、地点和元素（Places and Elements）、感觉（Senses）、情感（Emotions）、智力形态（Forms of Intelligence）和学习方式（Ways of Learning）。③

---

① Kolb, D. A. (1984) Experiential learning. Experience as the source of the learning and development [M]. Englewood Cliffs, NJ.: Prentice - Hall, 4 - 19, 22 - 38, 42.

② Warner Weil, Susan and McGill, Ian (1989) Making Sense of Experiential Learning: Diversity in theory and practice [M], SHRE and Open University Press, Buckingham.

③ Beard, C. &Wilson, J. P. (2002). The power of experiential learning, A handbook for trainers and educators [M]. London: Kegan Page: 2, 14 - 158.

综上所述，我们可以归纳出体验学习的内涵，即它是一种以学习者为中心，通过学生的亲身实践和反思来实现知识、技能和态度多维整合发展的学习方式。它既关注学习结果，更重视学习的过程，特别强调体验之后，能够通过反思得出抽象概括的结论，并以此调节后继的行为。它实际上包含着杜威"做中学"的思想，为此，我们可以将体验学习看作有反思参与的"做中学"。

在对体验学习内涵探讨的基础上，学者们纷纷把视域投向体验学习模式的研究，试图呈现出体验学习的顺序，以便更好地理解体验学习的运作机制。

体验学习模式，通常指的是库博的四阶段体验学习圈模型。如果按照学习顺序的不同分段，则可划分为如下类型。

①单阶段模式。这种模式认为，单纯的体验就能够促进学习。按照这种说法，教学的任务只在于设计一种情境，让学生置身于此并经历一个体验过程，便认为学习发生了。可见，这种模式把体验等同于一般的行为刺激，至于能否通过体验整合产生学习并应用到实际生活中去，则无从考虑。因此，在某种意义上，这种学习带有较大的盲目性，与真正意义上的学习相悖。

②二阶段模式。为了弥补单纯体验的不足，人们主张体验式学习过程中应该添加一个重要环节——反思，这就是体验式学习的二阶段模式：体验—反思。这种模式认为，体验与反思是促进学习的有效方式。它要求教师在提供情境外，还要帮助学生从体验中发现问题，形成思考，通过反思获得经验的提升。需要强调的是，这里的体验与反思不是单一的先后关系，而是循环性的，即意味着在体验之后进行反思，有助于学习的深入，而反思之后的体验又会引出新思考。

③三阶段模式。即计划—体验—反思。之所以添加"计划"这一环节，为的是强调体验式学习不能没有目的，而应事先有所规划。事先有所计划的体验式学习，目标更加明确，学习的内容更为集中，学习的效果通常也更好。三阶段的循环解决了学习如何迁移的问题，并与日常行为习惯相贴近，同时，随着实践的不断深入，人们对三阶段模式中每一学习环节的理解已大大拓展。在这里，"体验"已不单纯限于"经历"、"做事"，还包含着情绪、情感的体验。"反思"不仅指对现象、问题的思考，而且也指归纳、分析、批判等思维活动。"计划"既指确定学习目标、做出培训计划，也包括设计学习方案，以及学生的

自我规划。①

④四阶段模式。根植于杜威的经验主义哲学，得益于皮亚杰建构主义思想的启示，库伯在把握体验学习特征的基础上提出了四阶段理论模型，即具体体验—观察与反思—形成抽象概念—在新情境中检验。这是经典的体验学习循环理论模型（如图5-3所示）。

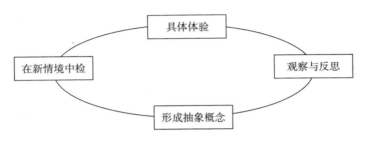

图5-3 四阶段体验学习循环理论模型

首先，具体体验阶段。学习起始于学习者在真实情境中的实践活动，学习者既可以通过亲身经历获取直接体验，也可以借由他人体验进行再体验，如角色扮演等间接体验形式。

其次，观察、反思阶段。这一阶段要求学生回顾自己的体验活动，并对自己的体验进行分析、反思，观察自己行为的效果，明确自己在体验过程中学到了什么，发现了什么问题，情境对自己产生了哪些影响，等等，从而形成新的见解。

再次，形成抽象概念阶段。学习者基于对具体体验的回顾和反思，试图把观察的结果同化到由于演绎推理产生的新认识或理论中去，形成一个新观点或新认识。

最后，在新情境中检验。这一阶段的主要任务是对自己的理论假设进行检验。如果自己的理论通过检验，那么代表假设是合理的、可靠的观察与反思，可以把新观点迁移到其他情境问题的解决，反之，则需要导向下一个具体体验，开始一个新的学习循环。

⑤五阶段模式。有学者把体验学习划分为体验、归纳、概括、演绎、应用、评价六个步骤。虽然被划为六个步骤，但这种模式实质是在四阶段模式基础上增添了"评价"环节，因此把它视为五阶段模式。五阶段体验式学习模式又称"体验式学习

---

① 孙瑜. 体验式学习理论及其在成人培训中的运用［D］. 华东师范大学硕士学位论文，2007：19.

和评价模式"，它突出了"评价"在体验式学习过程中所起的重要作用。

可见，在体验学习的过程中，实践与反思是紧密联系在一起的，学习是贯穿在整个实践和反思过程中的，旨在促进学习者从经验中学习。

（六）教学环境

教学环境是教学活动的一个基本因素，是学生学习活动赖以进行的主要环境，也是影响教学活动的重要因素。对于教学环境也有许多分类。如从环境的存在形态上，可以分为有形与无形、动态与静态；从环境分布上，有室内和室外、微观环境与宏观环境。一般意义上，将教学环境分为物理环境和心理环境。其中，教学的物理环境是指教学活动的客观环境，如学校建筑、教学设施、教学场所等。教学的心理环境指的是人与人之间的相互作用而形成的心理环境。如师生间的关系、课堂教学气氛、课堂座位编排方式、班级规模等。从表面上看，教学环境只代表着学生学习区域的场所，但实质上它却以特有的影响力潜在地干预和影响着学生学习活动的过程和效果，尤其是教学的心理环境对教学质量和学生学习活动的重要性是不容忽视的。

奥托·戴克（H. OttoDale）认为："教学活动是在一定的物理环境中进行的，这个环境在一些非常重要的方面限制和规定着学生学习和发展的可能性。环境这个舞台一旦搭起来，那么在这个舞台上将要进行的演出活动就已经被部分地决定了。"[①] 他的这段话形象地概括了学校物理环境与学生学习活动之间的关系。从物理层面上看，一个学校只有具备完善的教学设施，才能突破传统的教学手段和教学方法的束缚。先进的教学设施是培养高质量人才的必要条件，尤其是职业教育培养的是具有综合职业能力的高技能型人才。据发达国家统计表明，职业教育成本是普通教育成本的 2.5 倍，这就决定了高职教育是一项生均成本较高的教育类型，需要较大的资金投入。但从现状看（如表 5－5 所示）生均实验、实训实习设备不达标，尤其随着高职招生数量的逐年增加，这一现象将更为严重。高职院校对实训设施经费投入低，导致教学仪器设备跟不上，设备陈旧，难以满足实践教学的要求。

---

① 田慧生. 论教学环境对学生学习活动的潜在影响［J］. 课程·教材·教法，1993（10）.

表 5 – 5　学校的仪器满足教学需要情况统计结果①

因素	人数	比例
新进设备且完好，基本满足教学要求	70	29.29%
设备基本完好，但配套数太少	119	49.79%
设备常出故障，难以满足教学要求	28	11.72%
设备很多，但很陈旧落后	22	9.21%
合计	239	100%

　　构成教学物质环境的首要因素是物质空间的建筑形式。教学空间在某种意义上不仅代表一个活动场所，同时也是某种教学设计理念的体现，更是教学思想和文化的反映。经过精心设计的教学空间不仅能够为学生提供良好的学习条件，而且一旦这种设计的观念物化到教学物质环境中，便对教学形式、教学行为产生潜移默化的影响。从这个意义上讲，它既是一种潜在的课程，又是某种教育理论观的延续和再现。

　　1. 行动导向的教学环境建设理念

　　传统的"传授式"教学依据的是教学的传播模式，即认为学习就是清晰有效地将信息传达给学生的过程，其本质是教师中心论在教学中的体现，这种模式时至今日仍是支配我国课堂教学的主导模式。随着对主体性、自主性的呼声不断高涨，以及受社会学、心理学等多学科发展的影响，人们对学习及学习发生机制有了新的认识：学习不是被动接受过程，也不是传输的过程，而是学习者有意图的、积极的建构过程。情境观认为，实践不是独立于学习的，而意义也不是与实践和情境脉络相分离的，意义正是在实践和情境脉络中加以协商的。② 建构主义的学习观认为富有意义的学习是处于它所发生的情境脉络中的，贴近生活世界的学习更有利于学习者对知识的建构。学习环境理论要求突破传统的教师中心论，构建以学生为中心的学习环境，其关注的重点不再是教师应以什么方式最有效地传递信息，而是教学应该为学习者提供一种境脉，以便学习者更有效地学习。

　　教学环境是以学习环境的创设为基础，以学生"自主发展"为核心，构建

---

① 数据源于调研。

② 戴维·H. 乔纳森. 学习环境的理论基础 [M]. 郑太年，任友群，译. 上海：华东师范大学出版社，2002：25.

"实践性"的学习场境的教育，是一种用"场境"去唤醒学生的生活经验，用"场境"去建构学生的学习方式，是一种让学生在"做"中感受、体验、真实地参与自我的建构过程。杜威主张真正的思想来自"问题情境"，在遭遇这些障碍的时候，意识被唤醒并集中注意力，同时，它使一个人更敏感地察觉到这种情境。杜威认为，只有在处理这些真实生活问题的时候，创造性才智才能得到发展。①

姜大源（2005）认为，职业教育对象的智力类型主要具有形象思维的特点，与"一维"线型的逻辑思维不同，它是一种面型思维，至少是"两维"，甚至是"三维"的，总是与情境有着千丝万缕的联系。其对知识的选择有明确指向性，善于获取经验——怎么做的策略——怎样做更好的过程性知识，而这类知识的习得更是与具体情境紧密相关。② 这就从职业学生思维特点的角度阐明了教学环境对职业教育教学的重要性。而较多过程性知识又是隐蔽性的，常以经验等形式存在于个体中，这类知识往往通过学习者对完整工作过程的体验而获得，因此，学习环境应该使学生学习的环境与工作情境相似，使学生在实际的职业情境中获得知识、技能、态度等能力，最重要的是使学习者能够在不同的工作情境下进行知识和技能的迁移，并能很快地从新的工作角色和工作任务中获取新的知识和技能，也即把相关知识迁移到类似的情境问题中去，这对于学生获取真正意义的工作知识是尤为重要的。

2. 工学结合的学习环境

既然职业教育教学要体现行动性，那么就要确保学生的学习环境贴近未来工作情境。从国外职业学习和培训模式看，将学习与工作整合的学习模式得到了越来越多的关注。

（1）学习岛模式

近年来，在德国许多企业的生产车间里建立的"学习岛"便是对传统培训和学习模式的一种革新，是工作与学习结合的典范。学习岛是针对生产与教学脱离的现象提出来的，即以往企业的职业培训往往是在脱离生产过程的培训车间进行的纯消耗性的技能训练，这种培训方式不仅消耗了企业的资源开支，而且这种远离企业生产实际的培训方式更不利于学习者核心能力的培养。为了克服

---

① ［美］Howard A. Ozmun, Samuel M. Craver. 教育的哲学基础［M］. 石中英，邓敏娜，等译. 北京：中国轻工业出版社，2006：132.

② 姜大源. 基于学习情境的建设观［J］. 中国职业技术教育，2005（28）.

这些弊端，越来越多的企业在生产车间建立学习岛。它是设立在企业实际生产环境中的一个工作区域，无论从空间上还是组织上它都是真实生产过程中的一个组成部分，即与真实的生产环境有着相同的工作条件及工作和问题解决程序。① 由于学习岛的学习资源源于真实的工作实践，因此往往会触及工作任务中的方方面面，而较少涉及简单的、重复的技能操作，这就要求学习者必须充任某种工作角色，应对来自不同任务的挑战，在此基础上完成"顶岗"的工作要求，而非"观岗"。同时，这种培训模式创建了与企业的生产活动相一致的培训环境，摆脱了传统学科课程和专业课程框架的束缚，使得学生的学习内容不再局限于工作任务中的某些环节，而是更多地关注工作过程的整体流程，这有助于学习者对工作任务的系统理解和把握，更好地培养学习者的关键能力。

"学习岛"中培训者或实训教师的角色也发生了重大改变。培训者要对学员充分信任，这意味着培训者要避免对学员的直接指导，而是多以学生的自主学习为主，只有在学习者遇到困境的时候，才进行协调和干预，即通过提问促进学习者进一步思考问题的解决路径，以保持学习者工作的积极性。

（2）专业教室模式

从学习场所来看，如果把"学习岛"视为以企业为主的培训模式，称为"教室化的企业"，那么同样存在以学校为主的培训模式，这就是"专业教室模式"，它是"企业化的教室"。它相对于普通教室而言，具有更多的教学功能，它将教室与操作车间融于一体，既有传授专业理论的"教学区"，也有操作演练的"实操区"，学生在教学区学习专业理论后，便可随时到操作车间进行实践操作练习，在某种程度上实现了理论与实践的结合，

一般来讲，操作车间应具有先进的设备，能够反映专业发展的主流技术，而且工作环境完全按照真实的企业工作条件布置，学生有亲临企业现场工作的感觉，从身心上都比较容易投入。此外，不仅学生的理论学习、实践操作紧密地结合，而且从学生学习、练习到考核的整个过程也均可在专业教室完成，真正实现了教学的一体化发展。

（3）工业中心模式

为了更好地服务于地方经济发展，促进职业教育培养的人才与企业需求的无缝对接，出现了一种模拟企业实际生产过程的综合性高职实践教学基地——工业中心，这一模式最初来源于香港理工学院。

---

① 赵昕．学习岛——工作场所学习的一种新形式［J］．世界教育信息，2007（2）．

香港理工学院工业中心成立于 1976 年，目的是保持与香港工业界的沟通与合作。工业中心占地 11300 平方米，依照一般工厂大厦的样式，共有 23 间重点工场、3 个特许训练中心、2 个专业训练室、5 个电脑辅助设计和机械加工作业室、3 间工程绘图室及一个演讲室，可同时培训 900 名学员。①

这种模式既不同于普通的实验室，也不同于进行单一工业技能训练的实习场所，它具有以下特点。

首先，工业中心的训练都是在模拟企业真实的工作环境中进行的，设备布置按照实际工厂的规范。不仅如此，学生要承接企业的工程项目或完成部分订单，通过对工程的策划、设计、施工及组织管理等环节的体验，学生不但能够学到基本的工业技巧，更重要的是能够了解企业工作运作的整个流程，而且这种学习工厂式的培训在管理方式上也按照实际工厂的模式运行，这意味着学生要同工人一样负责产品质量，遵守明确的工作规范和工作流程。

其次，工业中心具有教学、科研、生产、培训"四位一体"的功能，即融实践教学与职业素质训导、职业技能训练与鉴定考核、职业技术教育师资培训及研发、生产和新技术应用推广等多功能于一体。作为学习工厂的培训模式，工业中心不仅为本校的学生提供训练的机会，而且也为社会人员提供职业资格的技能培训，其开设的培训课程得到香港工程师学会的认可。另外，中心也与相关的团体合作，通过承接一些小工程既为社会做出了贡献，又为学生的社会化发展奠定了基础。

最后，培训的设计性。工业中心所有的课程培训都是按本地工业界的要求，以及本专业所需达到的要求而设计的。为了加强产学协调，工业中心有一个 14 人的顾问小组，成员包括工业界和半官方组织，如生产力促进局及专业协会的代表，顾问小组参与工业中心的培训课程设计，提供最新工业界的环境及实际情况，使工业中心可以根据工业界的实际需要设计课程，使培训课程不致与现实环境脱节。② 在课程的设计上，培训不仅要考虑到以行业科技发展的先进水平为标准，使学生达到符合未来工业发展的要求，而且强调培训要着眼于学习者整体职业素质的提高，而不仅仅停留单纯的职业技能训练，这就要求所选择的培训项目要具有一定的典型性、复杂性，体现丰富的序化特征。

如上介绍了三种比较有影响和代表性的工学结合的学习环境，对于推进我

① 王峰．产学研的新模式—香港理工学院工业中心综述［J］．科技管理研究，1995（1）．
② 王峰．产学研的新模式—香港理工学院工业中心综述［J］．科技管理研究，1995（1）．

国的实践教学环境建设具有重要意义。但这些模式目前在我国推行还存在一定的难度。

对于"学习岛"培训模式而言，企业主导成为实施该模式的关键。对于我国来说，企业主体地位在法律上和制度上还缺少相应的保障，致使企业在职业教育培训中发挥的作用是极其有限的，这也决定了在相当长的时间内学校本位的职业教育仍是我国的主导培训模式。对于"专业教室"模式，虽然在教学场所貌似实现了理论与实践的整合，但只要仔细考量一下便会发现，这种所谓的结合，无非是在理论知识与实践知识二元分离的状态下用理论去整合实践而已。工业中心模式训练与现实企业生产实际贴合的特点，使它成为今后实践教学基地建设的一个方向，然而这种模式无论从资金投入到相关配套管理都有较高的要求，这又使众多的高职院校"望尘莫及"。从国内来看，深圳职业技术学院于1995年建立了建筑面积达3万平方米的工业训练中心园区，这也是全国高职高专院校第一所校内实践教学基地。由于工业中心的经费投入较多，对相应的配套措施也有要求，从全国范围看，由于受各种条件的限制，还不能在各高职院校全面推广这种模式。从高等职业教育发展的全局看，高职实训基地无论是数量还是质量都不能满足高等职业教育发展的需要，实训基地建设仍然是我国发展高等职业技术教育中的薄弱环节。

我们应该看到，一种模式是否能得到有效推行取决于一个国家或地区的文化背景、社会、学校、企业等状况，完全照搬任何一个国家或地区的任何一种模式都是不可取的。虽然我们在实施这些模式上确实存在一定困难，但通过对先进培训模式的理念的分析还是能从中得到许多启发：以学生为中心的理念；坚持走校企合作办学；努力打破工作与学习的界限等。在借鉴国外工学结合学习模式的基础上，我们应从本国国情出发，探索符合我国实际的具有特色的学习环境。

如果按照"真实程度"的不同，可把教学情境做如图5-4的划分，教学中可根据需要选择不同的情境。①

---

① 冯晋祥．中外高等职业技术教育比较［M］．北京：高等教育出版社，2002：178-179．

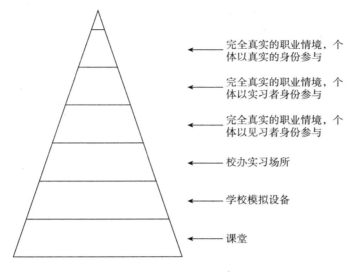

完全真实的职业情境，个
体以真实的身份参与

完全真实的职业情境，个
体以实习者身份参与

完全真实的职业情境，个
体以见习者身份参与

校办实习场所

学校模拟设备

课堂

图 5 – 4　教学情境"真实程度"模拟图

参照上述划分，结合工作本位学习的特点，可把目前高职院校工作本位的
学习模式分为以下三种。

①企业生产顶岗。这一模式对应分类中的第一种，即学生在完全真实的职
业情境中以企业职员的身份参与生产并能获得一定的报酬的学习模式。这种模
式的最大特点是实现了工作与学习的真实融合，学生以真实身份参与企业的真
实活动，才能完全进入"角色"，这是传统的依靠传授、演示、模拟的教学环境
所不能达到的。但是由于这种模式需要企业的大力配合与支持，从目前来看，
学校与企业的联系还缺乏政府层面的扶持和政策倾斜，因此推广起来还有一定
难度。如果相应的管理配套制度跟进，那它不失为一种理想化的工本学习模式。

②企业实训基地。这是目前大多数高职院校实行的工作本位学习模式。它
区别于企业生产顶岗模式在于学生角色的不同，这种模式下虽然学生也是在完
全真实的职业情境学习，但此时学生不是作为职员的身份而仅以学徒身份参与
工作。企业往往出于成本的考虑，可能提供二流或闲置的设备、工具和原料，
或者只让学生接触简单的操作，甚至停留在某项工作任务中的一个环节，学生
缺乏对工作系统性的了解。尽管如此，由于学生毕竟感受到了企业真实的工作
氛围，内心会产生较强的操作欲望，利于激发学生的积极性，这样看来，它确
实可以作为顶岗学习的一个过渡阶段。

③校本实训基地。学生在模拟的职业情境中以学习者身份参与工作过程。

虽然真实程度不如企业中的学习情境，但仍可根据需要进行简单的生产环节的练习。如果设计得当，同样可以获得理想的效果。目前高职院校的实训中心的设计一般有三种模式。① 一是"教学需要"模式。在这种模式下，实训中心的环境布置、空间划分、设备配置、产品陈列等完全从"教学需要"出发，实训中心的任务在于更好地促进学生对课堂教学知识的理解，满足理论知识的教学需要，实训作为课堂理论教学的延伸与补充，从属和服务于课堂理论教学。其实质是理论主导模式而不是实践导向。二是"职业环境"模式。这种模式提供了一个近乎真实的企业生产环境，从空间布局、设备处理、产品陈列等每一个细节都尽量模仿企业的真实环境。它与校办工厂的区别在于它以教学为目的进行生产，但产品不进入市场销售。它的突出特点是把任务的完成置于职业环境的大背景下，有利于学生熟悉工作环境，但其局限性也是明显的，由于教学组织模式仍未突破传统的学科体系，所以是一种换汤不换药的做法。三是"生产流程"模式，这种模式完全按照企业的生产流程来组织教学，是一种任务导向的教学组织模式，它突破了课程的学问化倾向，确立了实践导向的课程观。实训不再边缘化，而是处于整个教学组织的核心地位。通过上述分析，可见，生产流程模式无论是学习环境还是教学组织模式均符合实践教学的要求，为此，实践教学客观上要求建立"生产流程"模式的实训基地。然而对实训基地的研究，我们还需要注意一些问题，这有助于我们更好地进行实训基地的建设。

3. 实训基地——我国高职的选择

近年来，党中央、国务院对职业教育的改革与发展高度重视。在国家大力发展高等职业教育的有利背景下，在全面落实科教兴国战略和人才强国战略政策的有力推动下，国家"十一五"期间中央财政对职业教育投入100亿元，重点用于支持职业教育实训基地建设。经过几年的努力，我国高职院校在实训基地建设方面取得了较好的效果，涌现出一批教学条件较好的实践教学基地或实训基地。如深圳职业技术学院已通过了教育部优秀实践教学基地的专家评审，为我国的高职高专院校实践教学基地或实训基地建设做出了示范。但从全国高等职业教育实训基地建设情况看，地区差异性较大，同一地区也常常表现出不同的发展水平，总体来讲，高职实训基地无论在数量还是质量上都难以满足高职教育内涵发展的要求。

---

① 黄秋明．"工作本位学习"：抵及高职课程改革的核心［J］．中国高教研，2007（4）．

（1）观念问题：对实训基地内涵和功能的认识

对实训基地内涵、功能的厘清，有助于我们更好地进行实训基地的建设。

从实训的概念上看，它是指导在高职教育教学过程中，让学生在真实或仿真的环境中进行掌握某种技术或技能的训练活动。相应地，针对行业或岗位群的技能培养而设立的真实或仿真的工作环境或场所，称为实训基地。由于实训基地在运行形式上强调工作性，在运作上讲求职业性，在教学上强调系统性和可控性，因此它不同于一般的学校实验室和原生态的校外实习环境。① 前面我们也谈到过，实训是一种不同于实验和实习的教学活动，它集合了实验的可控性和实习的真实性等优势，而且，从投入费用来看，实训中心要比工业中心节省，因此，是当下比较适合高职院校运作的一种教学模式。

然而，从目前高职实训基地建设的实际情况看，也存在许多问题，尤其是对实训基地建设的误读在某种程度上影响了其功能的发挥。一种比较普遍的观点就是认为实训基地建设只是个投入问题，有了足够的财力支持，一切便迎刃而解，不少人也因此"想方设法"筹集建设资金。诚然，许多高职院校在实训基地建设的初期需要投入大量资金用于购买相关的设备，但是否具备了这些就"万事大吉"，"高枕无忧"了呢？回答是否定的。在现实中我们经常会看到一些高职院校为先进的仪器设备做了较大投入，但实际的教学效果却不如期望的那样，学生反映这些先进的设备除了让他们过足了"眼"瘾和进行基础的操作外，并没有感到自己的综合职业能力有所提升，而用人单位依然抱怨毕业生的实践能力不强。这似乎警示我们：在关注实训基地设备达标的同时，应更多地思考如何在有限的教育资源下发挥实训基地的功能，使其真正地承担起实践教学的职能。清华大学原校长梅贻琦先生说过"大学，非大楼也，大师之谓也"，这种观点至少意味着一所大学的真正底蕴不在于建筑的优良，而在于它提供给学生的良好的文化氛围。顺此逻辑，我们可以说实训基地的意义并非在于齐全的设备，而在于提供一种特别的教育环境，施加一种特别的教育影响。

前面通过对职业教育实践教学的内涵、实践导向课程的阐述，我们明确了一个核心问题：职业教育课程抑或职业教育教学均要围绕"实践"展开，实践导向的课程强调围绕综合职业能力这一目标来整合理论与实践，把实践作为整合理论的依据。为此，教学环境的建设尤其是高职实训基地的建设也应该遵循这一整合原则，用实训基地整合教室，用实习教师整合理论教师。如此才能彻

---

① 江小明．高职教育实训基地建设的研究与实践［J］．职业技术教育，2001（1）．

底摆脱教室只作为理论的传授所，实训基地只作为实践的操练所这种传统教学模式的束缚。

（2）着眼于"体验"的教学环境

上述观念的探讨为实训基地建设提供了思想指导。从实训的特点看，由于基本具备了职业技能训练的硬件环境，但由于受资金和空间的限制，某一专业不可能配备专业技能所需的全部设备，而那些大型流水线和重型设备也很难进实训场。为了解决这个难题，可以借助仿真教具或教学软件，模拟实际生产过程或工作流程，通过虚拟场景的再现，让学生了解生产或工作任务的全过程。

可以说，模拟实训教学是运用现代信息技术手段，在人为控制条件下，创建虚拟的教学环境来再现企业真实情境的教学过程，它优化了课堂结构，营造了一种贴近实际工作的场景和氛围，对工作情境模拟或做仿真化处理在于为学生提供浏览整个工作的相关流程，有助于学生正确识别某些零部件、了解产品的相关功能等，这是传统教学手段无法提供的。

一般情况下，教育者会使用计算机、电视、电影等技术形式将信息（教学内容）传授给学生，此时，信息只是被动地嵌入技术之中，再由技术把这些信息呈现给学生。在这样的过程中学生的角色还是被动地接受，就像他们接受教师呈现的信息一样，只不过信息传递任务由教师转由技术而已。如果我们把技术单纯地视为呈现内容的手段，那么技术也只是充当传递知识的工具罢了。因此，信息技术在实训教学领域的意义并非在于知识由教师传递向技术呈现的转变，而是把技术作为学习者学习、思考及知识建构的促进者、帮助者。它不仅意味着一种新的教学媒体被引入教学过程，更根本的是由此引发的教学交往方式、教学价值观的变革。在这一理念关照下，遵循"用技术学习"的思想，实训应更多地关注学生在学习过程中的积极体验，也即着眼于"体验"来构建促进学习者"参与"的设计和环境，使学生通过自身的实践经历、经验和感悟在情感、体力、智力甚至是精神上达到"高峰体验"，进而充分发挥学生的积极性和创造性，解决理论与实际相脱节的问题，最大限度地发挥学生的主体作用，如此，学生学习的方式也将由传统接受式向自我体验式转变。

（3）实训基地建设模式的多元化

目前许多高职院校已建立了一定规模的实训基地。按照建设主体不同，可以分为三种模式。

①自主建设模式。高职院校在实训基地建设问题上，大多采取自主建设模式。高职院校根据自身的师资、技术、设备、项目等条件，建立校内实训中心，

并充分利用本校的专业实验室、校办工厂、金工实习车间、科技园区等实践资源，为学生专业技术实训和职业技能培训创造接近工作岗位的实践环境。

②政府建设模式。目前政府对职业教育支持力度正逐渐加大，除了不断增加经费投入外，还积极投资兴建现代化多功能的公共实训基地，集公益性的职业培训、实训基地及对外开放型的专业技能鉴定为一体，充分实现了资源共享。按照建设的重点不同又可分几种类型。一是区域综合性实训基地。顾名思义，这种模式是按照国家及地区发展战略的要求，结合当地经济发展的需要，在高职院校比较集中的中心城市，由政府规划投资建立若干个规模较大、功能较全、设备较先进的区域综合性实践基地，服务于区域经济发展的需要。二是专业特色开放式实训基地。这种模式结合了区域经济与专业特色发展的要求，由政府一次性投资，建设一批既服务本校学生专业实训和技能训练，又承担行业技能型紧缺人才和企业上岗、在岗、转岗人员的职业培训，实现与周边高职院校和行业企业共享的、有专业特色的开放型实训基地。三是校际校企共享型实训基地。这种模式是由当地综合办学水平较高的学校承办，由相关院校、有关行业企业等共建的共享型的实训基地，采用优势互补、实现承建学校、协作院校、协作企业三者在师资、技术、设备及培训资源上的全面共享。

③合作共建模式。这种模式按照运作规则分为政府支持、社会参与、学校配套建设模式及校企合作模式两种。一种模式是在国家对实训基地项目给予资助的同时，要求学校主管部门按照不少于国家投入资金数额的1:1的比例配套资金。在此过程中，各企业也通过各种形式为实训中心提供赞助。另一种模式则是校企合作建设模式。当前，高职院校积极寻求与企业建立广泛的联系，推动本校实训基地的建设与发展。经过多年的合作探索取得了有益的经验，许多高职院校与著名企业建立了长期合作的关系，积极寻求企业资金投入和设备支持，企业提供资金用于学校实训基地的建设，并设立奖学金鼓励资助品学兼优的学生。

第三节 高职实践教学体系的支持系统

实践教学体系的运作需要许多条件的保障，这里仅选取"观念"和"制度"两个维度进行分析。观念层面主要解决对实践教学地位和作用的认识问题，制度层面主要从内部制度和外部制度两方面予以阐述。其中内部制度涉及师资队伍建设及教学质量评价，外部制度主要从政府、企业角度着手。

在高职教育发展的初期，国家教育政策的着眼点在于建立一个完整的职业教育体系。如 2002 年全国职业教育工作会议提出"初步建立起适应社会主义市场经济体制，与市场需求和劳动就业紧密结合，结构合理、灵活开放、特色鲜明、自主发展的现代职业教育体系"；2005 年全国职业教育工作会议又提出要"进一步建立和完善适应社会主义市场经济体制，满足人民群众终身学习需要，与市场需求和劳动就业紧密结合，校企合作、工学结合、结构合理、形式多样、灵活开放、自主发展，有中国特色的现代职业教育体系"。这些政策的出台，初步奠定了高职教育发展的政策法律基础，为高职发展提供了一个良好的导向。

与此同时，伴随着高职教育从规模扩张到内涵建设的转变，国家在高职院校推进人才培养模式改革方面的力度也不断加大。如 2005 年《国务院关于大力发展职业教育的决定》明确提出，要大力推行工学结合、校企合作的培养模式，逐步建立和完善半工半读制度。教育部［教高（2006）］16 号《关于全面提高高等职业教育教学质量的若干意见》又进一步强调指出了大力推行工学结合，突出实践能力培养，改革人才培养模式的要求。

可见，国家对职业教育的发展已越来越重视。在国家大力发展职业教育政策的感召下，我国职业教育特别是高职教育也取得了一定的进展，培养了数百万的技术应用性人才，为工业化、信息化和现代化建设做出了重要贡献。但同时我们也看到，似乎这种支持一直停留于各级政府的口头承诺和教育学者的理论呼吁之中。职业教育发展在某种程度上是一项社会性事业，它需要社会各界强有力的支持，特别是企业的参与配合，国家虽然大力提倡工学结合的人才培养模式，但我国现有的法律法规对企业参与职业教育还缺乏具体的规定。而工学结合的人才培养模式是实践教学体系运行的重要保证，从这个意义上讲，目前实践教学缺乏有效的运行机制。

实践教学运行机制的缺失在某种程度上意味着制度的缺失，具体讲是"不完全制度缺失"，它是指我们虽然有某方面的制度，但相关配套的制度没有跟上，或者有法不依，造成制度的完整性无法实现。① 如果对职业教育制度缺失追根溯源，那么一个关键要素便是观念的缺失。遵循这一逻辑，这里对实践教学体系的支持条件也主要从观念规制和制度规制两个方面予以探讨。

---

① 檀传宝. 制度缺失与制度伦理——兼议教育制度建设［J］. 中国教育学刊, 2005（10）.

一、观念规制——职业教育制度缺失问责

通常人们对一事物持有的基本观念、态度常常影响和规范着之后的实践行动。有些时候，我们往往不乏具体层面的操作实践，而是缺少理念层面的智慧开启。

（一）对实践教学意义的认识

通常情况下，如果我们某方面的观念不正确，对待相关问题就不可能给予真正的重视。如对实践教学对高职教育的重要性已得到普遍共识，但为什么一直没有取得期望的效果，包括在人才培养模式、教学计划、教学模式、教学评价等环节并没有体现或倾向于实践教学，或者说很多情况下仍然是"理论教学"的天下。一个重要的原因就是人们虽然认为实践教学重要，但在内心并没引起足够的重视，只将它作为口头宣传。只有当人们真正把实践教学视为学校发展的根本、整个经济发展的助推器，把实践教学上升到事关职业教育发展存亡层面来理解，整个社会、政府直至学校的导向才能真正走向"实践"。

正确理解实践教学有待于明确高职发展的定位。高职发展时间比较短，又经历了二次发展性调整，因此使原本缺少办学经验的高职定位更加模糊。我国高职教育起步较晚，且最初是经过"三改一补"的形式发展而来，是中等职业教育高移化的产物，这也是第一次调整。而后，国家又明确提出高等职业教育作为与普通高等教育同等地位的教育类型而存在，这是高职的第二次调整。它不仅意味着高等职业教育从高等教育体系中分离出来，而且也表明高职对自我发展方向的重新调整。

其实，高职从教育层次再到教育类型的转型发展是一种本质的蜕变，不仅要求在层次上完成由中职教育成功转型，提高人才培养的层次，而且在发展方向上面临如何结合时代特征调整教育模式，建立有别于普通本科院校又具有高职教育特色的教育体系。然而这些改变并不是一蹴而就的，虽然名义上已经是高等教育体系的一部分，但内部机制并没有发育完全，难免形成一种"路径依赖"。路径依赖是指某一领域内人们最开始甚至是偶然的第一步往往为后来的发展铺垫了道路，指明了方向，哪怕这一方向、这一路径事后发现并非最佳，但只要人们习惯了它，就很难再抛弃这以前的模式，或者说已舍不得割弃，人们对它产生了依赖。① 从人才培养、教学模式直至教学的各个环节都效仿、沿袭普通本科院校的做法自然不难理解。正因高职教育是在时间短、没有经过一定的过渡期、缺少办学经验，又夹杂在原有中职教育及惯守普通本科模式的情况下发展起来的，要在短时间内"脱胎换骨"谈何容易。

然而，国内学者和实践者一直没有停止对高职教育的探索和研究，对高职的定位已逐渐清晰，在人才培养上已经做了明确区分，如黄秋明（2007）指出，如果以"理解—制造"、"确定性—不确定性"、"符号—工具"三个维度来理解职业分类的话，人才有理论型人才、工程型人才、技术型人才和技能型人才的区分。② 这就把高职定位于技能型人才培养，具有制造、确定性、符号性等特征，符合高职教育的基本属性。从实践教学体系的特点看，它突出职业技术教育高层次的个性特征与功能，根据高技能型人才培养的特点确定知识、技能、态度要求；它强调通过工作任务的完成来建构相关的知识与技能，是一种以学习者为中心的行动导向的学习。实践教学不仅契合了高职教育的职业性、技术性、应用性等特点，而且从高职学生学习特点看，也符合他们的学习特征。一般来说，高职学生具有如下特征：喜欢"实践"的学习方式而不是抽象的学习方式；善于形象思维而不是逻辑思维；比较接受"直接经验"而不是"间接经验"。因此，实践教学也顺应了高职学生学习的特征，是一个他们比较接受的教学模式。可见，无论从高职教育本质属性还是从高职学生学习特点来看，实践教学无疑是一个非常合适的教学模式。

这样看来，高职院校大力发展实践教学是新形势下高职教学改革的重要内容，是高职实现由规模发展向内涵建设发展的关键环节，是高职办学特色的体现，是高职教学质量的根本保证，也是全面提升高等职业教育人才培养质量的有效途径，更是进一步增强服务经济社会能力的重要体现。为此，必须正确认识和把握高职教育的特色，以实践教学作为推进整个高职教育改革的重要切入点，把实践教学作为一种教育改革思想，以此带动专业调整与建设、引领实践导向的职业教育课程开发，促进教学内容和教学方法、教学评价等方面的改革。

（二）教学领导者观念的转变

虽然教育理念对教育行动有指导作用，但并非意味着有好的理念就会轻而易举地达成理想行动因此就存在一个理念与行动匹配问题。当然，人们总是希

---

① 石鸥．教学病理学基础［M］．济南：山东人民出版社，2006：3.

② 黄秋明．"工作本位学习"：抵及高职课程改革的核心［J］．中国高教研究，2007（4）．

望教学理念与教学行动之间达成符合人们心理标准的匹配度。然而，有时也会出现理念与行动背道而驰甚至冲突的现象。可见，理念并非静态的概念，而是在动态过程中不断地调整、修正，实现动态管理的过程概念。

在学校运行管理的过程中，教学理念效用的发挥需要借助一定的载体。在教学体系中，学校领导者在理念引领中将起到重要作用，其常常影响着一个学校发展的整体导向。随着对我国经济社会的发展及教育发展规律认识的不断深化，高等职业院校在内涵发展时期，对学校领导者的要求也将发生相应的变化。

首先，它要求学校管理者实现由"管理"向"领导"角色的转换。从现有的情况看，有些高职院校的领导的主要精力还没有转移到强化办学特色、提高教学质量上来，对院校发展目标规划、办学理念更新、专业设置与调整、课程建设与改革、教师队伍优化等工作还缺乏足够的重视。为此，学校的管理者要从传统的烦锁管理任务中解脱出来，逐渐向教学领导转变。这意味着，管理者的角色不应仅是侧重计划、组织、控制、协调等科层制的管理模式，陷于学校日常事务管理的繁文缛节中，而应较多扮演积极的创建者、促进者、维持者，发挥价值引领作用，把学院的发展重心放到内涵建设上来，把工作重点放到强化办学特色、全面提升教学质量上来，以提高教学质量为核心，要着眼于系统内各成员对实践教学理念的理解和达成度，促进以实践教学为重点的学校整体办学思路的统筹规划。其次，教学领导还表现在从传统的"事务管理"指向"人事管理"。作为一个组织中的领导者，必须把教学理念实实在在地贯彻到学校教学过程中去，深入到教师对教学理念的深刻理解和清晰执行过程中去，向教师提供课堂中成功教学所需的建设性意见，有责任创建一个学习型组织，能够和教师一起分享教学领域的最新进展并展现出优秀的教学行为和持续的专业发展理念，进而促进整个组织有效运行的核心价值取向和共同愿景。最后，教学领导已不仅仅停留于职位层面，而应该着眼于领导力的提升，更多地指向一种积极互动的、目的明确的人际影响力。当然，领导力并非领导者个人的事情，而应从组织的整体角度去把握、分析。

二、制度规制——变革的根本

从制度上确保实践教学体系的运作是高职教育需要解决的重要课题。按照新制度经济学的理解，任何社会制度都由内部制度和外部制度两部分组成。内部制度是一种原生制度，是社会内在运转中逐步演化出来的知识系统，教育规律和决策规律显然属于这种内在制度；而外部制度是外在设计出来并靠政治权力自上而下地强加于社会且由外在权威强制推行的规则。① 按照这一分析逻辑，本书把高职教育制度分为内部制度和外部制度。

（一）内部制度

这里的内部制度是指在职业院校内通过采取相关措施以确保实践教学体系运行的机制，提升教育制度的内生性是完善教育制度的一个重要途径。这里主要从师资队伍建设、教学质量评价两个方面进行探讨。

1. 师资队伍建设

师资队伍建设是教学改革的关键，也是关乎实践教学顺利进行的重要因素。

经过 20 多年的建设，高职师资建设在规模、结构和整体水平上已有了很大的提升，但与高职教育人才培养规格和质量的要求仍有一定的差距。从世界范围来看，如何提高职教教师质量进而提高职业教学的整体质量的问题是许多国家面临的重要问题。高职教育教学自身的特殊性决定了对高职教师素质也有独特的要求，与其他教育类型相比，对高职师资的要求可能会更高。高职教师素质将直接决定高职实践教学的质量。从目前高职师资发展现状来看，高职教师还不能完全适应高职实践教学的需要，还有许多问题有待解决。

（1）师资实践能力的缺乏影响了实践教学发展

目前我国高职师资队伍建设仍有待进一步提高，特别是教师专业实践能力难以满足实践教学的发展。调研显示，多数教师表示（见表 5 - 6），提升教师的实践能力成为加强学生技能训练的重要影响因素。同时在调查中教师也认为（见表5 - 7），在教学活动中最缺乏的也是专业实践能力，成为四项权重值（专业理论、专业实践能力、教学能力和科研能力）中权重累积值最高项，总分达700 分，明显高于其他三项权重累积值。综上所述，一方面，教师已把对实践能力的提升作为加强学生技能训练的诉求，而另一方面，教师意识到实践能力恰好是教学活动中所缺乏的，可见学生实践能力的发展与师资实践能力的提升之间存在着矛盾。为此，我们或许可以把提升教师实践能力作为解决实践教学问题的突破口。

---

① 祁型雨. 利益表达与整合——教育政策的决策模式研究［M］. 北京：人民出版社，2006：54.

表5-6 加强对学生的技能训练的方法统计结果①

因素	权重值					总分
	5分	4分	3分	2分	1分	
增加企业的实习时间	71	41	41	33	12	720
提升教师的实践能力	70	70	28	30	6	780
从企业聘请工程师授课	25	43	51	43	22	558
加强学生基础理论知识学习	11	19	31	30	104	388
加强校内实训	51	28	45	40	24	606

表5-7 教师在教学活动中最缺乏因素统计结果②

因素	权重值				合计总分
	4分	3分	2分	1分	
专业理论知识	16	37	64	45	348
专业实践能力	124	47	26	11	700
教学能力	8	48	49	70	344
科研能力	69	50	36	43	541

（2）教师来源渠道单一

目前职校专职教师（主要指公共基课教师、专业基础课和专业教师、实践教学指导教师）的来源仍以高校毕业生为主，其中包括普通高校、普通师范院校、职业技术学院和设有职业技术教育师范专业的普通高校的毕业生。实践教学指导教师也是以高校毕业生为主，企业调入的比例较小，这也是目前高职院校存在的一个较为普遍的现象。正因如此，一些院校抱怨直接从高校毕业走上讲台的这部分教师，基本是从学校到学校，专业理论虽然扎实，但他们既没经过系统的师范教育训练，又缺乏教学实践，更没有相关工作、生产实践的经历，明显缺乏实践教学能力。由于自身受传统精英教育的影响，理论知识至上的教学观常常会影响并制约他们今后的教学行为，表现为教师课堂讲得多，让学生参与得少；对书本知识传授得多，对学生启发得少。多数教师实践能力、动手能力、现场教学能力处于弱势，难以满足实践教学的需要。对于从企业或科研单位调用或选聘的教师，他们具有较强的专业实践经验，能够带来最新的生产

① 数据源于调研。
② 数据源于笔者调研所得。

工艺、技术及流程，对学生今后就业的无缝对接起到一定的作用，但这部分教师往往缺乏相关教育理论背景的支撑，难于将专业技能明晰、有效地传达给学生，常因疏于教学方法的运用，在对学生学习指导方面仍不尽如人意。而且，从笔者对部分教师的访谈中发现，理论课教师和实践课教师存在明显的"各司其事"倾向，彼此沟通交流较少，似乎理论课只管教好理论知识，实践课只顾操作技能的练习，教师的理论知识与实践能力难以调和的矛盾在某种程度上制约着理论与实践的整合，因此，如何弥补理论课和实践课教师各自的不足，实现理论课与实践课两者的整合将是需要进一步思考的问题。

（3）教师培训

首先，对教师教育理念培训的关照少。叶澜教授曾经指出：今日教学改革所要改变的不只是传统的教学理论，还要改变千百万教师的教学观念，改变他们每天都在进行着的、习以为常的教学行为。

从目前高职院校对教师的培训形式来看，学校出于对上级评估的考虑，通常较注重师资学历水平的提高，如对新教师的聘任通常要求硕士以上学历，在职教师教育的基本形式也多鼓励进修研究生课程，或是多媒体教学课件等项目的学习，而忽视实践技能等方面的培训。

从师资培训内容来看，过于重视专业知识培训，多停留于基础教育学、心理学方面的学习，较少进行教师教育理念的培训与更新。长此以往，教师陈旧的教学观将会严重阻碍教学活动的质量，教学只能遵循共性的规范，难以体现教师教学的个性价值，教师不便根据具体的教学情境做灵活处理，因为实际的教学过程要比我们想象的复杂得多，如果不关注教学理念的变化及时调整教师培训内容，依然沿着常规的培训发展，那么教师培训充其量只能在固有的框框里打转转，只有把师资培训同先进的教学理念结合起来才有可能取得长足进展，否则无论在理论和实践上都不可能取得实质性进展。

其次，教师培训缺乏整体性考虑。从目前高职师资培训现状来看，对师资培训缺乏整体性考虑表现为：培训内容比较单一，只强调教师专业知识培训，忽视师资的教育理念、实践技能、职业道德等方面的培训；对师资培训缺乏长远考虑，较少从专业发展、学科建设、师资队伍建设等方面做综合考虑，在教师培养过程中很少为教师做与学校发展相协调的战略性能力开发；师资培训方案缺乏系统性，一般来讲，师资培训应包括培训目标、培训计划、培训方案、培训结果等一系列环节，而在实际操作中有些环节被忽略了，往往只注重培训的过程，忽视培训的结果，尤其是缺乏培训结束后的跟踪和考核，致使培训质量大打折扣。

再者，师资培训仍以外部激励为主。由于受职业学校评估机制的影响，接受培训的教师多为晋级、评职称，或出于外部激励的考虑，附之教学任务繁重，教学时间多被挤占，教师很难集中时间自行"充电"。在这种情形下，如果激励机制不健全、评估机制不完善，教师的积极性就会受挫，把培训作为"升迁跳板"或是抱着走马观花的心理应付了事，使培训质量很难得到保证。

最后，师资培训途径单一。长期以来，教师培训主要依靠在全国建立的各级各类的职教师资培训基地完成，就培训基地本身而言，大部分基地还没有形成一套完整的具有高职教育特色的培养培训模式和相应的管理办法，各类资源整合还欠完善，特别是企业参与职教师资培训的力度还太薄弱，虽然学校与企业有一定程度的联系，但只停留于表面的参与合作，距离深度的校企合作仍有一段路要走。

解决高职师资问题，应该从以下几个途径着手。

其一，从学历补偿教育向非学历提高教育转变。2002 年教育部在《关于加强高等职业院校师资队伍建设的意见》中提出："高职（高专）院校要采取进修、引进、外聘等多种措施，大力提高教师的专业理论水平和学历层次。所有专任教师都应达到《教师法》规定的任职要求。至 2005 年，获得研究生学历或硕士以上学位的教师应基本上达到专传教师总数的35%。"这一政策导向在确定师资队伍建设的目标时，把学历达标作为评价的重要标准，也因为学历达标都有比较清晰的描述，易操作，而对教师教学方法、教学质量和效果的评价，往往由于缺少相关明晰的评价指标，难以进行考核。因此，这种评价指向也注定了教师培训倾向于追求高学历，而忽视教学技能和水平的提高，较少顾及教学方法的改善、教学理念的更新。而且，从教师内部心理状况考察，许多实习指导教师或实践课教师常常羞于自己地位的低下，这似乎在印证一种假说：实习教师地位低于理论教学教师，教师多抱怨动手的不如动口的。此外，就技术职称评定标准来看，学历优势也明显高于技能优势，可见，在这种唯学历教育的评价氛围中，必然影响教师培训的形式和内容。

在高职教育发展初期，适当地对教师进行学历补偿教育能够在一定程度上提高教师整体的学历水平，提升教师专业素养，然而，高职教育从规模扩张向内涵建设发展的转变，表明对教师教育有新的诉求，不仅意味着教师学历水平、执教能力和责任意识的大幅度提高，而且更是教学独立性、自主性和创造性逐渐高涨的必然要求，它客观上要求破除高度集中与统一的模式，较多地进行提高型的非学历教育，因为唯学历的培训制度已日益暴露出其局限性，特别是教师教育目标偏向于学术型教师的培养，过分追求学科知识的系统性、精深性，缺乏与专业理论知识结合的技术知识的关照。从培训内容来看，多作为统一型的、基础性的考核条件或评价标准存在，缺少个性化的培训内容，与教师的实际教学活动相关性较小，对每位教师出于各自专业化发展的要求也较少考虑。由于培训内容与教师实际教学工作脱节，特别是不能解决教师在实际教学过程中面临的困难，导致教师参与培训的积极性不高，培训效果也很不理想。针对教师培训的这一困境，未来教师培训的着眼点应关注教师专业实践能力和教学水平的提升，强化教师培训课程的"实践性"倾向，鼓励教师定期到企业接触生产实际，组织教师进行技术开发，促进产学结合教学模式的不断完善。不断创新，为理论教学尽可能提供丰富的"教学实材"，或通过企业寻求合适的"项目"开展案例教学、模拟教学；教师培训将由学历补偿教育向非学历教育方向发展，着重于教学理念、教学思想、教学手段等能力提高型的教育培训，注重理论与实践结合的培训理念，突显高职教育的专业性、职业性、实践性等特点，不断健全教师培训制度，从分配制度到晋级制度，都应向实践教学方向倾斜，制订有利于鼓励和鞭策专业教师学习实践操作、提高技术技能水平的制度，同时让学历层次较低的实践指导教师尽快激起学习理论知识的愿望。

其二，再论"双师型"教师。"双师型"是高职教师队伍建设的着力点，是保证高等职业教育质量、实现高等职业教育可持续发展的关键。近年来，为了避免教学过程中理论与实践割裂的现象，加强理论教学与实践教学的整合，学者们纷纷对双师型教师进行了相关的探讨，试图找到解决的途径。但从现有研究看，对双师型研究多停留于概念内涵的比对，较少关注双师型教师应具备的素质或条件。研究视角的差异使得双师型教师研究并非如预想的那样取得实效，理论深度和具体操作上的欠缺也使职业院校师资现状并未发生根本性的改变。从目前高职院校"双师型"教师数量来看，主要存在两种倾向：一种情况认为双师型教师过少，如按照"多条件"说（达到 4 个基本条件，包括学历、教学能力、具有相关工作经历及专业实践能力）进行评定，那么符合这些条件的教师确实不多，因为要求所有教师都具有双师型似乎既无可能，更无必要。另一种情况是如果按照"双证"说进行评定，即但凡具有教师资格证书和技能证书的就为双师型，那么符合这一条件的教师并不少。其实，无论上述哪种倾向，都存在一刀切的问题，即把所有的教师都同一化对待，如果对专业课或实践课的教师实行简单的双证制度，则降低了要求标准，如果普通文化课教师以"多条件说"为标准，则又增加了难度。因此，为了解决双师型要求过高或过低的问题，有学者提出了"双师度"的概念，旨在根据不同课程类型的理论与技能水平要求进行分类管理。如普通文化课教师主要从事文化基础课程的教学任务，这类教师只要具有"双师型"意识即可；职业基础课教师主要从事和职业活动有关的基础课程的教学任务，这类教师需要具有一定的"双师型"素质；专业理论课教师从事本专业的理论课教学工作，需要较高深的专业理论知识，同时要具有"双师型"素质；实习实训教师主要从事和本专业职业技能相关的技能课程的教学任务，这类教师应是"双师型"教师。[①] 这里需要明确的是，虽然双师度突破了原有研究的局限，为双师型教师研究开拓了新视野，但细究起来，双师型的具体意义仍比较模糊，特别是在实际操作中理论知识与职业技能水平等级的核定仍不好把握，而这种分类本身也割裂了理论与实践的关系，两者仍是作为独立体而存在，没有实现真正的融合。而且双师型意识、双师型素质及双师型教师这三者区别何在？学者似乎在有意表达一种逐渐深化的趋势，笔者认为，或许具有"双师型"意识更为重要，因为从双师型角度进行教师研究是教师专业化发展的必然阶段，而教师专业化发展的精髓并非在于寻求共性原则，而是留给教师更多的发挥教学智慧的教学空间，它不是追求同一性，而是寻求多样化发展。我们对双师型的理解也应从教学理念予以把握，可见，只有通过多向度地解析，我们对双师型这一概念的意义才能有更准确的把握。因此，本书更倾向于把双师型视为一种能够促进理论与实践相结合的教学观念，这意味着教师能够结合所教内容，通过最大限度地让学生进行参与、体验式学习，从而在认知结构中真正形成理论知识与实践知识的整合。

其三，强迫型向内生型模式转变。从师资培训的现状考察，外部激励仍是师资接受培训的主要方式。由于师资培训体系是一项系统工程，它涉及各种配套机制，如果某些机制跟不上，就会影响整个师资培训体系，如激励机制不健全，教师参加培训的积极性就不高；竞争机制不完善，就不能有针对性地选拔出合适的师资参加培训；评估机制不合理，也会制约培训目标的实现。因此，外部激励型培训有其自身的局限性，这种模式中教师的积极性无法真正调动起来，一旦这种激励诱因不能得到强化，就会影响培训的质量。

根据教师的转变类型，可使用七种管理技巧，对七种技巧进行层次划分（如图 5-5 所示），不同的技巧将引起不同的转变，从最表面的举止变化到深层次的认知和情感转变。例如，利用"教育和沟通"或"参与和投入"，将引起

---

① 祝士明，张元. 双师度——高职师资队伍建设的有效途径［J］. 职教论坛，2007（11）.

深层次的认知和情感转变，而"强制"和"操纵与委任"只能带来行为举止的表面改正。可见，外部激励处于第三层次提供诱因水平，属于较低水平的行为改变。从稳定性来看，此种程度极易受外界的干扰，因此，对教师的培训应尽量通过"教育和沟通"或"参与与投入"来促进深层次的认识和情感转变。这意味着必须突破传统的外界强迫型发展模式，向发展性的内生型培训评价模式转变，转变培训观念，借助教师的教学经验，促进教师自身对教育实践的反思、体悟，进而转变教育行为。

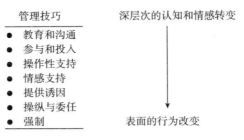

图 5 - 5　教师管理技巧与行为转变①

　　师资培养模式由强迫型向内生型的转变，有其深刻的本质原因。首先，它反映了教师整体素质有了较大提高。高校教师的学历水平、执教能力和责任意识大面积提高的结果，必然是教学独立性、自主性和创造性的逐渐高涨，必然要求破除高度计划体制下的集中与统一模式。其次，以往教师的职前培养和职后培训只注重专业理论知识的传授，从而使他们渐渐依顺于对固有原理、模式的膜拜中，失去了批判地分析、思考复杂的教育情境的能力。因此，必须避免这种唯理论知识、僵化的培养倾向，转而重视那些动态的与教学实践直接相关的基本教学技能与技巧方面的学习。最后，随着我国对教师研究的逐渐深入，人们越来越清晰地意识到：现代学校制度的本质特征之一，是确立教师个体专业劳动的价值，确立教师对教学的直接影响力和指挥权。这意味着一种教师将高度内化的学科知识与教育专业知识运用于具体的教学实践过程中并从中体验和反思总结的教育形态得到推崇。

　　强迫型的培训模式不但消除了多样性，而且终结了教育内部的创造性和灵活性，不仅滋生了顺从的温床，而且降低了创新的可能性。内生型的培训模式

---

① 周南照，赵丽，任友群. 教师教育改革与教师专业发展：国际视野与本土实践［M］. 上海：华东师范大学出版社，2007：184.

客观上要求学校应当给教师机会，重视教师的研究，充分肯定和承认教师的研究，释放教师的创造精神，特别是允许有不同的方法，引导和鼓励教师上出"自己的课"。创设一个宽松的氛围，让教师敢于发表自己的意见，要有宽松自由的学术研究氛围，要尊重和保护教师教学研究的积极性和创造性，增强教师的职业自信心。此外，学校还要营造良好的科研导向，特别是较多地倾向于结合教学实践、贴近日常教学生活的教学研究，对实际的教学活动有启示的研究也应得到重视，为教师提供研究的自由空间。

其四，发挥教师整体效能，构建学习共同体。长期以来，人们似乎形成一种思维定式，即认为教学活动是教师个体的教学行为，甚至认为只要每个教师的教学效能做到优化，整个教学系统便能处于最优态。这种孤立化、简单化的思想反映在教师研究中，便表现为只关注教师个体层面的效能或个别教师的教学行为或特性，忽视了不同教师在个人、小组及组织层面的不同表现对学生经验及学习成果的影响。这种观念的大行其道，使教师研究停留在个体效能层面，强调单个教师的教学效能，无视教师整体效能的发挥，这种零散的、片面的观念不利于教师教育改革的整体性推进。随着对教育过程理解的不断深入，整体性、系统性逐渐被纳入教师研究领域，从整体理念探讨教师效能成为人们关注的研究焦点。由于教学往往是不同课程类型的教师共同施教的结果，而非单个教师的个别行为，单个教师水平的提高并不能保证学校的整体效能，因为各个教师的努力和对学生的影响力不一定互相支持而不抵消。例如，实践教学中专业理论课教师尽量配合实践指导教师的教学，如果理论知识与实践知识出入很大，便会影响理论知识与实践知识整合的效果。对于同种课程类型的教师也应加强横向沟通，不断扩充信息流，而现实却是：教师通常是在孤立的环境中单独授课，教师之间缺少交流，甚至很少互相观摩或聆听别人的讲课，这种孤立性阻碍了同事之间的相互学习和成功经验的分享，导致教师的视界狭小，在解决特殊的教学问题时，常表现出不适性。

为此，必须积极寻求着眼于教师整体效能提升的途径，从高职现有情况看，构建教师学习共同体有一定的现实基础。调研数据表明，在问及教师参与培训的情况时，61.6%的教师反映"教学任务重，没时间参加"。值得欣慰的是，另一项调研情况反映（如图5-6），教师提高教学能力的主要途径是自学教育理论，表明教师具备一定的自学能力。这两项调研结果表明，教师迫于教学任务的压力，没有时间参加培训。如此，我们就会思考这样的问题，能否改变教师培训的模式呢？这似乎也印证了以小规模、分散型的教育模式取代大规模、集中式的教师培训的可行性。打破整齐划一的培训模式，有利于促进教师教学智慧的发挥，既节省了时间，又可以解决由于专业性质的不同带来难以把握的共性问题。那么与以往教师培训相比，教师专业共同体具有哪些特征？如何构建教师专业学习共同体呢？

对教师发展的研究应本着当代社会发展的需要和教育本身存在的问题进行着手，为此，专业学习共同体的提出一方面是基于当今组织行为学理论及有关教师研究领域的新视角，另一方面则立足于当前教师培训中存在的问题。

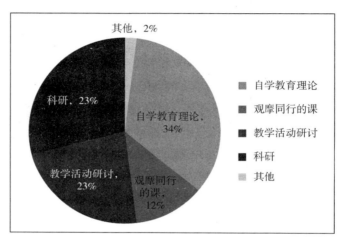

图5-6　教师提高教学能力的主要途径①

近年来，在西方组织行为研究和人力资源管理领域出现了一个新兴的理论——"心理契约"论。该理论认为个人和组织间的社会交换关系无法把双方相互责任的界定完全体现在书面的雇佣合同中，但在每一个组织成员的内心深处，对自己该为组织付出什么、付出多少，组织应该给自己回报什么、回报多少等都有明确的认识，即个人和组织之间达成的是一种"心灵的默契"。这种理论突破了以往个人与组织强制性的关系，建构了一种内在的、沟通的默契，它对建构教师培训机制同样有着重要的启示。此外，关于教师研究也走向了个性赋权的人本化道路，提出教师赋权增能理论，如 Melenyzer（1990）将有关教师赋权的理解区分为三个主要研究取向，即批判的解放取向、自由主义取向和保守主义取向。第一个取向期待教师能够通过反思的政治行为挑战"压迫性的"

———————————

① 数据源于笔者调研所得。

社会力量；第二个取向强调教师自身有能力改进其课堂状况，其他人应该尽量减少对教师的干预；最后一个取向将赋权与专业性等量齐观，关注人们对教学专业的尊重，注重对教学专业地位及资源的维护。此后，Hodkinson 和 Sparks（引自 Lawson & Harrison，1999：92）则从个人效能、批判性自主和共同体三个向度来开展赋权的讨论。其中"个人效能"是指个体通过获得沟通和解难技巧等能力而能够自己处理事情；"批判性自主"是指个体独立思考的能力；"共同体"则指与小组一起工作以达至社会变革的能力。如果教师在上述三个方面发生明显的变化，则可被视为获得赋权。① 还有学者提出了教师赋权增能的具体表现内容，如 Short 和 Rinehart（1992）认为教师赋权增能基于六个向度，即参与决定、专业成长、专业地位、自我效能、教学自主、影响力。这些都为建构教师学习共同体提供了重要的理论基础，同时这些变化对教育发展特别是教师发展也提出了新的诉求。

从教师培训现状来看，以往的教师培训把权威界定的知识和信仰编成不可置疑的教条在成员之间传递，常常导致教师教育观念陈旧，视野不开阔。这种以技术理性为基础的教育模式的实质是理论与实践二元论框架下的技术理性的应用模式，造成了教育理论与实践的游离，不利于教师实践智慧的生成，为此，只有把培训同教师日常的教育实践活动结合起来，才能避免唯学历教育、唯学科教育现象的存在，才能在职业教育培训中取得实质性效果，也才能在真实的教育情境和教育活动中实现教师的自主性发展。

构建专业学习共同体既突破了传统的僵化培训模式，又实现了教师专业发展的"实践性"探究，专业学习共同体与以往教师培训的区别如下。①专业学习共同体内的成员有着一致的目标，心理契约模式能够引导成员共同追求教学和学习的提高；传统的培训在很大程度上表现为一种强迫性、接受性的培训，教师的自主性较小。②从内容来看，专业学习共同体通过成员间共同协商、探讨来促进知识的学习，具有生成性特征；传统的培训则把权威化的、经由专家界定的知识在成员之间传递，成员对知识不容质疑，多表现为压迫性的接受过程。③从参与方式看，专业学习共同体表现为自愿的、心理契约式的参与过程；而传统培训则通过集中培训，采取外部命令式途径完成。④专业学习共同体通过在实践过程中不断修正、完善来改进教学，是一个渐进的过程；传统的培训

---

① 操太圣，卢乃桂．伙伴协作与教师赋权——教师专业发展新视角［M］．北京：教育科学出版社，2007：56．

是一种注重结果的"绩效式"培训。⑤专业学习共同体在一种生成性的、非预测的情境中进行教学设计；传统的培训追求教学的同一性，并以严格的标准化内容为文本。有学者把传统的培训模式称为"绩效式的培训"并与专业学习共同体进行了区分，如表5-8所示。可见，传统的绩效式培训在教师水平不高的情况下，可能会提供一个"技术"支撑的平台，弥补教师学科知识、学历水平的缺失，但是在知识经济条件下，在对复杂问题的"弹性"解决过程中，顽固、僵化的知识已不再具有活力和优势，反而会成为阻碍教师教学智慧的生成的绊脚石。这样看来，在一个对教学有着更深理解的理智社会，我们必须致力于追求培训学习观念的变革，改变教师认识框架和思维方式，打破仅以单纯的学历补偿教育研究教师发展需要，努力将教师个人的生涯发展与教师整体效能提升相结合，鼓励教师不断地对自身教学实践进行反思，促进教师实践知识的生成。此外，加强理论课教师与实践指导教师、专任教师与兼职教师间的沟通，组织兼职教师参与教学研究活动，因为过度细化的专业生活就会产生呆板、无思考性的生活。①

表5-8　专业学习共同体与绩效式的培训区别②

专业学习共同体	技能培训场所
改造知识	传递知识
共享探究	强迫接受
证据告知	结果驱动
情境的确定性	人造的确定性
本地化解决方式	标准化的脚本
共同责任	顺从权威
持续性学习	精细化培训
实践共同体	绩效教义派

① ［美］安迪·哈格里夫斯. 知识社会中的教学［M］. 熊建辉，陈德云，赵立芹，等，译. 上海：华东师范大学出版社，2007：108.

② ［美］安迪·哈格里夫斯. 知识社会中的教学［M］. 熊建辉，陈德云，赵立芹，等，译. 上海：华东师范大学出版社，2007：164.

2. 教学质量评价

高等职业教育教学质量是高等职业教育的生命线，是教育竞争力的核心要素。而实践教学是高等职业教育教学体系的重要组成部分，直接关系到高职教育人才培养质量的问题。自20世纪80年代始，我国各高校纷纷开展了以课堂教学质量评价为主要内容的教学质量评价研究，构建了相关的质量评价体系并日益成为确保学校教学质量的关键环节。从目前高职教学质量评价体系实施情况看，仍沿袭传统本科院校的教学质量评价指标体系。由于实践教学具有不同于理论教学的特殊性和复杂性，课堂教学的评价体系难以结合实践教学的特点做出相关的、针对性的评价。为此，现行教学质量评价体系虽然对实践教学有所顾忌，但缺乏独立的实践教学质量评价指标体系。作为高职教学主体的实践教学体系由于长久以来缺少相对独立的评价体系，致使实践教学质量评价在整个教学质量体系中一直处于弱势。为此，科学地构建切实可行的实践教学质量评价体系是亟待解决的问题。

（1）评价主体的多元化

国外高校教学质量评价的多样化趋势比较明显，有以学校内部的教学质量评价为主，政府参与资格审核的评价，还有由校外专门机构进行的评价，比较注重协调政府、企业和学校间的相互关系，使评价具有一定的实效性。从我国高职教学评价情况来看，评价主体比较单一，评价工作主要是由校教务处统一组织，评价主体往往限于专家学者和教师。这种单一主体的教学评价在收集教学信息方面是有限的，因为，评价的主体在社会学理论上是指"参与评价的人员量的多少和面的分布"。① 可见，点线面结合评价格局还没有形成。借鉴国外评价经验的同时结合我国教学评价的实际，有必要实现评价主体的多元化发展。这意味着评价主体中除了教师，还应包括学生本人、同伴、家长、企业及学生所在社区中的一些成员。吸纳各方面的人员参与评价中，旨在发挥各自的评价优势。因为来自不同方面的人员代表不同的社会需求，他们会从不同的评价角度对学生进行检查，使评价视角更宽泛，有利于扩充评价内容，进而可以得出比较全面的评价结果。虽然评价应实现由原来教师"唯一权威型"向多元主体参与的"权利分散型"转变，但需要注意的是，多元参与是有序的、可控的，要确保分享到评价权利的主体评价的可操作性，避免空、大、泛等无效的参与。

（2）评价标准具体化

长期以来，我们对学生学业成绩的评价仅限于对理论知识的掌握上，而理

---

① 徐红. 当前课程评价的误区及社会学分析［J］. 教育科学研究，2003（7）.

论知识的特点决定了在评价的目标上有相对统一的标准，因此比较容易做量化的处理。而实践教学往往不同于强调知识系统传授的理论教学，实践教学多注重技能操作的过程性和规范化. 这些特征使得追求统一性的量化指标对实践教学中一些不易量化的评价内容失去了效用，削弱了评价的发展性功能，难以准确有效地反映评价对象的本质特征。目前对实践教学的评价存在的比较突出的问题是对其考核的目标描述有些含糊笼统，操作起来比较困难，如一些评价目标的表述多见"熟练掌握"、"基本掌握"等概括性语言，缺少对这些总结性内容的具体描述，没能把宏观层面的目标转化为可操作的、与学生具体实际相结合的微观目标，导致评价目标缺乏内容载体。为此，评价目标必须做到具体化，把总括性的、烦锁的目标体系通过分解、细化为可操作忬的指标，使得评价的各项指标内涵明确、外延清晰，具有可操作性。针对上述原则，评价指标要贯彻层层分解制，即可先由学校制定一个教学评价的一般性指南，确定教学的基本要求，然后各个院系再根据纲领性的指南，结合专业特点，编制出符合教学实际的评价指标，按照课程种类（如基础课、理论课、实践课等）确定不同的评价项目。除了体现专业特点外还应考虑教师的类别，如对实习教师的评价就应有不同于理论教学教师的评价标准。这样不仅反映了各类教学的特征，而且也避免了一表多用的评价弊端。

（3）评价的整体性

实践教学质量的评价应是一项系统工程，因此，以整体性思维进行评价是必要的。其整体性主要表现在三个方面。一是设计的整体性，意指纵向推进。包括对评价制度的设计，建立和完善实践教学规章制度、管理办法和细则，以实现实践教学管理规范化、制度化，做到各项工作有章可循。在宏观制度的引导下，还要健全组织机构，明确各部门、人员的职责和分工，给予组织保证，同时注意各部门之间的协调。再就是具体到实践教学的中观层面，包括对实践教学的课程、教学计划、教材等方面的评价，并对执行信息及时反馈，建立一个完整的监督、制约机制，把实践教学落到实处。二是评价的全程性。由于教育是一个长效的发展过程，即短期内教育效果可能并无明显体现，学生毕业后处于的现实工作环境会使学生对在学校接受的教育产生新的观点，某些潜在能力也需要通过职业岗位的磨炼与激发，尤其是某些理念性观点更需要借由具体问题的解决才能得以显现，因此，对实践教学的评价要贯穿学生的整个学习过程，甚至是延伸拓展到对毕业生跟踪调查的全程评价，从而为学校调整教学思路、改进教学方法提供动态信息和宝贵的建议。教高［2004］1号《教育部关于以就业为导向，深化高等职业教育改革的若干意见》明确指出：毕业生的就业状况将作为检验学校办学水平的核心指标，就业率较低的院校不能被评为良好和优秀。由此可见，对高职院校的评价不仅限于"入口"，强调"出口"的就业率便是最好的证明。当然，院校在注重就业率的同时，也应该把就业质量作为重要的标准纳入考核体系中。三是建立的评价体系必须是一个开放的系统。从目标的建立、过程的控制、质量的评价及信息的反馈等环节构成的评价体系是一个开放的、非闭合的系统。它既强调终程反馈，也关注前置反馈和中程反馈，使信息在三者之间合理地流动，形成目标、过程、反馈等循环流进而促进系统的持续发展。

（4）评价内容关注操作性评价

一般情况下，评价内容能够直接反映学校教育理念与教学要求，它对学校的教学改革有着重要的导向作用。但从目前高职院校评价的内容看，没有为实践教学提供一个良好的运行平台。从学生评价内容看，主要还是以学生学业成绩为主开展的评价活动，只注重学生理论知识的掌握和认知能力的发展，对学生技能的考核往往缺少具体的评价方案和指标，较少顾及学生的多元智能的发展，尤其是缺少情感、道德、意志等相关的评价内容，在某种程度上仍属"知识性评价"的范畴，这种评价导向很难全面、准确、系统地对学生的个体发展状况进行正确、合理的评价、判断。由于实践教学常与学生的行为表现紧密相连，对学生的考核必然要以综合职业能力发展为核心，尤其要关注形成性评价在评价过程中的作用，努力将与专业技能相关的过程与方法、情感态度与价值观也列入评价内容，并把评价本身视为促进学生发展的手段。近年来，教学评价的一个重要转向便是"以学评教"的评价取向。这种评价注重评价内容的向生性，评价的重点在于了解学生通过教学在各方面所取得的进步。它不仅考察教师的教学行为和态度，而且关注学生在教学中的亲身感受，即学生学得如何，并以此作为评价的重要指标。只有学生在课程学习中取得了多方面的明显进步，才能判定教师的教学是成功的。同时，对教学的评价也应遵循"发展性"导向，这种发展不仅强调学生在学科知识、逻辑思维能力等学术性学习结果，而且关注学生完成实际工作任务的能力，通过对具有典型工作特征的任务的完成情况，推断他们是否具备了相应的工作能力。这里的典型工作任务是能够尽量整合职业能力、方法能力和社会能力的任务，而不是简单的技能操作。此外，学校对教师教学评价的指挥棒也要倾向于实践教学，如职称的评定不应再以科研论文的数量，科研项目的多少为标准，而是着眼于教师对教学方法的改进、教学质量的提高上。

（二）外部制度

从外部制度看，高职院校大力推行工学结合培养模式是新形势下高职教育改革的重要方向，是加快高职教育发展的根本出路。而实践教学体系的运作在很大程度上依赖"工学结合"的人才培养模式。但目前高职院校仍没有建立起工学结合、半工半读的人才培养模式（见图5-7），而工学结合的人才培养模式客观上要求学校与企业的合作。这样，如何发挥行业、企业、政府在实践教学中的地位和作用，已成为高职院校亟需解决的问题之一。

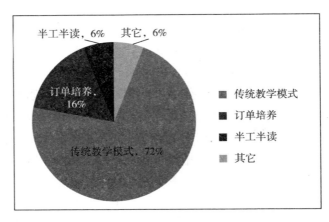

图5-7 人才培养模式①

工学结合的本质是教育通过企业与社会需求紧密结合。如果我们把工学结合作为高等职业教育人才培养模式改革的重要切入点，那么这种模式的最终落脚点还在于真实实现校企合作。

1. 校企合作存在的问题

一方面，学校与企业的关系多表现为"合作乞求"，企业主体意识不强，影响实践教学发展。对于学校实践教学资源不足的现状，多数学校借助于从行业、企业获得支持，但实际上，学生校外实习的效果并不理想。表5-9显示：从学生校外实习情况及效果来看，33.33%的教师认为学生只能在现场接受指导，但不操作，并且25%的教师认为学生的见习也仅以现场参观为主，16.67%的教师表示学生实习只是走马观花，无明确要求。正因为学生在校外实习效果不尽人意，因此，在改革实践教学现状的探讨中，教师认为增加学生在企业的实习时间，可能会加强对学生的技能训练（见表5-6）。另一方面，企业作为职校合作意向的主体地位仍比较模糊，尽管国家提出大力推行工学结合、半工半读制度，旨在促进和强化企业深度参与高职人才培养的过程，但实际的状况却是企业主体地位的发挥仍有一定局限性。调研显示（见表5-2）：行业、企业的

---

① 数据源于调研所得。

主体作用难以发挥成为制约高职实践教学发展最主要的因素。此外，从学校与企业的联系程度来看，通过访谈了解到，目前由于企业的合作意识淡薄，校企合作还处于浅层的、形式化的阶段，常常表现为学校寻求与企业合作主动出击，使高职的校企合作具有自发性的、较为零散的形式特征。而且通过对高职校长的访谈也了解到，校企合作仍不深入，用其中一位校长的话说："对于校企合作现在见得比较多的是领导层开个会，吃个饭啊，签个协议，每年搞一次联谊，凡事搞得轰轰烈烈的，但是没有具体落实。"这也从侧面反应目前高职院校校企合作的形式主义十分严重。

表 5－9　学生校外实习情况及效果

因素	人数	比例
能上岗，实习效果好	84	25.00%
在现场接受指导，但不操作	112	33.33%
以现场参观为主	84	25.00%
走马观花，无明确要求	56	16.67%
合计	336	100%

另外国家的宏观政策和指导力度也不够。尽管近年来我国不断加大对职业教育的投入力度，包括投入专项职业教育资金用于高职院校实训基地的建设，但对于如何规范企业在职业教育人才培养中的行为并没有出台相应的政策制度予以保证。

2. 校企合作的运行机制

（1）校企双赢的驱动制

在知识经济时代，校企合作受多方面因素的影响，如国家政策法规的健全程度，校企合作的基础和条件的完备程度。因此，只有切入校企合作的动力机制，才能实现真正的校企合作。校企合作存在的动力不足在于学校和企业分属教育和经济两个领域，各自代表两个不同的利益体，两者追求的目标不同导致了缺乏合作基础。如果从组织行为的角度看，校企合作的原动力受以下因素的影响：共同目标、利益的驱动力、外部环境（包括政府政策、法规）、组织领导决策的作用等。首先，合作动力机制需要双方有一个共同的或相近的目标或共同利益的驱动下而产生合作的动机与愿望。由于学校和企业代表着不同的利益主体，合作的动机与愿望不强是毫无疑义的。企业是经济利益的主体，在市场经济的运作过程中，在经济利益驱动下，企业首先要考虑的是如何在短期内实现利益最大化问题，必然选择对企业来说代价小收益大的合作方式。因此，在寻求合作过程中难免存在过度商业化倾向，导致多以经济效益作为权衡合作的主要标准。它们关注的是通过与学校的合作能够带来超过其正常工作运转带来的收益，很难从教育角度给予考虑，使得企业对学校合作内容的选择更具功利性，缺乏对长远的社会和教育效应的关注。而学校作为人才培养的主渠道，是一个社会化过程，相比而言，它是一个长期的系统工程，可能需要的时间周期较长，更确切地说短期收效可能会不明显，它更看重教育功能的发挥，这与企业追求急功近利的短期发展行为相矛盾。如上所述，企业的短期经济功能与学校长期教育功能两者诉求的功能差异必然决定了其行为方式的不同。

　　然而，两者利益的不同并不代表没有合作的需要。实际上，学校和企业的关系的根本是教育与经济的关系，也即校企关系是教经关系的具体体现。目前校企关系在很大程度上突出了教育要适应经济发展的规律，在这种观念下，学校主动找上门的乞求式合作关系就不难理解。然而，另一方面，也应该充分关注教育在经济发展中的地位和作用。教育在经济发展中的重要作用源于人的因素在经济发展中的特殊重要性。教育通过对人的培养改变、提高进而成为经济发展的最大资源。就职业教育而言，这种关联度表现得尤为密切。因此，在认识到经济发展对教育制约作用的同时，更要发挥教育在经济发展过程中不可替代的作用。这意味着校企双方不但存在合作的可能，而且存在合作的要求。一方面，企业可以借助学校的资源进行科研开发、成果转化，并对在岗员工进行培训；另一方面，学校需要通过向企业输送合格人才展示其办学质量，增强企业对学校的认可度，反过来学校也要借助企业的资源、力量确保办学水平。作为经济与教育关系再现的校企，在市场运作的环境下，都要遵循市场规律运作，走合作之路，这既是双方共赢的原则，更是双方共同发展的需要。

　　（2）从参与到融合的校企合作模式的构建

　　目前，大多数校企合作都是浅层次、随机性、阶段性的合作，多为院校主动向企业寻求合作，而主动向院校寻求合作的企业则很少，甚至很多合作也只是停留在人情的资助上，特别是在中国现在的国情下，相当一部分的校企合作是不同组织的领导人的合作，表现为"签签协议，吃吃饭或搞个联谊"。由于这种合作形式重心的上移，往往把合作做在表面，没有落实在具体的操作层面，更没有相应的部门分管，从而导致合作的效果不尽如人意。

　　为了避免这种浅化的合作，推动校企合作向深入发展，其关键在于主动出击，占领制高点，赢得主动权。企业的趋利有几个方面：①人才，包括学校师资和培养出的优秀毕业生；②设备；③技术；④潜在市场。职业院校要善于分析企业需求，利用资源，扬长避短，甚至化劣势为优势，真正实现"家有梧桐树，引得凤凰来"。① 然而，我们怎样理解"参与"与"融合"的具体指代及关系，是否只是换个说法或是做文字游戏？实际上，考量两者的关系是建立校企合作机制双赢的关键。仅从语义看，"参与"表明企业与学校是在作为两个不同实体的前提下分别承担责任，暗含着"可有可无"，融合则意味两者形成"你中有我，我中有你"密不可分的依赖关系。通过上述分析，我们可以这样理解，融合是更高层次的参与。从融合角度来看，对于校企合作，更多的不是停留于企业资金上的投入，而是对学校培养人的目标及如何培养满足企业发展需要的人负责，它包括企业要对学校的专业调整、构建工作过程导向的课程体系及教育评价做出相应的建议，职业院校也并非迎合现阶段企业的需要，而是更多地与企业深度融合，实现职业教育类型人才的培养。为了清晰起见，表 5 – 10 列出了两种合作类型的特征。

表 5 – 10　参与型与融合型校企合作模式的特征

参与型校企合作模式	融合型校企合作模式
成立专家顾问委员会，参与教学计划、教学内容的制定	课程开发符合生产实际、专业设置适应市场要求、实训基地实践环境技术含量提高
学校主动为企业提供咨询、技术指导、承担企业员工培训，建立横向联合体	以产养学、以研促学，实现"教学、科研、开发"三位一体的纵深发展，为企业整体竞争力贡献人才
订单培养模式	工学结合人才培养
校企领导签协议	双方高度信任，并由相关部门具体执行
校办企业模式	责权利相统的校企共赢模式
企业资金、设备的投入	企业组织模式的引入，企业文化、生产工艺、企业标准融进教学中

（3）政府要有"为"

我国行业、企业对与学校合作办学的积极性不高，是一个不可回避的现实，由于受历史传统及经济、社会发展水平制约，我国企业在高职教育中应有的地位仍难脱功利主义的桎梏。对有些知名的大企业来讲，它们往往会把眼光放得比较长远，把学校作为员工培训的基地，希望与学校共同进行产品研发，当然

---

① 刘红．校企合作工学结合合作共赢共谋发展——高职教育校企合作工学结合论坛暨示范院校建设周 年成果展示会概述［J］．中国职业技术教育，2008（1）．

也有的企业看重校本有利的平台，来做它的产品和企业文化广告的宣传。企业追求的不是眼前，而是从长远角度审视合作的价值，当然这种企业是为数不多的。为了确保更多的企业加入到校企合作的过程中来，政府出台相关的政策法规作为规定和强制引导就显得必要了，这在校企业合作的初期是必须的。随着组织、系统逐渐成熟，进入了自觉的合作行为时，政府的角色可能更多的是为组织营造良好的环境和组织氛围。当前我国教育行政的改革与发展不是如何充分发挥政府教育行政权能的问题，而是如何改变行政无为或行政无限的现象，对教育进行干预的问题。① 而就我国校企合作而言，还处于初期阶段，所以政府通过出台相关的法规适当地介入、引导还是必要的。

我国现有的法律法规对企业参与职业教育还缺乏具体的规定，既不利于接受实习生的企业开展有效培训，也不利于保护学生在企业应有的权利义务，甚至有的企业要求学生从事简单的顶岗劳动，根本没有详细的受训计划，学生仅仅是廉价的劳动力，因此，应制定有关的法律法规，不仅要明确企业接受学生实习是企业应尽的义务，更应在人员配备，设备条件，操作步骤和内容，企业、学生、学校各自的权利和义务等方面做出明确具体的规定，并对违反规定的做出具体的处罚措施。②

当然，政府有为的内容和形式不仅表现为政策、立法及对参与企业给予优惠政策等方面，更多地应该搭建一个平台，促进学校与企业的合作。如由上海政府牵头，组织了由教委、经贸、科工委、劳动局、社会保障局、行业协会共同参加的联席会议，任命了8所技师学院。凡被列入该范围内的学校，相关的学生到企业的实践活动，包括劳动部考证的活动，都由政府买单。这就为职业学校和大学的校企活动、实践活动提供了很好的平台。今后政府可以逐渐扩大覆盖面，让更多的企业、学校参与进来。这些都是政府的有为表现。

新的历史时期，在国家大力提倡工学结合、半工半读的背景下，正在促成企业由传统的独立经营主体地位向市场经济条件下承担社会责任的过渡，对企业社会责任的要求，无形中也在向学校教育功能趋近。

---

① 祁型雨. 利益表达与整合——教育政策的决策模式研究［M］. 北京：人民出版社，2006：200.
② 陈解放. "产学研结合"与"工学结合"解读［J］. 中国高教研究，2006（12）.

第六章

高职院校教师企业实践政策执行的调查研究

古人论道：黄宗羲在《姜定庵小传》中写道"道无定体，学贵适用。奈何今之人执一以为道。使学道与事功判为两途。事功而不出于道，则机智用事而流于伪，道不能达之事功，论其学则有，适于用则无；讲一身之行为则似是，救国家之急难则非也，岂真儒哉?"积极倡导求学贵在于实用，只有学问与事功相结合，学用一致，方为真儒。

教师专业素养不高已经是制约职业教育质量提升的症结所在。贯彻落实教师企业实践政策，推动广大教师参加企业实践，对提高高职院校教师专业素养具有重要意义。调查研究发现，广大高职院校及其教师普遍重视教师企业实践工作，教师企业实践政策执行已经取得一定成效，然而，相关政策执行情况总体不甚乐观，存在若干制约教师企业实践政策执行的突出问题，未能有效达成教师企业实践政策的预期目标。

一、前言

推动教师参加企业实践是培养培训职业教育教师的基本途径。职业院校教师企业实践政策是一项基本的职业教育教师教育政策。2010 年以来，国家已经颁布了一系列重大职业教育政策。从《国家中长期教育改革和发展规划纲要（2010—2020 年）》《教育部关于进一步完善职业教育教师培养培训制度的意见》《教育部财政部关于实施职业院校教师素质提高计划的意见》《国务院关于加快发展现代职业教育的决定》《教育部关于开展现代学徒制试点工作的意见》到《高等职业教育创新发展行动计划（2015—2018 年)》等，都对职业教育教师企业实践做了相关的政策规定。作为相关政策研究的重要成果，《职业学校教师企业实践规定（试行)》是新时期指导职业院校教师企业实践工作的重要文件，目前正在征求意见中。① 政策执行是政策生命过程的关键环节，发挥着其他环节不可替代的作用。② 开展高职院校教师企业实践政策执行的调查研究，有利于把握政策执行现状、总结政策执行经验、剖析政策执行教训，从而为完善职业院校教师企业实践政策、落实职业院校教师企业实践政策提供重要依据。本研究中，高职院校教师企业实践政策是指国家、地方和高职院校关于高职院校教师企业实践的一系列政策规定的统称。

二、调查方法

（一）被试

本调查共抽取河北、广东、山东、山西、陕西、四川、浙江、甘肃、湖北、云南、河南、江苏 12 省 26 所高职院校，对高职院校教师进行匿名调查。总共发放问卷 540 份，回收问卷 492 份，剔除无效问卷 22 份，实际有效问卷 470 份。专业教师为 371 人，占 79.3%；非专业教师 97 人，占 20.7%。参加专业实践的有 323 人，占 69%；无实践经验的教师 145 人，占 31%。

（二）工具

采用自编的高职院校教师企业实践调查问卷，问卷是在访谈、专家咨询与查阅文献资料的基础上编制而成，共有 28 个题目，前 18 题采用李克特量表（Likert scale），分为 5 级计分，从 1 到 5，依次为完全不符合、基本符合、不清楚、基本不符合、完全符合。后 10 个题目采用多项选择题。

（三）统计

数据主要采用 SPSS 19.0 录入，并进行相关的统计处理。

三、结果分析

（一）教师对企业实践政策的认知

1. 对教师企业实践政策的认知

相关政策规定，把高职院校的所有任课教师都纳入企业实践的规定中，专业教师和公共基础课教师都应参与企业实践。如表 6 - 1 所示，对于"了解教育

---

① 《职业学校教师企业实践规定（试行）》征求意见公告［EB/OL］. http：//www. moe. edu. cn/jyb_ xwfb/s248/ 201510/t20151010_ 212277. html.

② 严强. 公共政策学［M］. 北京：社会科学文献出版社，2008：205.

部关于高职院校教师到企业实践的相关规定"，77.6%的教师选择基本符合或完全符合，选项均分为3.92，少数教师表示不赞同或不清楚。这说明大多数教师对参加企业实践政策达到较高比例的认知水平，学校对教师企业实践政策的宣传比较到位，但是教师企业实践政策执行宣传力度仍然有待加强。对于"高职院校专业教师到企业实践活动很重要"，94.7%的教师选择基本符合或完全符合，选项均分为4.54。这说明绝大多数高职院校教师非常认同参加企业实践对提高教师专业水平的重要性。某种程度上说，有利于执行高职院校教师企业实践政策的舆论氛围已经形成。

表6-1　对教师企业实践政策的认知

	了解教育部关于高职院校教师到企业实践的相关规定		高职院校专业教师到企业实践活动很重要	
	人数	百分比%	人数	百分比%
完全不符合	10	2.1	3	0.6
基本不符合	21	4.5	8	1.7
不清楚	74	15.8	14	3.0
基本符合	253	54.1	150	32.1
完全符合	110	23.5	293	62.6
选项均分	3.92		4.54	
合计	468	100	468	100

2. 对教师企业实践目标的认知

如表6-2所示，对于"高职院校教师到企业实践有哪些预期目标"的问题（多项选择），按照比例从高到低，依次是"学习所教专业在生产实践中应用的新知识、新技能、新工艺、新方法""结合企业的生产实际和用人标准，不断完善教学方案、教学方法与课程教材，加强实践教学环节""熟悉企业相关岗位（工种）职责、操作规范、用人标准及管理制度等具体内容""了解企业的生产组织方式、工艺流程、产业发展趋势等基本情况""完成学校安排的企业实践任务，为年度考核、职务晋升、职称晋级之用"。由此说明教师对企业实践持较高期待，且教师们的预期目标不是单一的，而是综合性的。

表 6 - 2　对教师企业实践目标的认知

	完成学校安排的企业实践任务，为年度考核、职务晋升、职称晋级之用		了解企业的生产组织方式、工艺流程、产业发展趋势等基本情况		熟悉企业相关岗位（工种）职责、操作规范、用人标准及管理制度等具体内容		学习所教专业在生产实践中应用的新知识、新技能、新工艺、新方法		结合企业的生产实际和用人标准，不断完善教学方案、教学方法与课程教材，加强实践教学环节		其他	
	人数	百分比%	人数	百分比%	人数	百分比%	人数	百分比%	人数	百分比%	人数	百分比%
是	219	46.8	356	76.1	358	76.5	379	81.0	377	80.6	42	9.0
否	249	53.2	112	23.9	110	23.5	89	19.0	91	19.4	426	91.0

（二）教师企业实践政策执行实施

1. 教师企业实践的学校制度建设

如表 6 - 3 所示，在对"我校重视专业教师下企业实践""我校已经制定教师下企业实践制度""我校每个学年都会安排教师下企业实践"的调查中，分别有 85.3%、81.6% 和 79.7% 的教师选择基本符合或完全符合，认为"我校已经制定教师下企业实践制度"完全符合的教师比例高达 48.9%，三项调查的均分都超过 4。由此说明高职院校普遍较为重视教师企业实践工作并把教师企业实践纳入学校的工作日程，不仅已经制定了教师企业实践制度，而且每年都会安排教师下企业实践。

表 6 - 3　学校教师企业实践制度建设

	我校重视专业教师下企业实践		我校已经制定教师下企业实践制度		我校每个学年都会安排教师下企业实践	
	人数	百分比%	人数	百分比%	人数	百分比%
完全不符合	7	1.5	5	1.1	9	1.9
基本不符合	31	6.6	21	4.5	32	6.8
不清楚	31	6.6	60	12.8	54	11.5
基本符合	216	46.2	153	32.7	173	37.0
完全符合	183	39.1	229	48.9	200	42.7
选项均分	4.15		4.24		4.12	
合计	468	100	468	100	468	100

2. 派遣去企业实践的教师类型

如表6-4所示，对于"贵校派遣哪类教师到企业实践"问题（多项选择），专业课教师是参加企业实践的绝对主体，选择专业课教师的比例最高，为95.7%，其次才是实习实训课教师，比例为69.2%，只有少数人选择基础理论课教师、行政管理人员、德育课教师，百分比分别为20.3%、12.8%、3.8%。

表6-4　学校派遣去企业实践的教师类型

	专业课教师		基础理论课教师		德育课教师		实习实训课教师		行政管理人员	
	人数	百分比%	人数	百分比%	人数	百分比%	人数	百分比%	人数	百分比%
是	448	95.7	95	20.3	18	3.8	324	69.2	60	12.8
否	20	4.3	373	79.7	450	96.2	144	30.8	408	87.2

3. 学校组织教师企业实践的形式

如表6-5所示，对于"贵校是采取何种形式来组织企业实践的"的问题（多项选择），选择"企业生产现场考察观摩""在企业生产或培训岗位上操作演练""接受企业组织的技能培训""参与企业产品开发和技术改造""其他"的百分比分别为69.2%、61.8%、52.4%、39.7%、12.8%。由此可见，选择企业生产现场考察观摩的比例最高。尽管61.8%的教师选择在企业生产或培训岗位上操作演练，然而结合访谈分析，这种操作演练岗位并不是关键岗位，而且操作演练时间往往比较短，未能有效发挥提高教师专业素养的作用。

表6-5　组织教师企业实践的形式

	企业生产现场考察观摩		接受企业组织的技能培训		在企业生产或培训岗位上操作演练		参与企业产品开发和技术改造		其他	
	人数	百分比%	人数	百分比%	人数	百分比%	人数	百分比%	人数	百分比%
是	324	69.2	245	52.4	289	61.8	186	39.7	60	12.8
否	144	30.8	223	47.6	179	38.2	282	60.3	408	87.2

4. 制定教师企业实践方案的主体

如表6-6所示，对于"贵校教师企业实践的相关计划与内容由谁制定"的问题（多项选择），选择"学校、企业、教师共同协商制定""校方与企业共同协商制定""校方制定""教师自主制定""企业制定"的百分比分别为

47.6%、40.2%、26.7%、21.4%、10.9%。理论上说，要提高教师企业实践成效就应由学校、企业、教师共同协商制定教师企业实践的相关计划与内容。然而调查结果表明，由学校、企业、教师共同协商制定相关计划和内容的比例不到一半。

表6-6　由谁制定贵校教师企业实践的相关计划与内容

	校方制定		企业制定		教师自主制定		校方与企业共同协商制定		学校、企业、教师共同协商制定	
	人数	百分比%	人数	百分比%	人数	百分比%	人数	百分比%	人数	百分比%
是	125	26.7	51	10.9	100	21.4	188	40.2	223	47.6
否	343	73.3	417	89.1	368	78.6	280	59.8	245	52.4

（三）企业对教师企业实践的支持

1. 教师对企业提供支持的期待

如表6-7所示，对于"您希望得到企业哪些服务或支持来推动学校和企业合作培养教师"的问题，选择"专业技术支持""资源共享""提供项目""培训经费""其他"的百分比分别是76.3%、75.9%、68.4%、49.1%、7.5%。由此可见，广大教师对企业抱持较高期待，尤其是专业技术、资源共享和提供项目。

表6-7　教师对企业提供服务或支持的期待

	专业技术支持		资源共享		培训经费		提供项目		其他	
	人数	百分比%	人数	百分比%	人数	百分比%	人数	百分比%	人数	百分比%
是	357	76.3	355	75.9	230	49.1	320	68.4	35	7.5
否	111	23.7	113	24.1	238	50.9	148	31.6	433	92.5

2. 企业对教师企业实践的支持

如表6-8所示，对于"企业接纳教师企业实践的热情高"，只有43.8%的教师选择基本符合或完全符合，大多数教师选择不清楚或基本不符合或完全不符合，选项均分为3.2。这说明企业对高职院校教师实践的热情不高。对于"企业会积极为参加实践的教师安排合适的岗位""企业会积极为参加实践的教师安排合适的指导师傅"，分别有50.4%、50.2%的教师选择基本符合或完全符合，均分都未能超过4。这说明约计半数的企业既未能提供合适的实践岗位，又未能安排合适的指导教师，企业普遍不愿意履行接纳高职院校教师企业实践的职责。

某种程度上说，企业参与不力是制约高职院校教师企业实践政策执行的症结所在。究其原因，相关政策对企业参与教师实践的规定并不具有强制性，同时一些创新企业担心深度接纳高职院校教师实践有泄露商业机密的风险，加上高职院校教师短期的企业实践并不能为企业创造经济效益，从而使得企业对接纳高职院校教师实践流于形式。

表6-8 企业对教师企业实践的支持

	企业接纳教师企业实践的热情高		企业会积极为参加实践的教师安排合适的岗位		企业会积极为参加实践的教师安排合适的指导师傅	
	人数	百分比%	人数	百分比%	人数	百分比%
完全不符合	28	6.0	21	4.5	18	3.8
基本不符合	110	23.5	102	21.8	104	22.2
不清楚	125	26.7	109	23.3	111	23.7
基本符合	151	32.3	179	38.2	174	37.2
完全符合	54	11.5	57	12.2	61	13.0
选项均分	3.20		3.32		3.33	
合计	468	100	468	100	468	100

（四）学校对教师实践企业的选择

落实教师实践企业是执行高职院校教师企业实践政策的重要环节。如表6-9所示，对于"我校由教师本人来决定企业实践的具体企业"，66.4%的教师选择基本符合或完全符合，均分为3.7。其实它反映了高职院校和地方政府执行教师企业实践政策的职能不到位。因为教师普遍和行业企业联系不甚紧密，更没有能和企业进行交换的资源，因此完全由教师来决定实践企业不利于找到与教师专业相吻合的企业，使得执行教师企业实践政策流于形式，因此应发挥高职院校和地方政府的主导作用。对于"我校对教师企业实践选择的企业有明确要求"，72.4%的教师选择基本符合或完全符合。这说明多数高职院校对教师实践的企业有明确要求，而少数高职院校则对教师实践的企业没有明确要求。

表6-9　学校对企业实践的选择

	我校由教师本人来决定企业实践的具体企业		我校对教师企业实践选择的企业有明确要求	
	人数	百分比%	人数	百分比%
完全不符合	16	3.4	5	1.1
基本不符合	56	12.0	38	8.1
不清楚	85	18.2	86	18.4
基本符合	206	44.0	191	40.8
完全符合	105	22.4	148	31.6
选项均分	3.70		3.94	
合计	468	100	468	100

（五）对教师企业实践的监督管理

严格的监督管理是确保教师企业实践政策执行质量的重要保障。如表6-10所示，对于"我校对教师企业实践严格管理"，77.5%的教师认为所在院校对教师企业实践严格管理，但是仍然有22.4%的教师表示不清楚或基本不符合或完全不符合。对于"严格考评教师企业实践效果"，76.1%的教师认为基本符合与完全符合，23.9%的教师表示不清楚或基本不符合或完全不符合。这反映多数学校做到了对教师企业实践的严格考核，但也有少数学校疏于考评。对于"教育主管部门严格检查监督我校教师企业实践工作"，47.6%的教师选择基本符合或完全符合，超过半数的教师选择不清楚或基本不符合或完全不符合，均分为3.42；对于"教育主管部门把教师企业实践工作作为评价学校办学水平的重要指标"，59.2%的教师表示基本符合或完全符合，40.8%的教师表示不清楚或基本不符合或完全不符合。这说明教育主管部门未能较好地履行管理职责，其对高职院校教师企业实践工作的检查监督职能相对弱化。

表6-10　对教师企业实践的监督管理

	我校对教师企业实践严格管理		我校严格考评教师企业实践效果		教育主管部门严格检查监督我校教师企业实践工作		教育主管部门把教师企业实践工作作为评价学校办学水平的重要指标	
	人数	百分比%	人数	百分比%	人数	百分比%	人数	百分比%
完全不符合	6	1.3	10	2.1	26	5.6	18	3.8
基本不符合	40	8.5	43	9.2	65	13.9	43	9.2
不清楚	59	12.6	59	12.6	154	32.9	130	27.8
基本符合	207	44.2	219	46.8	133	28.4	151	32.3
完全符合	156	33.3	137	29.3	90	19.2	126	26.9
选项均分	4.00		3.92		3.42		3.69	
合计	468	100	468	100	468	100	468	100

（六）教师企业实践政策执行效果

1. 对教师企业实践工作的评价

如表6-11所示，对于"您如何评价贵校目前组织的教师到企业实践工作"问题（多项选择），54.3%的教师认为"视专业而定，有些专业难求企业合作"，50.6%的教师认为应"紧密合作，促进学校教育教学改革"，21.6%的教师认为"流于形式，没有实质性合作内容"，21.2%的教师认为"只是作为学生实习带队教师顺便参观学习"，10.5%的教师选择其他。由此说明，尽管约计半数高职院校教师认为教师企业实践工作有助于促进教育教学改革，但是也有不少教师认为教师企业实践流于形式或限于参观学习，教师企业实践政策执行的效能不高。

表6-11　对教师企业实践工作的评价

	流于形式，没有实质性合作内容		紧密合作，促进学校教育教学改革		视专业而定，有些专业难求企业合作		只是作为学生实习带队教师顺便参观学习		其他	
	人数	百分比%	人数	百分比%	人数	百分比%	人数	百分比%	人数	百分比
是	101	21.6	237	50.6	254	54.3	99	21.2	49	10.5
否否	367	78.4	231	49.4	214	45.7	369	78.8	419	89.5

2. 教师企业实践政策执行效果

如表6-12所示，对于"企业实践对提高教师专业素养效果明显"，81.8%

的教师选择基本符合或完全符合，选项均分为 4.14。这表明高职院校教师的企业实践对提高教师专业素养能起到明显的成效。对于"高职院校教师企业实践政策总体执行情况良好"，314 人认为基本符合或完全符合，约占 67.1%，均分为 3.75。这说明高职院校教师企业实践政策执行已经取得一定成效，但是总体执行情况不甚理想，未能充分发挥其对提高教师专业素养的作用。

表 6-12　教师企业实践政策执行效果

	企业实践对提高教师专业素养效果明显		高职院校教师企业实践政策总体执行情况良好	
	人数	百分比%	人数	百分比%
完全不符合	6	1.3	11	2.4
基本不符合	15	3.2	50	10.7
不清楚	64	13.7	93	19.9
基本符合	207	44.2	207	44.2
完全符合	176	37.6	107	22.9
选项均分	4.14		3.75	
合计	468	100	468	100

（七）对推动教师企业实践的激励

1. 提高教师企业实践积极性的举措

如表 6-13 所示，对于"已经采取哪些举措来提高教师企业实践积极性"（多项选择），选择"将实践情况作为教师职务聘任、考核和晋升的重要指标""给予个人奖励补贴""其他""授予荣誉称号"的百分比分别为 70.9%、41.7%、24.8%、14.3%。由此可见，大多数学校把实践情况作为教师职务聘任、考核和晋升的重要指标，少数学校给予参加企业实践的教师个人奖励补贴。

表 6-13　提高教师企业实践积极性的举措

	授予荣誉称号		给予个人奖励补贴		将实践情况作为教师职务聘任、考核和晋升的重要指标		其他	
	人数	百分比%	人数	百分比%	人数	百分比%	人数	百分比%
是	67	14.3	195	41.7	332	70.9	116	24.8
否	401	85.7	273	58.3	136	29.1	352	75.2

2. 对推动教师企业实践的激励机制

如表 6 - 14 所示，对于"我校对参加企业实践的教师发放相关补贴"，63.2%的教师认为基本符合或完全符合，也为数不少的教师选择不清楚或完全不符合或基本不符合，均分为 3.76。这说明不少高职院校对教师企业实践重视不够，未能为教师提供企业实践的经费支持。对于"专业教师没有企业实践经历会影响教师的职称评审"，64.5%的教师认为基本符合或完全符合，但是仍有35.4%的教师选择不清楚或完全不符合或基本不符合。这说明是否具有企业实践经历并不是一些学校教师职称评审的必要条件，不会影响到一些高职院校教师的职称评审，驱动教师参加企业实践的动力不足。

表 6 - 14　对推动教师企业实践的激励

	我校对参加企业实践的教师发放相关补贴		专业教师没有企业实践经历会影响教师的职称评审	
	人数	百分比%	人数	百分比%
完全不符合	27	5.8	17	3.6
基本不符合	33	7.1	52	11.1
不清楚	112	23.9	97	20.7
基本符合	147	31.4	141	30.1
完全符合	149	31.8	161	34.4
选项均分	3.76		3.81	
合计	468	100	468	100

（八）教师企业实践政策执行困境

1. 执行教师企业实践政策面临的困难

如表 6 - 15 所示，对于"贯彻落实高职院校教师企业实践政策的困难有哪些"问题（多项选择），62.6%的教师把"支撑教师企业实践的经费不足"排在首位，61.8%的教师选择"政策本身不完善"，61.1%的教师选择"企业不愿意配合"，44.0%的教师认为"没有严格的考核监管机制"。结合调查分析，这些的确是制约教师企业实践政策执行的主要困难。

表6-15 执行教师企业实践政策的困难

		政策本身不完善		企业不愿意配合		支撑教师企业实践的经费不足		学校不重视		没有严格的考核监管机制		其他	
		人数	百分比%	人数	百分比%	人数	百分比%	人数	百分比%	人数	百分比%	人数	百分比%
是		289	61.8	286	61.1	293	62.6	61	13.0	206	44.0	53	11.3
否		179	38.2	182	38.9	175	37.4	407	87.0	262	56.0	415	88.7

2. 高职院校改进教师企业实践工作

如表6-16所示，对于"高职院校要如何改进当前的教师企业实践工作"问题（多项选择），75.6%的教师选择"及时了解企业需求"，71.2%的教师选择"根据企业的需求及时调整所派遣的教师专业"，64.3%的教师选择"为企业提供技术服务"，62%的教师选择"为企业提供员工培训服务"。这说明要把推进高职院校教师企业实践工作与满足企业需求结合起来，深入了解企业需求，为企业提供技术或培训服务。

表6-16 高职院校要如何改进当前的教师企业实践工作

		及时了解企业需求		根据企业的要求及时调整所派遣的教师专业		为企业提供技术服务		为企业提供员工培训服务		其他	
		人数	百分比%	人数	百分比%	人数	百分比%	人数	百分比%	人数	百分比%
是		354	75.6	333	71.2	301	64.3	290	62.0	31	6.6
否		114	24.4	135	28.8	167	35.7	178	38.0	437	93.4

四、结语

根据调查结论，广大高职院校及其教师高度认可教师企业实践对提高教师专业素养的重要性，普遍重视教师企业实践工作，有利于执行教师企业实践政策执行的舆论氛围已经形成，企业实践已经成为高职院校教师校本培训的基本形式。然而，高职院校教师企业实践政策执行情况总体不甚乐观，存在若干制约教师企业实践政策执行的突出问题，没有充分发挥教师企业实践对提高教师专业素养的作用，未能有效达成教师企业实践政策的预期目标。其一，教师企业实践的深度不够，以企业生产现场考察观摩为主，未能形成由学校、企业、教师共同协商制定相关计划和内容的机制，一些学校对教师实践的企业没有明确要求。其二，有些企业未能切实履行执行教师企业实践政策的职责，对教师企业实践的支持不够，不愿意接纳教师来企业实践，既未能提供合适的实践岗位，又未能安排合适的指导教师。其三，教育主管部门对高职院校教师企业实践工作的检查监督职能严重弱化，有些地方教育主管部门并没有把教师企业实践工作作为评价学校办学水平的重要指标，少数高职院校疏于对教师企业实践工作的考评。其四，不少高职院校未能为教师企业实践提供足够的经费支持，一些高职院校也没有把企业实践与教师职务聘任、考核和晋升紧密结合起来，是否具有企业实践经历并不是一些学校教师职称评审的必要条件。其五，支撑教师企业实践的经费不足，政策本身不完善，企业不愿意配合，没有严格的考核监管机制，已经成为制约高职院校教师企业实践政策执行的主要问题。

参考文献

（一）中文部分（著作）：（按姓氏拼音排序）

1. 查有梁. 教育建模[M]. 南宁：广西教育出版社,1998.

2. 查有梁. 系统科学与教育[M]. 北京：人民教育出版社,1998.

3. 查有梁. 新教学模式建构[M]. 南宁：广西教育出版社,2003.

4. 操太圣,卢乃桂. 伙伴协作与教师赋权——教师专业发展新视角[M]. 北京：教育科学出版社,2007.

5. 陈向明. 在参与中学习与行动——参与式方法培训指南[M]. 北京：教育科学出版社,2003.

6. 辞海编辑委员会[Z]. 辞海. 上海：上海辞书出版社,2000.

7. [美]托马斯·G. 克兰. 企业教练法. 陈霜叶,译. 中国标准出版社,2000.

8. 杜祖贻. 杜威论教育与民主主义[M]. 北京：人民教育出版社,2003.

9. [美]杜威. 我们怎样思维——经验与教育[M]. 姜文闵,译. 人民教育出版社,1991.

10. [美]杜威. 民主主义与教育. 王承绪,译. 人民教育出版社,1990.

11. 方明. 陶行知教育名篇[M]. 北京：教育科学出版社,2005.

12. [美]冯·贝塔朗菲. 一般系统论基础、发展和应用[M]. 林康义,魏宏森,译. 北京：清华大学出版社,1987.

13. 傅道春. 教育学——情境与原理[M]. 北京：教育科学出版社,1999.

14. [捷]夸美纽斯. 大教学论[M]. 傅任敢,译. 北京：教育科学出版社,1999.

15. 冯建军. 当代主体教育论[M]. 南京：江苏人民出版社,2001.

16. [加]马克斯·范梅南. 生活体验研究——人文科学视野中的教育学[M]. 宋广文,等,译. 北京：教育科学出版社,2003.

17. [巴西]保罗·弗莱雷. 被压迫者教育学[M]. 顾建新,等,译. 上海：华东师范大学出版社,2001.

18. 高文. 教学模式论[M]. 上海:上海教育出版社,2002.

19. 顾明远. 教育大辞典[M]. 上海:上海教育出版社,1998.

20. 国家教育委员会职业技术教育司. 中国职业技术教育概论[M]. 北京:北京师范大学出版社,1994.

21. 高慎英,刘良华. 有效教学论[M]. 广州:广东教育出版社,2004.

22. [美]莱斯利·P.斯特弗,杰里·盖尔. 教育中的建构主[M]义. 高文,徐斌艳,程可拉,等,译. 上海:华东师范大学出版社,2002.

23. 何克抗,郑永柏,谢幼如. 教学系统设计[M]. 北京:北京师范大学出版社,2002.

24. [德]F.W.克罗恩. 教学论基础[M]. 李其龙,李家丽,徐斌艳,等,译. 北京:教育科学出版社,2005.

25. 黄济,王策三. 现代教育论[M]. 北京:人民教育出版社,1996.

26. 黄克孝. 职业和技术教育课程概论[M]. 上海:华东师范大学出版社,2001.

27. 霍绍周. 系统论[M]. 北京:科学技术文献出版社,1988.

28. [美]安德鲁·芬伯格. 技术批判理论[M]. 韩连庆,曹观法,译. 北京:北京大学出版社,2005.

29. 郝德永. 课程与文化:一个后现代的检视[M]. 北京:教育科学出版社,2002.

30. [美]B.乔伊斯,等. 教学模式[M]. 荆建华,等,译. 北京:中国轻工出版社,2002.

31. [美]R.M.加涅,等. 教学设计原理[M]. 皮连生,等,译. 上海:华东师范大学出版社,1999.

32. [美]R.M.加涅. 学习的条件和教学论[M]. 皮连生,王映学,郑威,译. 上海:华东师范大学出版社,1999.

33. 国际21世纪教育委员会报告[M]. 教育—财富蕴藏其中联合国教科文组织总部中文科,译.教育科学出版社,1996.

34. 姜大源. 当代德国职业教育主流教学思想研究[M]. 北京:清华大学出版社,2007.

35. 姜大源. 职业教育学研究新论[M]. 北京:教育科学出版社,2007.

36. 李秉德. 教学论[M]. 北京:人民教育出版社,2003.

37. 李长吉. 教学价值观念论[M]. 兰州:甘肃教育出版社,2004.

38. 联合国教科文组织国际教育发展委员会. 学会生存[M]. 华东师范大学比较教育研究所,译. 北京:教育科学出版社,1996.

39. [伊朗]S·拉塞克. 从现在到2000年教育内容发展的全球展望[M]. G.维迪努·马胜利,译. 北京:教育科学出版社,1996.

40. 刘德恩,等. 职业教育心理学[M]. 上海:华东师范大学出版社,2001.

41. 刘合群主编. 职业教育学[M]. 广州:广东高等教育出版社,2004.

42. 英罗素. 教育论[M]. 靳建国,译. 北京:东方出版社,1990.

43. [德]卡尔·雅斯贝尔斯. 什么是教育[M]. 邹进,译. 北京:生活·读书·新知三联书店,1991.

44. 李定仁,徐继存. 教学论研究二十年. 北京:人民教育出版社,2001.

45. [美]比尔·约翰逊. 学生表现评价手册[M]. 李雁冰,译. 上海:华东师范大学出版社,2001.

46. 马庆发. 当代职业教育新论[M]. 上海:上海教育出版社,2002.

47. 皮连生. 教育心理学[M]. 上海:上海教育出版社,2004.

48. 任长松. 探究式学习——学生知识的自主建构[M]. 北京:教育科学出版社,2005.

49. [美]罗伯特·D.坦尼森,[德]弗兰兹·肖特,[德]诺伯特,M.W尔,[荷]山尼·戴克斯特拉. 教学设计的国际观:理论·研究·模型:第1册. 任友群,裴新宁,译. 北京:教育科学出版社,2005.

50. 盛群力,李志强. 现代教学设计论[M]. 杭州:浙江教育出版社,1998.

51. 石伟平. 比较职业技术教育[M]. 上海:华东师范大学出版社,2001.

52. [美]奥兹门. 教育的哲学基础[M]. 石中英,邓敏娜,等,译. 中国轻工业出版社,2006.

53. 施良方. 学习论[M]. 北京:人民教育出版社,2001.

54. 施良芳,崔允漷. 教学理论:课堂教学的原理、策略与研究[M]. 上海:华东师范大学出版社,1999.

55. 施良方. 课程理论[M]. 北京:教育科学出版社,1996.

56. 石中英. 知识转型与教育改革[M]. 北京:教育科学出版社,2001.

57. 陶行知. 陶行知全集·第三卷[M]. 长沙:湖南教育出版社,1984.

58. 陶行知. 陶行知全集·第一卷[M]. 长沙:湖南教育出版社,1984.

59. 田鹏颖. 社会技术哲学[M]. 北京:人民出版社,2005.

60. 吴立岗,夏惠贤. 教学的原理、模式和活动[M]. 南京:广西教育出版社,1998.

61. 吴立岗,夏惠贤.现代教学论基础[M].南京:广西教育出版社,2001.

62. 吴雪萍.国际职业技术教育研究[M].杭州:浙江大学出版社,2004.

63. 吴刚.知识演化与社会控制——中国教育知识史的比较社会学分析[M].北京:教育科学出版社,2002.

64. 王升.主体参与型教学探索[M].北京:教育科学出版社,2003.

65. 王鉴.实践教学论[M].兰州:甘肃教育出版社,2002.

66. 王策三.教学认识论[M].北京:北京师范大学出版社,2002.

67. [美]戴尔·H.申克.学习理论教育的视角[M].韦小满,等,译.南京:江苏教育出版社,2002.

68. 莱夫,温格.情境学习:合法的边缘性参与[M].王文静,译.上海:华东师范大学出版社,2004.

69. 谢利民,郑百伟.现代教学基础理论[M].上海:上海教育出版社,2003.

70. 徐国庆.实践导向职业教育课程研究技术学范式[M].上海:上海教育出版社,2005.

71. 薛天祥.高等教育管理学[M].南京:广西师范大学出版社,2001.

72. 肖峰.技术发展的社会形成[M].北京:人民出版社,2002.

73. 玛丽埃伦·韦默.以学习者为中心的教学.洪岗,译[M].杭州:浙江大学出版社,2006.

74. 托马斯· A.安吉洛,K.帕特丽夏·克罗斯.课堂评价技巧.唐艳芳,译[M].杭州:浙江大学出版社,2006.

75. 斯蒂芬·布鲁克菲尔德.大学教师的技巧.周心红,洪宁,译[M].杭州:浙江大学出版社,2006.

76. 罗伯特·M.戴尔蒙德.课程与课程体系的设计和评价实用指南.黄小苹,译[M].杭州:浙江大学出版社,2006.

77. 约瑟夫·罗曼.掌握教学技巧.洪明,译[M].杭州:浙江大学出版社,2006.

78. [美]安迪·哈格里夫斯.知识社会中的教学.熊建辉,陈德云,赵立芹,等译[M].上海:华东师范大学出版社,2007.

79. 辛继湘.体验教学研究[M].长沙:湖南大学出版社,2005.

80. L.迪·芬克.创造有意义的学习经历.胡美馨,刘颖,译[M].杭州:浙江大学出版社,2006.

81. 巴巴拉·G.戴维斯.教学方法手册.严慧仙,译[M].杭州:浙江大学出版社,2006.

82. 熊川武等. 实践教育学[M]. 上海：上海教育出版社,2001.

83. 熊川武,江玲. 理解教育学[M]. 北京：教育科学出版社,2005.

84. 熊川武. 反思性教学[M]. 上海：华东师范大学出版社,1999.

85. 叶圣陶. 叶圣陶教育文集[M]. 北京：人民教育出版社,1994.

86. 袁振国. 当代教育学[M]. 北京：教育科学出版社,1999.

87. 袁振国. 当代国外教学理论[M]. 北京：教育科学出版社,2004.

88. 杨庆峰. 技术现象学[M]. 上海：上海三联书店2005.

89. [美]加里·D. 鲍里奇. 有效教学方法. 易东平,译[M]. 南京：江苏教育出版社,2002.

90. 俞仲文,刘守义,朱方来,等. 高等职业技术教育实践教学研究[M]. 北京：清华大学出版社,2004.

91. 闫寒冰. 学习过程设计——信息技术与课程整合的视角[M]. 北京：教育科学出版社,2005 .

92. 张家祥,钱景舫. 职业技术教育学[M]. 上海：华东师范大学出版社,2001.

93. 张能为. 理解的实践——伽达默尔实践哲学研究[M]. 北京：人民教育出版社,2002.

94. 赵文华. 高等教育系统论[M]. 南京：广西师范大学出版社,2001.

95. 赵祥麟,王承绪. 杜威教育论著选[M]. 上海：华东师范大学出版社,1981.

96. 赵志群. 职业教育与培训学习新概念[M]. 北京：科学出版社,2003.

97. 郑金洲. 教育通论[M]. 上海：华东师范大学出版社,2000.

98. 钟启泉. 现代课程论[M]. 上海：上海教育出版社,2003.

99. 周明星. 职业教育学通论[M]. 天津：天津人民出版社,2002.

100. [日]佐藤正夫. 教学论原理. 钟启泉,译[M]. 北京：人民教育出版社,1996.

101. [日]佐藤正夫. 教学原理. 钟启泉,译[M]. 北京：教育科学出版社,2001.

102. 钟启泉. 现代教学论发展[M]. 北京：教育科学出版社,1998.

103. 路宝利. 中国古代职业教育史[M]. 北京：经济科学出版社, 2011.

104. [德]F. W. 克罗恩. 教学论基础. 李其龙,李家丽,徐斌艳,等,译[M]. 北京：教育科学出版社,2005.

105. 周南照,赵丽,任友群. 教师教育改革与教师专业发展[M]. 上海：华东师范大学出版社,2007.

106. [美] Margaret E. Gredler. 学习与教学——从理论到实践. 张奇,等,译 [M]. 北京:中国轻工业出版社,2007.

107. [美]斯腾伯格,格里格伦科. 成功智力教学——提高学生的能力与学习成绩. 张庆林,赵玉芳,等,译[M]. 北京:中国轻工业出版社,2002.

108. 沃尔夫冈·布列钦卡. 教育科学的基本概念. 胡劲松,译[M]. 上海:华东师范大学出版社,2001.

109. [美]麦金太尔,玛丽·约翰·奥. 教师角色. 丁怡,马玲,等,译[M]. 北京:中国轻工业出版社,2002.

110. [美]坎贝尔,等. 多元智能教与学的策略. 王成全,等,译[M]. 北京:中国轻工业出版社,2001.

111. 普莱斯顿·D. 费德恩,罗伯特·M. 沃格尔. 教学方法——应用认知科学,促进学生学习. 王锦,曹军,徐彬,译[M]. 上海:华东师范大学出版社,2006.

112. 吴康宁. 课堂教学社会学[M]. 南京:南京师范大学出版社,2006.

113. [美]斯坦伯格. 学生作为研究者一创建有意义的课堂[M]. 北京:中国轻工业出版社,2002.

114. 张桂春. 激进建构主义教学思想研究[M]. 沈阳:辽宁师范大学出版社,2002.

115. [德]伊曼努尔. 论教育学. 康德,赵鹏,何兆武,译[M]. 上海:上海人民出版社,2005.

116. 钟志贤. 面向知识时代的教学设计框架——促进学习者发展[M]. 北京:中国社会科学出版社,2006.

117. [苏]巴班斯基. 教学过程最优化——般教学论方面. 张定璋,等译[M]. 北京:人民教育出版社,1984.

118. 张楚廷. 课程与教学哲学[M]. 北京:人民教育出版社,2003.

119. 张华. 课程与教学论[M]. 上海:上海教育出版社,2000.

120. 戴维·乔纳森. 学习环境的理论基础. 郑太年,任友群,译[M]. 上海:华东师范大学出版社,2002.

(二)中文部分(期刊):(按姓氏拼音排序)

1. 蔡则祥,刘海燕. 实践教学理论研究的几个角度[J]. 中国大学教学,2007(3).

2. 陈洪澜. 论知识分类的十大方式[J]. 科学学研究,2007(1).

3. 陈梅香,连榕.情境学习理论在教育中的应用[J].当代教育论坛,2005(4).

4. 丁继安.构建以实践教学体系为核心的高等职业教育[J].高等教育研究,2004(4).

5. 邓耀彩.高职教育引进企业要素模式研究[J].职业技术教育,2004(16).

6. 高文.建构主义学习的评价[J].全球教育展望,1998(2).

7. 顾明远.对教育定义的思考[J].北京大学教育评论,2003(1).

8. 黄秋明."工作本位学习":抵及高职课程改革的核心[J].中国高教研究,2007(7).

9. 韩延明.理念、教育理念及大学理念探析[J].教育研究,2003(9).

10. 何克抗.也论教学设计与教学论——与李秉德先生商榷[J].电化教育研究,2001(4).

11. 洪明,许明.当代西方教学理念的格局与趋势[J].国外社会科学,2003(3).

12. 洪明.反思实践取向的教学理念——舍恩教学思想探析[J].外国教育研究,2003(8).

13. 黄克孝.当前职教课程改革中值得关注的倾向[J].职教论坛,2004(10).

14. 黄克孝.构建高等职业教育课程体系的理论思考[J].职教论坛,2004(1).

15. 黄克孝.论高职院校课程的技术性特质[J].职教通讯,2003(8).

16. 姜大源."学习领域"课程概念、特征与问题——关于德国职业学校课程重大改革的思考[J].外国教育研究,2003(1).

17. 姜大源.论行动体系及其特征——关于职业教育课程体系的思考[J].教育发展研究,2002(12).

18. 姜大源.学科体系的解构与行动体系的重构一职业教育课程内容序化的教育学解读[J].教育研究,2005(8).

19. 姜大源.职业教育教学组织的范式说[J].中国职业技术教育,2006(4)(7)(16)(19)(22).

20. 蒋乃平.职教课程探索的二个层级[J].职业技术教育:教科版,2001(31).

21. 蒋庆斌,徐国庆.基于工作任务的职业教育项目课程研究[J].职业技术教育:教科版,2005(22).

22. 姜美玲.教师实践性知识研究[D],华东师范大学届博士学位论文,2006.

23. 匡瑛.战后世界高等职业教育课程的演进及发展趋势[J].河南职业技术师范学院学报:职业教育版,2005(5).

24. 刘邦祥. 试论职业教育中的行动导向教学[J]. 职教论坛. 教研版,2006 (2).

25. 雷正光. 高职课程及其体系和目标研究[J]. 职教论坛,2006(13).

26. 李尚群,夏金星. 职业教育问题的分类阐释[J]. 职教论坛,2003(17).

27. 林宪生. 教学设计的概念、对象和理论基础[J]. 电化教育研究,2000(4).

28. 刘长江,马传普,王广忠. 实践教学体系的内涵与外延[J]. 辽宁高等教育研究,1998(4).

29. 刘德恩. 论高职课程特色[J]. 职业技术教育:教科版,2001(16).

30. 刘德恩. 职业学习理论初探[J]. 职教通讯,2005(3).

31. 刘志华,张军征. 学习理论对教学设计理论的影响[J]. 电化教育研究,2004(9).

32. 陆素菊. 高等教育大众化中的就业问题及其出路一透视日本高等教育发展中的政策选择[J]. 江苏高教,2005(1).

33. 吕鑫祥. 高等职业教育教学理念的比较研究[J]. 职业技术教育:教科版,2003(10).

34. 李定清. 构建高职实践教学体系的基本思路[J]. 中国职业技术教育,2007(8).

35. 刘志文. 范式转变与理论构建:网络教学的理论研究[J],厦门大学2006届博士学位论文。

36. 林德全. 当今我国教学模式透视[J]. 教育理论与实践,1999(2).

37. 刘耀中. 内隐学习与学习理论的构建[J]. 教育研究,2001(8).

38. 马庆发. 行为导向职业教育教学的新取向一职业教育教学论研究之二[J]. 外国教育资料,1997(2).

39. 马庆发. 职业教育课程发展理论基础[J]. 职教通讯,2000(1).

40. 马庆发. 重构职业教育课程——基于哲学的思考[J]. 中国职业技术教育,2006(1).

41. 马庆发. 行为导向:职业教育教学的新取向[J]. 外国教育资料,1997(2).

42. 米靖. 建构主义与当代职业教育教学观的转变[J]. 天津大学学报:社会科学版,2007(1).

43. 潘懋元. 发展高等职教亟待解决的几个问题[N][J]. 光明日报,2006 - 10 - 11.

44. 潘懋元. 我对高等职教的看法[J]. 职业技术教育,2004(18).

45. 彭钢. 从行为控制、认知加走向人格构建一三种不同的教学发展观在教学改革现实中的具体考察[J]. 教育理论与实践,2000(3).

46. 彭钢. 支配与控制教学理念与教学行为[J]. 上海教育科研,2002(11).

47. 石伟平,徐国庆. 论高等职业教育课程的国际比较[J]. 职教论坛,2001(10).

48. 石伟平,徐国庆. 世界职业教育体系比较研究[J]. 职业技术教育:教科版,2004年(1).

49. 石伟平. 我国职业教育课程改革中的问题与思路[J]. 中国职业技术教育,2006(1).

50. 苏鸿. 活动教学思想探微[J]. 教育理论与实践,2000(8).

51. 汤百智. 关于构建高等职业教育课程模式的研究[J]. 职业技术教育,2000(4).

52. 田慧生. 关于活动教学几个理论问题的认识[J]. 教育研究,1998(4).

53. 檀传宝. 制度缺失与制度伦理一———兼议教育制度建设[J]. 中国教育学刊,2005(10).

54. 王艳玲. 发达国家高等职业教育课程改革新动向[J]. 成人教育研究,2005(3).

55. 吴晓义. "情境一达标"式教学模式一职业教育教学模式的新探索[J]. 苏州职业大学学报,2005(2).

56. 吴小鸥. 教学场的形态演进. 高等教育研究,2007(6).

57. 吴建设,丁继安,石伟平. 基于建构主义理论的高职实践教学体系的整体构建[J]. 中国高教研究,2004(11).

58. 王策三. 教育主体哲学刍议. 北京师范大学学报:社会科学版,1994(4).

59. 王立群,刘宇. 关于实践教育学的若干思考[J]. 现代教育科学,2006(4).

60. 王兆璟. 教学理论知识增长的两种理路[J]. 教育理论与实践,2005(1).

61. 向东春. 解构与超越浅谈高职院校教学体系改革[J]. 职教论坛,2006(1).

62. 肖化移. 成功智力理论及其对高职教育的启示[J]. 职教通讯,2005(2).

63. 肖化移,熊蕾. 论工作本位学习中职业能力的习得[J]. 职教通讯,2007(5).

64. 肖化移,黄龙威. 职业技术教育教学模式比较研究[J]. 外国教育研究,1999(4).

65. 徐国庆. 杜威职业教育思想论介[J]. 河南职业技术师范学院学报:职业教

育版,2003（2）.

66. 徐国庆.工作本位学习初探[J].教育科学,2005(4).

67. 徐国庆.工作结构与职业教育课程结构[J].教育发展研究,2005(8).

68. 徐国庆.技术的本质与职业技术教育课程理论[J].职业技术教育教科版,2002(1).

69. 徐国庆.课程涵义与课程思维[J].中国职业技术教育,2006(7).

70. 徐国庆.理论与实践整合的职教课程模式探析[J].职教通讯,2003(9).

71. 徐国庆.项目课程开发的核心技术[J].职教论坛,2005(7).

72. 徐国庆.职业教育发展的设计模式、内生模式及其政策意义[J].教育研究,2005(8).

73. 徐国庆.职业教育课程研究的技术学范式[J].中国职业技术教育,2006(1).

74. 徐国庆.职业知识的工作逻辑与职业教育课程内容的组织[J].吉林工程职业技术学院学报:教育研究版,2003(8).

75. 徐国庆.作为意识形态的学校与职业教育课程的学问化[J].职业技术教育:教科版,2003(8).

76. 徐国庆.论职教课程中理论知识与实践知识的结合点[J].职业技术教育:教科版,2004(13).

77. 徐继存.西方课程与教学理论中国化的方法论考察[J].当代教育科学,2007(3-4).

78. 徐涵.项目教学的理论基础、基本特征及对教师的要求[J].职教论坛,2007(6).

79. 杨金土.课程类型是教育类型的本质内涵[J].中国职业技术教育,2005(13).

80. 杨金土.我国高职教育形势当议[J].中国职业技术教育,2003(26).

81. 姚梅林.从认知到情境:学习范式的变革[J].教育研究,2003(2).

82. 阎亚军.论教师权威与学生主体性的关系[J].上海教育科研,2004(9).

83. 张立新.回归实践:教育学学科立场的自我意识[J].安徽教育学院学报,2006(1).

84. 张建伟,陈琦.从认知主义到建构主义[J].北京师范大学学报,1996(4).

85. 张风娟.美国STW改革的教育理念及实践研究[J].浙江教育学院学报,2006(6).

86. 赵丹丹,赵志群. 我国职业教育课程改革综述[J]. 中国职业技术教育, 2005(25).

87. 赵志群. 论职业教育工作过程导向的综合性课程开发[J]. 职教论坛,2004 (2).

88. 赵志群. 职业学习理论的最新发展[J]. 职教论坛,2003(4).

89. 钟启泉. 课程改革新视点与生长点[J]. 中国教育学刊,2005(8).

90. 钟启泉. 知识隐喻与教学转型[J]. 教育研究,2006(5).

91. 周明星. 论职业教育的出发点问题—兼评职业教育的三种基本理念[J]. 职业技术教育:教科版,2003(25).

92. 朱宁波,张丽. 国外教师实践性知识研究述评[J]. 辽宁师范大学学报:社会科学版,2007(3).

93. 钟志贤. 大学教学模式改革的十大走向[J]. 中国高教研究,2007(1).

（三）英文部分

1. Catherine Jones, Michael Connolly, Anthony Gear, and Martin Read, Collaborative Learning with Group Interactive Technology: A Case Study with Postgraduate Students[J] Management Learning,2006(37):377 - 396.

2. CHARLES R. EMERY, ROBERT G TIAN, Schoolwork as Products, Professors as Customers: A Practical Teaching Approach in Business Education, Journal of Education for Business.

3. Dewey. (1906),Culture and Industry in Education in Boydston,J. A. (ed.) (1977),John Dewey's Middle Works, Vol. 3, The Southern Illinois University Press, London and Amsterdam, 290 - 291.

4. Dewey. J. (1951). 'The School and Society', in J. A. Boylston (ed.) (1976),John Dewey's Middle Works. The Southern Illinois University Press, p. 24.

5. David A. Kolb. Experiential Learning Theory and the Learning Style Inventory: A Reply to Freedman and Stump[J] The Academy of Management Review,1981,6(2): 289 - 296.

6. H. H. TILLEMA, J. W. M. KESSELS & F. MEIJERS. Competencies as Building Blocks for Integrating Assessment with Instruction in Vocational Education: a case from The Netherlands[J]. Assessment & Evaluation in Higher Education,25(3).

7. Jan A. Staving de Jongl,Ronny F. A. Wierstra,ose´Hermanussen. An exploration of the relationship between academic and experiential learning approaches in voca-

tional education[J]British Journal of Educational Psychology,2006(76):155 – 169.

8. James C. Witte, Arne L. Kalleberg. Matching Training and Jobs: The Fit between Vocational Education and Employment in the German Labour Market [J]. European Sociological Review, 1995,11(3):293 – 317.

9. Johnson, D. &Johnson, R. (1984), Circles of Learning: Cooperation in the Classroom. Alexandria, VA: Association for Supervision and curriculum Development, 89 – 125.

10. Kolb, D. A. (with J. Osland and I. Rubin) Organizational Behavior Reader 6e, Englewood Cliffs, NJ: Prentice Hall, 1995a.

11. Leonard Davidman and Patricia Davidman, Teaching with a Multicultural Perspective:A Practical Guide, NASSP Bulletin, Dec 1995; vol. 79: pp. 119 – 120.

12. Miriam H. Tees. Teaching Management to Intonation Professionals: A Practical Approach-Guidelines for Instructors,IFLA Journal, 1993(19):292 – 300.

13. Mark Windschitl. Framing Constructivism in Practice as the Negotiation of Dilemmas: An Analysis of the Conceptual, Pedagogical, Cultural, and Political Challenges Facing Teachers[J]. Review of Educational Research,2002,72(2):131 – 175.

14. Nick Bore ham, Work Process Knowledge,Curriculum Control and the Work – Based Route to Vocational Qualifications British Journal of Educational Studies, Vol. 50, No. 2 (Jun,2002), pp. 225 – 237.

15. Peter Taylor,Jethro Pettit. Learning and teaching participation through action research: Experiences from an innovative master's programme[J]. Action Research, 2007(5):231 – 247.

16. Piaget. J. 1962. P 1 ay, Dreams, and Imitation in Childhood. New York: Norton.

17. Richards. J. C. 1998. Beyond Training. Cambridge: Cambridge University Press.

18. Ronald R, Sims, Kolb's Experiential Learning Theory: A Framework for Assessing Person – Job Interaction Kolb's Experiential Learning Theory: A Framework for Assessing Person – Job Interaction[J]. The Academy of Management Review,1983,8(3):501 – 508.

19. Richard. Van Scoter, Social Foundation of Education, Prentice – hall Inc. New Jersey, 1991.

附录

关于职业院校实践教学情况的
调查问卷

尊敬的老师：

您好！我们现在正在进行一项关于职业院校实践教学情况的问卷调查，请您仔细阅读，并根据您的真实状态如实回答。本问卷旨在科研需要，您的回答对于我们的研究很有价值。谢谢！

一、基本情况

1. 您所在的院系是：＿＿＿＿＿＿＿＿＿

2. 您的性别是：A 男　　　　　B 女

3. 年龄：＿＿＿＿岁，专业：＿＿＿＿，职称：＿＿＿＿，工作年限：＿＿＿＿年，其中在职业院校工作年限：＿＿＿＿年

二、选择题（请在您认为最适合的选项的序号画"√"出。如果题后没有特别说明，就是单选题）

4. 您现在担任的主要教学工作有：

A. 文化基础课　B. 专业课（包括专业基础课）　C. 实训课　D. 其他

5. 您对实践教学这一概念持何看法？

A. 一种教学方法　B. 一种教学理念　C. 一种教学活动　D. 其他（如有请说明）

6. 您认为实践教学与理论教学的关系是？

A. 实践教学为理论教学服务　B. 相对独立的教学体系　C. 理论教学为实践教学服务

7. 您认为职业院校教师与普通院校教师的差距主要在：

A. 学术水平上　B. 教学水平上　C. 科研能力上　D. 其他（如有请说

明）

8. 您认为如何评价职业院校学生的智力？

A. 智力差　　B. 智力不差，只是他们不用功　　C. 智力不差，只是教师没有选择符合他们的教学方法

9. 在制订授课计划时，从重要性的角度看，您是如何考虑如下各个教学要素的？（请根据各答案的权重，在表格中对应的数字上打"√"，5 分为最主要、程度最高的方面，依次类推，1 为最不重要、最弱）

	最重要				最不重要
教学目标	5	4	3	2	1
学习者	5	4	3	2	1
教学方法	5	4	3	2	1
教学内容	5	4	3	2	1
其他（如有请说明）					

其余题目略